KATRIN LINKE

KARSTEN BRENSING

Eine Liebe ohne Grenzen

Katrin Linke
Karsten Brensing

Eine LIEBE OHNE Grenzen

Unsere Flucht aus der DDR

Lübbe

Dieses Buch beruht auf einer wahren Geschichte. Alles ist so beschrieben, wie die Autoren es erinnern. Einige Namen, Orte und Details wurden zum Schutz der Rechte der Personen geändert.

MIX
Papier aus verantwortungsvollen Quellen
FSC® C014496
www.fsc.org

Dieser Titel ist auch als E-Book erschienen

Originalausgabe

Lektorat: Wolfgang Seidel
Umschlaggestaltung: ZERO Werbeagentur, München
Umschlagmotiv: © Collage unter Verwendung von Motiven von FinePic/shutterstock
Satz: hanseatenSatz-bremen, Bremen
Gesetzt aus der DTL Documenta
Druck und Einband: GGP Media GmbH, Pößneck

Printed in Germany
ISBN 978-3-7857-2648-8

5 4 3 2 1

Sie finden uns im Internet unter: www.luebbe.de
Bitte beachten Sie auch: www.lesejury.de

Inhalt

Für Vitus & Veverin, die ich grenzenlos liebe,
& all jene, die sich fürchteten und trotzdem loszogen

Prolog

9. November 2017

»Nein!«, schreie ich, »Nein!«

Aufgeweckt von meiner eigenen Stimme schrecke ich hoch. Die Welt um mich herum ist unscharf, nur langsam dämmert mir, wo ich bin: Zu Hause, auf dem Sofa. Ich schüttele den Kopf, um wach zu werden, merke erst jetzt, dass ich mit der Brille auf der Nase, eingeschlafen bin. Mit einer Ecke meines Pullovers versuche ich etwas Klarheit ins Glas zu wischen und halte die Brille wieder gegen das Licht. Die Welt von draußen dringt zu mir. Sie ist grau und es regnet. Der November halt. Ich versuche den Tagtraum von eben zu rekonstruieren: Es war das Jahr 2049 und ich schaute auf die Bilder des Mauerfalls. Euphorisch schreiende Menschen umarmten sich, mit Tränen des Glücks in den Augen. In meinem Traum war ich 80 Jahre alt und eine alte Frau. Mein Gesicht hatte sich verändert und meine Knochen machten keinen Hehl aus ihrem Alter. Verstörender Traum, genauso surreal wie meine Erinnerung an die wahren Erlebnisse im Sommer 1989.

Gesichter von damals erscheinen vor mir: Heiko, Martin, Annette und Sabine mit dem kleinen Jungen, dunkelbraune wache Augen, so voller Leben und Abenteuerlust.

»Was ist aus euch geworden?«, frage ich mich. »Haben sich eure Wünsche und Träume erfüllt? Habt ihr gefunden, wonach ihr suchtet? Worauf ihr hofftet? Hat sich die Mühe gelohnt?«, flüstere ich vor mich hin und falle ins Grübeln: Wir haben alles stehen und liegen lassen, Familien, Verwandte, Freunde einfach so verlassen, enttäuscht, vielleicht sogar verraten.

»Wiedersehen!«, wispert eine Stimme in mir. Ich lausche tiefer in mich hinein, verharre reglos, kann mich nicht aus der Position lösen, in der ich sitze. »Wiedersehen!«, spuckt mein Mund plötzlich laut heraus.

Schlagartig löst sich die Starre in meinem Körper, und es ist, als würde ein Kokon, in dem ich all die Jahre gesteckt hatte, zerplatzen.

Wie von der Tarantel gestochen springe ich plötzlich vom Sofa, greife im Laufen mein Tablet vom Tisch und setze meine Kopfhörer auf. Die zwei Stufen in die Wohnküche nehme ich auf einmal, klicke dabei auf meiner 80iger Playlist »Sweet dreams are made of these« von den Eurythmics an. Bei »Everybody is looking for something«, fange ich an zu tanzen, erst langsam, dann immer schneller und schließlich hüpfe ich quer durch den Raum. Plötzlich wird mir klar: Ich will nicht alt werden, ohne zu wissen, was aus den Menschen, die uns auf unserer Odyssee begegnet sind, geworden ist. Und ich möchte denen Danke sagen, die uns auf unserem Trip in die Freiheit unterstützt haben.

Deshalb fasse ich heute, am 9. November 2017 auf meinem Sofa den Entschluss, meine, unsere Geschichte aufzuschreiben – soweit es meine Erinnerungen zulassen. Ich hoffe, dass ihr sie findet oder sie euch, dass ihr sie lest, euch darin erkennt und euch bei uns meldet. Wir kennen lediglich eure Vornamen, mussten sie hier aus rechtlichen Gründen zum Schutz eurer Identität ändern. Adressen von euch haben wir nicht, denn wir Flüchtlinge hatten keine.

Ich habe versucht eure Charaktere nachzuzeichnen, so wie Karsten und ich uns an sie erinnern, habe mich bemüht, Sprache und Zeitgeist von damals zu treffen, das, was uns bewegt hat, einzufangen.

Katrin Linke

Teil Eins

26. Juli 1989, Szombathely, Ungarn

»Rein, da!« Der Blick seiner tiefbraunen Augen, aus denen ich nichts lesen kann, wechselt nur für eine Zehntelsekunde von meinem Gesicht auf die Pistole im Halfter an seinem Gürtel, und ich verstehe: Widerstand ist zwecklos. Seine leichte Kopfbewegung in Richtung der offenen Tür, aus der mir grelles Licht entgegenschlägt, ist gar nicht mehr nötig, meine Beine setzen sich wie von selbst in Bewegung, und ich stolpere vorwärts. Im Türrahmen angekommen, kneife ich instinktiv die Augen zusammen. Als seine Hand mit festem Griff auf meiner rechten Schulter landet, reiße ich sie wieder auf. Die Hand auf meiner Schulter schiebt mich mit Nachdruck weiter. Dann löst sich der Griff. Ohne ein weiteres Wort fällt die eiserne Tür hinter mir ins Schloss, und ich bin allein. Mein Herz rast, treibt das Blut in meinen Adern zu einem reißenden Strom an, der Puls dröhnt in meinen Ohren.

Bleib ruhig!, befehle ich mir. Mein Körper gehorcht, wenn auch widerwillig. Langsam dringt das Knistern einer Leuchtröhre von der Decke zu mir durch, und meine Augen gewöhnen sich an die Helligkeit. Der Raum um mich herum ist klein, schätzungsweise neun Quadratmeter. Kahle Wände in vergilbtem Weiß, außer einem Stuhl und einem Tisch mit weißer Sprelacartbeschichtung[1] ist er leer. Ich setze mich, starre auf den Tisch. Wie von selbst tasten

[1] Sprelacart ist ein Markenname für spezielle mit Kunstharz gebundene Schichtstoffplatten, der in der DDR entstanden ist.

meine Finger das graue Gummi der Schutzkante ab, das sich wie ein Ring um die Tischplatte schlingt. Ich kenne diese Art von Tisch, hatte zwölf Jahre Schule an ihnen verbracht.

Meine Hände zittern. Mit hektischen Blicken scanne ich die Oberfläche des Tisches. Nichts. Keine Kratzspuren, keine Ritzereien, kein Hinweis auf meine Vorgänger. Vermutlich haben sie nicht sehr viel Zeit hier verbracht, reime ich mir zusammen und resümiere: Könnte gut sein, aber auch schlecht. Meine Finger finden eine Stelle, an der das Gummi der Schutzkante durchtrennt ist, ich beginne fahrig daran herumzupuhlen. Schließlich gibt das Gummi nach, löst sich aus der Rille, in der es steckt. Ich fahre sie mit meinen Fingernägeln entlang, beuge mich hinab, um hineinzuspähen. Auch hier Leere. Erst jetzt spüre ich, dass meine Zunge förmlich an meinem Gaumen klebt. Ich ziehe die Halsmuskeln zusammen, versuche meinen Speicheldrüsen etwas Flüssigkeit abzuringen, löse damit die Zunge, verteile die Spucke in meinem ausgetrockneten Mund, lasse das Rinnsal schließlich den Rachen hinunterlaufen. Meine Augen brennen, ich bin erschöpft.

Einen Augenblick ausruhen, denke ich, schiebe meine Fußrücken hinter die Stuhlbeine und ziehe mich an den Tisch heran. Ich nehme die Brille ab und lege sie vor mich auf die weiße Tischplatte. Das grelle Licht wird sofort diffus, entspannt meine Augen, entrückt mich auf angenehme Weise meiner Umgebung. Ohne die fokussierende Schärfe meiner »sechseinhalb Dioptrien beidseits« bin ich blind wie ein Maulwurf, wie ein schielender noch dazu. Ich reibe mir die kleinen Dellen, die die schweren Gläser rechts und links auf meinem Nasenrücken hinterlassen haben, fokussiere das Gestell vor mir auf dem Tisch, muss es aber sofort wieder einem undeutlichen Glitzern überlassen, weil meine Augen die Schärfe nicht länger halten können und wieder abdriften. Ich gönne meinen Gedanken selbiges.

Es war Liebe auf den ersten Blick gewesen: die kleinen runden Fassungen für die Gläser, die winzigen Pünktchen, die sich auf den Bügeln so kunstvoll aneinanderreihten, die Mini-Schrauben, mit denen man die Bügel verlängern konnte. Im Vergleich zu dem, was ich bisher auf meiner Nase sitzen hatte, war diese Brille das Paradies.

Ich schloss die Augen, beschwor die Bilder des Schaufensters des kleinen Antikladens herauf. Neben Ohrringen und Silberketten, aus denen rote, grüne oder blaue Steine aus verschnörkelten Amuletten blitzten, lagen auf rotem Samt Operngläser, Brillenkneifer und -gestelle, die meisten davon in schwarz angelaufenem Silber. Nur das eine in Gold. Du gehörst zu mir, hatte ich gedacht, als sich das Gestell in dem muffigen Trödelladen an meine Nase schmiegte, quasi mit ihr verschmolz. Der Preis war horrend gewesen, und bis ich das Geld zusammen hatte, brauchte es ein paar Wochen, in denen ich meiner neuen Freundin täglich einen Besuch abstattete, immer in der Angst, dass sie nicht mehr da sein könnte. Doch tagtäglich lag sie da, schien sich wohlig auf dem roten Samt zu räkeln und zu sagen: »Keine Sorge, wir gehören zusammen!« Schließlich waren wir beide glücklich in meinen Händen vereint gewesen. Mein Optiker hatte zwar ein wenig die Nase gerümpft, dann aber doch Gläser in das Gestell eingebaut, dessen handwerkliche Qualität bewundert.

»Wir gehören zusammen!«, meine Lippen formen gerade den Gedanken, da katapultiert mich das Geräusch von scharrendem Metall aus meinen Träumereien in die Gegenwart zurück. Schnell greife ich nach der Brille, setze sie an ihren Platz zurück. Hoffentlich erkennt niemand deinen Wert, denn ohne dich bin ich verloren, werde ich verrückt!, schießt es mir durch den Kopf. Ohne meine Sehhilfe würde ich innerhalb kürzester Zeit durchdrehen, da bin ich mir sicher. Ich blicke in die Richtung, aus der das Geräusch gekommen war, und schaue in ein Augenpaar, das mich anstarrt. Es sind andere Augen als die des Mannes, der mich in die Zelle gesperrt hatte, sie halten mich irgendwie gefangen, ich kann mich ihnen nicht entziehen. Mein Herz beginnt erneut zu rasen, und ein Foto blitzt in meinem Kopf auf. Es ist nur ein Passfoto, aber es hat sich in mein Hirn eingebrannt: leere Augen, ihr Blick auf unendlich gerichtet, Haare kurz rasiert, die Haut übersät mit schorfigen Flecken. Würde ich genauso aussehen, wenn sie mit mir fertig waren? Oder schlimmer? Panik kriecht in mir empor.

Petroleumlampen für Japan

Juli 1988, Erfurt, DDR – Reichartstr. 22

Mein Klingeln hatte er nicht gehört, seine Mutter hatte mir schließlich die mit Holzimitattapete beklebte Haustür geöffnet. Ich wusste nicht genau warum, aber ich hatte auf der Treppe bis zum ersten Stock, wo seine Mutter mich im Hausflur mit den Worten: »Sag ihm, er soll die Musik leiser machen«, begrüßte, immer zwei Stufen auf einmal genommen.

»Mach ich«, hatte ich mit einem höflichen Kopfnicken erwidert, kurz mein Tempo etwas gedrosselt und noch ein »Guten Tag« hinten drangehängt, bevor ich an ihr vorbei ins Obergeschoss flitzte. Warum kribbelte mein Körper jedes Mal wie Brausepulver und ließ meine Beine regelrecht hüpfen, wenn ich zu ihm ging? Oben vor seiner Wohnungstür angekommen, erkannte ich schnell, dass das, was die Ruhe seiner Mutter störte, von Bronski Beat, seiner Lieblingsband, kam, und ich erkannte auch sofort den Titel: »*I feel love, love …*«. Mir wurde heiß. Dachte er vielleicht gerade an mich? Meine Hüften verselbstständigten sich, fingen den Rhythmus ein. Ich drehte den Schlüssel, der immer im kupferfarbenen Schloss der vergilbten Wohnungstür mit dem milchigen Glaseinsatz und ihren altrosa Gardinen steckte, nach links und trat leicht mit dem rechten Fuß gegen das Holz. Die Tür schwang langsam auf, gab den dunklen Korridor etwa einen halben Meter frei, dann wurde ihr verzogener Rahmen von braungestrichenen Dielen gestoppt. Ich hastete über die malträtierten Holzbretter der lauter werdenden Musik entgegen. Die Dielen knarrten, doch als ich nach zwei weiteren Schritten auf den ausgebleichten Teppichläufer trat, klang das Geräusch gedämpfter. Die Hand schon an der schwarzen Türklinke zu seinem Zimmer, hielt ich kurz inne. »Komm runter!«, ermahnte ich mich, ließ das kühle Metall auf meine Handfläche wirken. Er sollte auf gar keinen Fall merken, wie aufgeregt ich war. Ich atmete tief ein, musterte im schummerigen Licht den Korridor, den großen alten Holzschrank an der Wand hinter der Eingangstür, die Tür zum Badezimmer, in dessen Badewanne er die schwarzhaarige Manuela vernascht hatte, daneben eine schmale Tür, wo sich die separate Toilette befand. Bis auf den Gedanken an meine Nebenbuhlerin mochte ich alles an dieser Wohnung: die Küchenmöbel aus den zwanziger Jahren mit ihren weißen Porzellanschubfächern für Gewürze und den gläsernen für Zucker und Mehl, den Holztisch mit den zwei verzogenen Schubladen, die immer halb offen standen, weil sie nicht mehr zugingen, der Mischmasch aus verziertem Silber- und nüchternem Alu-Besteck darin, das schräge, schmutzige Dachfenster darüber. Die Tür zur winzigen Kleiderkammer daneben stand offen. Ich stellte mich auf die Zehenspitzen und reckte den Hals, damit ich einen Blick hinein erhaschen konnte, ohne mich von der Stelle zu bewegen. Falls er mich trotz der lauten Musik bereits gehört hatte, sollte er nicht denken, dass ich bei ihm herumschnüffelte. Mein Blick streifte über seine ausgetretenen Puma-Turnschuhe, mehrere Jeans, Hemden, Shirts, Jacken. Keines der Kleidungsstücke musste sich einsam fühlen, denn egal ob benutzt oder nicht, alles lag in einem Knäuel vereint. Der Cocktail aus staubig, alt und schmuddelig, der in seiner Wohnung und dem gesamten Haus schwebte, faszinierte mich irgendwie. Er war so ganz anders als bei mir zu Hause, wo täglich gestaubsaugt wurde, wo die Fransen am Teppich gekämmt nebeneinanderlagen.

»*I feel love*« drang es lauter an meine Ohren, dann das Lachen einer unbekannten Stimme. Ich zuckte zusammen, überlegte kurz, ob ich wieder gehen sollte. Doch die Neugier siegte, und ich drückte die Klinke, noch bevor ich den Entschluss zu bleiben endgültig gefasst hatte. Zögernd setzte ich meinen Fuß über die Türschwelle, jemand Unsichtbares schien den Rest von mir hinterherzuschieben. Meine Augen brauchten sich nicht umzugewöhnen, die Vorhänge seines Zimmers waren zugezogen. Sie waren, genau wie Sofa, Hochbett und Tisch, ebenfalls blau. Alles hier war blau, und die beiden Typen auf dem Bett schienen es auch zu sein: Er wedelte mit irgendwas Blauem in seiner Hand herum, warf den Kopf in den Nacken, so dass das Grübchen in seinem Kinn, dessen Delle ich am liebsten pausenlos mit meinem Zeigefinger nachfahren würde, es mich aber nie traute, in Richtung Decke zeigte. Sein langes blondes Pony, das er passend zur Musik im Popperlook[2] mit Zuckerwasser gestylt hatte, fing einen Sonnenstrahl, der es durch einen Spalt zwischen den Gardinen geschafft hatte, ein. Können Engel cool sein?, schwirrte es mir durch den Kopf, doch von dort kam keine Rückmeldung, die Antwort kam aus meinem Bauch. Mechanisch bewegten sich meine Beine die paar Schritte bis zum Bett, die beiden Jungs darauf bemerkten mich nicht. »*Sweet dreams are made of this*«, wechselte die Musik. »Everybody is looking for something«, grölten zwei schiefe Stimmen. Ich musterte den Unbekannten, der zur Musik mitwippte: kohlschwarzes, kurzes Haar, eine dunkle Hornbrille auf einer flachen Nase, dahinter mandelförmige Augen. »Ein Asiate! Was will der denn hier?« Die Bemerkung war mir wohl laut herausgerutscht, denn die beiden Jungs hielten abrupt inne. Ich spürte sofort den Blick seiner grünen Augen, die mich aus dem Dämmerlicht anfunkelten, und mein Herz begann zu rasen, ob nun wegen ihm oder weil mir meine etwas uncharmante Bemerkung peinlich war, verschwamm im Gefühlsbrei.

»Makoto«, sagte er und nickte in Richtung des Asiaten. »Makoto, Katrin«, nickte er in meine Richtung zurück, machte eine kurze Pause und fügte erklärend hinzu: »Eine Bekannte.« Damit schien die Sache für ihn erledigt. Mein Magen hatte sich bei seinen Worten zusammengezogen und ich hätte mich am liebsten auf dem Absatz umgedreht.

---

[2] Popper waren die Mitglieder einer deutschen Jugendkultur aus der ersten Hälfte der 1980er Jahre. In die DDR schwappte die Popperwelle etwas später, hatte länger Bestand und war eher eine Mode als eine Message. Der ursprünglich provokativ zur Schau gestellte Hedonismus und das Desinteresse an politischen Geschehnissen spielten in der DDR eine untergeordnete Rolle. Ein typischer Slogan war: *Sehen und gesehen werden, ist des Poppers Glück auf Erden!*

Doch sein Blick hielt mich gefangen. »Die Bekannte«, sagte er gedehnt und zwinkerte mich schelmisch an.

»Ah«, hauchte der Asiate und kam sich verbeugend und mit breitem Lächeln auf mich zu.

Oje, dachte ich und verdrehte die Augen; ich bemerkte es zwar, aber es war bereits zu spät, um es zu unterdrücken. »Karsten mir erzählt, du mit ihm wollen, also ihr zusammen.« Makoto suchte nach Worten. »Mein Deutsch nicht so gut«, entschuldigte er sich immer noch grinsend.

Sweet Dreams, die »süßen Träume« der Eurythmics wurden abrupt alptraumhaft laut, und ich zuckte zusammen. »Pst!«, Karsten hatte den Zeigefinger seiner rechten Hand auf seine Lippen gelegt, fuchtelte mit dem blauen Ding in seiner linken herum. »Was?«, schrie ich. Er nickte mich mit weiten Augen nachdrücklich an, schaute dann auf seine linke Hand. »Ich versteh nur Bahnhof«, schrie ich nochmals, diesmal lauter, heftete aber meinen Blick an das Ding in seiner Hand, erriet schließlich die Geste und rutschte näher. Auch Makoto schien die Zeichensprache verstanden zu haben und hockte sich neben mich. »Makoto wird uns helfen«, flüsterte Karsten und schaute von seiner Hand zu dem Asiaten.

»Was?«, brüllte nun Makoto.

Langsam und mit einer deutlichen Pause nach jedem Wort wiederholte Karsten: »Du wirst uns helfen.«

»Warum du so leise? Ich nix hören!« Makoto wirkte verzweifelt. Karsten rückte näher an ihn heran, berührte mit den Lippen Makotos Ohr und flüsterte: »Zu gefährlich.« Instinktiv verstand ich, was er sagte, mein ganzer Körper war mit einem Schlag hellwach, so als wenn jemand mit einer Spritze Adrenalin in mein Herz gestoßen hätte. Er wird uns helfen, hier rauszukommen, jubelte ich innerlich. Vielleicht muss ich doch nicht schwimmen.

Ich wusste, dass es nicht einfach werden würde, vielleicht sogar gefährlich. Viele hatte das, was wir vorhatten, bereits das Leben gekostet. Die Angst, ebenfalls zu sterben, ließ ich gar nicht erst an mich heran. Mit dem Gedanken ans Schwimmen gelang mir das nicht: Glitschige Arme griffen aus der Dunkelheit nach mir, berührten mich am Bauch, ich verhedderte mich, wurde in die Tiefe gezogen. Reflexartig zog ich meinen Bauch ein. Ich war eine ausgezeichnete Schwimmerin, da war ich mir sicher, aber die Geschichten über Kinder, die sich in den Schlingpflanzen des Baggersees verfangen hatten und jämmerlich ertrunken waren, hatten sich in meinem Kopf tief eingenistet. Auch wenn ich mittlerweile wusste, dass es sich lediglich um Algen handelte, die bis an die Wasseroberfläche wuchsen, nützte es nichts, die Angst verfolgte mich seit frühsten Kindertagen. Trotzdem stieg ich seit Monaten mehrmals pro Woche nachts mit Karsten in diesen Gruselsee, zog mit Flossen, Tauchermaske, Schnorchel und einem schwarzen Strumpf über dem Kopf meine Runden, jedes Mal eine mehr. Die Kinder schrien immer wieder vom Grund zu mir herauf, flehten um Rettung. Vor Karsten gab ich mich lässig: »Los, noch eine, oder machst du schon schlapp?«, hatte ich ihn oft geneckt, doch in Wahrheit hatte ich beinahe panische Angst. Der Baggersee war gruselig, doch was würde mich erst erwarten, wenn es wirklich dazu käme, wir wirklich schwimmen müssten? Die Maske schützte meine Augen vor Wasser, aber meine Brille passte nicht darunter. Und ohne die war ich zwar nicht blind, aber ich fühlte mich hilflos, verletzbar, unsicher, ohne sie verschwamm die Welt vor meinen Augen, schaltete mein Hirn irgendwie ab. Doch ich musste wach sein, wenn es soweit wäre.

Ich fokussierte meinen Blick, Makoto grinste immer noch breit. Oder schon wieder? Meine anfängliche Euphorie war mit einem Schlag wie weggeblasen. Woher kam der Typ überhaupt? Konnte man ihm vertrauen? Ich schaute Karsten an. Er wirkte entspannt, hatte das blaue Ding, das er eben noch in der Hand hatte, geöffnet, reichte es nun dem Asiaten und rutschte nah an mich heran: »Du musst dir schnellstens einen Reisepass besorgen. Makoto wird uns Visa reinkopieren.« Bei den letzten Worten hatten seine Lippen mein Ohr berührt. Ein kribbeliger Schauer wanderte meinen Nacken hinab, glitt zwischen meinen Schulterblättern hindurch, meine Augen stellten wie von selbst auf ferne Welten in unendlichen Weiten, und eine Gänsehaut ergoss sich wellenartig über meinen Rücken. »Hallo? Jemand zuhause?« Karsten schien bemerkt zu haben, dass ich nur halb bei der Sache war, schob sein Gesicht vor meins. Ich zuckte zurück. Sofort erlangte ich die Kontrolle über meine Augen wieder und blickte Karsten in seine.

»Klar doch, kopieren!«, überspielte ich die Tatsache, dass ich dank seiner Berührung nur die Hälfte verstanden hatte. Um meine Entgleisung zu vertuschen, provozierte ich »Was willst du in Süßsauerland? Stäbchen schnitzen?«

»Makoto ist kein Chinese, er isst auch keine Pekinesen, sondern Algen und Fische, denn er kommt aus Japan«, belehrte Karsten mich.

»Japaner, sind das nicht die, die deine Lieblingstiere abschlachten und essen?«, gab ich etwas schnippisch zurück. Es brachte mich auf die Palme, wenn er die Schlaumeiernummer abzog. Er rückte ein Stück von mir weg, und ich bereute sofort meine Bemerkung, fiel aber fast zeitgleich in Trotzmodus und dachte: »Dann eben nicht, mir doch egal.« Augenblicklich funktionierte mein Gehirn wieder. Ein Japaner ... Vielleicht würde er sich ja als nützlich erweisen, dachte ich und beschloss, nett zu ihm zu sein.

»Du Reisepass mit Visum?« Makoto schaute Karsten

fragend an. Ich sah, wie Karsten große, fragende Augen machte, sein Hirn war mit einer Antwort offensichtlich überfordert. »Wenn wir das hätten, säßen wir nicht hier!«, polterte es aus mir heraus.

»Wenn, dann unten bei meinen Eltern.« Irgendwas schien bei Karsten eingerastet zu sein, er sprang vom Bett und verschwand über die knarrend ächzenden Korridordielen.

Während ich noch mit mir selbst wegen meiner etwas brüsken Entgegnung haderte, griff Makoto nach einer der herumliegenden Kassetten und las: »Angelo Branduardi.« Er schaute mich lächelnd an: »Gut?« Ich liebte Angelo Branduardi, es war »unsere« Musik, Karsten und ich hörten die Kassette hoch und runter, sie leierte bereits. Doch ich zuckte mit den Schultern: »Geht so. Ein Italiener.« Ich fühlte mich unsicher. Bestimmt hörte er in Japan ganz tolle Bands, ging in Live-Konzerte von den Eurythmics oder von Supertramp. Unsere Leierkassette war sicher nichts für ihn. »Darf ich?«, fragte Makoto. Ich nickte, und er tauschte die Eurythmics gegen den Italiener aus. Eine Weile saßen wir uns schweigend gegenüber, ließen uns von der Musik davontragen. Doch in mir brodelte die Neugier: »Woher kennst du Karsten? Und wie kommst du hierher?«

»Über Tante. Schreibt mit Freundin meiner Mutter. Hat eingeladen mich zu kommen. Gut, weil jetzt ich kann helfen euch!«, Makoto grinste mich offen an.

»Sorry, hat ein bisschen gedauert, aber hier ist er.« Karsten winkte mit einem grünen Reisepass und sprang aufs Bett. »Schwein gehabt!«, sagte er fröhlich. »Meine Tante hatte Silberhochzeit, und da haben sie meinen Vater rausgelassen.« Er schlug das Reisedokument auf und blätterte darin herum. »Das ich brauche!«, Makoto nahm Karsten den Pass aus der Hand, hielt ihn sich knapp vor die Nase und studierte die Seite.

Dann legte er den aufgeschlagenen Pass vor sich hin, kramte in seinem Rucksack und zog in lässiger Geste einen Plastikkasten heraus. Er hielt ihn über den Pass, drückte auf einen Knopf, und es summte leise. Mir blieb der Mund offen stehen, so ein Gerät hatte ich noch nie in echt gesehen. »Videokamera«, erklärte Makoto. »Von Sony. Ich mache Foto von Visa.«

Ich nickte nur. Makoto drückte wieder einen Knopf, dann rauschte es kurz. Ein weiteres Drücken, dann zeigte er mir ein Bild des Stempels, der Karstens Vater berechtigt hatte, die DDR zu verlassen und zur Silberhochzeit seiner Schwester nach Köln zu reisen. Ich rätselte, wie Makoto den Stempel aus der Kamera raus und in Karstens Pass rein bekommen wollte. Karstens Blick verriet mir, dass er etwas Ähnliches dachte, und der wohlige Schauer auf meinem Rücken kehrte zurück. »Ich drucken in Japan aus und kopieren es in Pass.« Makoto schien unsere Fragen zu erraten. Seine Erläuterungen sorgten bei mir für noch mehr Verwirrung, doch Makoto schien es nicht zu bemerken: »Du mir schicken auch deinen Pass, ich machen Visum von Papa rein. Wir uns alle treffen in Sowjetunion und ausreisen nach Japan.« Makoto grinste breit und schien sehr zufrieden.

»Alles klaro auf dem Kilimandscharo!«, bemerkte ich in etwas ironischem Ton und dachte bei mir: Den Reisepass hol ich mir im Konsum an der Ecke. Und wenn wir einmal dabei sind: Was hältst du davon, wenn ich ihn dir bringe, ich wollt schon immer mal nach Japan. Die ganze Situation war einfach zu absurd, und ich schaute Makoto verunsichert mit ungläubigen Augen an. Er lächelte noch immer, für ihn schien die Sache geritzt, ein Kinderspiel. Ich blickte zu Karsten. Seine Stirn hatte sich in Falten gelegt, sein Blick war starr, er schien zu grübeln. »Meine Cousine aus Frankfurt schmuggelt ihn raus«, erklärte er nach einer Weile. »Die kommt jeden Herbst zum Todestag meiner Oma zu Besuch. Das ist ihr heilig.« Euphorisch packte Karsten mich am Arm und drückte zu. »Wenn das klappt, kann sie ihn zu Makoto nach Japan schicken.« Du kannst den Pass genauso beantragen wie ich, das ist jetzt erlaubt, dass jeder DDR-Bürger einen richtigen Reisepass hat, nicht nur die Rentner!« Die Sache schien für ihn geritzt.

Ich entwand Karsten meinen Arm. »Ich hab einen Bruder im Westen, der andere hat grad einen Ausreiseantrag gestellt, mein Cousin hockt wegen versuchter Republikflucht im Knast, und meine Mutter ist mit einem Antragsteller befreundet, schon vergessen?«, sagte ich gereizt. »Die geben mir doch nie so ein Ding.« Meine Stimme wurde leise, und ich zwang mich, die aufsteigenden Tränen zu unterdrücken. »Und überhaupt. Wie sollen wir das bezahlen, eine Reise in die Sowjetunion? Außerdem kommt man da auch nicht so leicht rein, ohne Einladung geht da gar nichts.« Schweigen breitete sich aus, das Blau um uns herum wirkte auf einmal düster.

Wir hatten gar nicht bemerkt, dass die Musik geendet hatte und die Kassette im Leerlauf drehte. Die Automatik, die den Knopf normalerweise hochschnippen ließ, war, wie häufig beim Modell »Annett«, kaputt. Genau deshalb hatte ich mir von meinem Jugendweihegeld einen »Babett« gekauft, achthundertundachtzig statt siebenhundertfünfzig Ostmark hingeblättert. Danach war finanziell Ebbe angesagt gewesen, aber ich wollte mit meinen Lieblingssongs einschlafen, und da ich mir ein Zimmer mit meiner Schwester teilte, musste sich der Recorder verlässlich selbst ausschalten, wenn das Band zu Ende war. Gedankenverloren lauschte ich dem Geräusch der Kassette, zu dem sich nun noch ein leises drängelndes Quietschen gesellte. Es klang, als bettelte die Kassette um Erlösung. »Wir müssen alles zu Kohle machen, was geht«, sagte ich mehr zu mir selbst als zu den anderen. Die Tragweite meines Gedanken wurde mir erst langsam bewusst. Der Rekorder war das Einzige, das ich zu Geld machen konnte.

»*Words don't come easy*« – wie oft hatte ich das Lied von F. R. David darauf gehört, hatte Stephan, meine erste große Liebe, beschworen, mich endlich wahrzunehmen, wenn ich morgens auf dem Schulweg an seiner Clique, die sich immer an dem Stromhäuschen an meiner Straßenecke traf, vorbeiging. Es würde mir schwerfallen, mich von dem Gerät zu trennen.

Ein kurzes Klacken und dann ein Schnurren. Karsten hatte eine neue Kassette eingelegt. »*It's raining again*«, sang Supertramp, das Band hatte direkt am Refrain gestanden. »Ich habe eine Fotoausrüstung, die ist echt gut, mit Dunkelkammer und allem Pipapo. Die Boxen und der Verstärker sind auch ganz gut«, drang Karstens weiche Stimme durch den Regen von Supertramp. »Ich kenn einen Typen, der kauft so was auf und vertickt es weiter.« Karsten verfiel wieder in Flüsterton.

Seit er als sogenannter »Säurespritzer von Erfurt« verhaftet und sein Zimmer von der Polizei durchsucht worden war, hatte er panische Angst, dass er von der Staatssicherheit abgehört wurde. Die Polizei hatte tatsächlich Säuren bei ihm gefunden. Die Chemikalien hatte er für Experimente gekauft, wollte aus Blättern Chlorophyll extrahieren und damit elektrischen Strom erzeugen. Das Klassenbuch des Abendgymnasiums entlastete ihn zum Glück – er konnte nicht der Verrückte gewesen sein, der Frauen im Kaufhaus auf der Rolltreppe mit Säure bespritzte. Karstens größte Angst bei der Hausdurchsuchung war gewesen, dass die Polizei den Tauch-Atemregler, den er illegal besaß, fand. Niemand hatte das Gerät erwähnt. Hatten sie es trotzdem gefunden?

Irgendwie fühlte sich Karsten in letzter Zeit beobachtet. Vielleicht, weil der Säurespritzer noch immer frei herumlief? Oder weil Karsten eine »Ausreiserin«, eine Bezeichnung, mit der er mich wegen meiner Brüder gerne neckte, traf? Vielleicht befürchteten sie auch, dass er den Tauchregler für eine Flucht angeschafft hatte, über die Ostsee in den Westen wollte?

»Ich gesehen tolle Lampen bei euch zu kaufen, so wie Kerze, aber mit Glas. Japaner würden toll finden«, meinte Makoto.

»Lampen, die Japaner brauchen könnten?«, kam es fast zeitgleich von Karsten und mir. Die Vorstellung, dass es bei uns etwas gab, was man in Japan toll finden könnte, schien uns gleichermaßen unglaubwürdig.

»Kommt Flüssigkeit rein und leuchtet«, erklärte Makoto und suchte nach weiteren Worten, um die vermeintlichen Wunderlampen zu beschreiben.

»Petroleumlampen«, errieten wir wie aus einem Munde, schauten uns an und mussten lachen. »Die Dinger gibt's im Laden für Eimer, Besen und Mausefallen, knapp fünf Mark das Stück«, wusste Karsten.

»Blau oder rot der Herr?« Ich sprang auf und pries verkäuferisch gestikulierend an.

»Ja genau, Petroleumlampen«, freute sich Makoto. »Ihr schicken nach Japan, ich verkaufen und schicke Geld zu Cousine in BRD.« »Und die bringt mir die Kohle nach Berlin«, grinste jetzt Karsten seinerseits zufrieden. Auf meinen fragenden Blick hin fügte er hinzu: »Im kleinen Grenzverkehr. Christiane fährt nach Westberlin. Von dort darf sie im kleinen Grenzverkehr nach Ostberlin. Das geht voll easy!«

26. Juli 1989, Szombathely, Ungarn – Gefängniszelle

Ich bin unsicher, was unerträglicher ist: die Augen des Mannes, der mich durch das Loch in der Zellentür anstarrt, oder der leere Blick von dem Passfoto, der mich seit Monaten in Schach hält. Ich spüre wie mein Herz rast, höre den Puls in meinen Ohren rauschen. Mein Gehirn ignoriert es, setzt gnadenlos die einzelnen Ausrisse des Fotos zusammen wie die Einzelteile eines Puzzles. Dann ist es fertig: Falk, mein Cousin, schaut mich mit trübem, farblosem Blick an. Tränen schießen mir in die Augen. Sie glätten die Haut meines Cousins, sein Blick wird langsam klarer, seine Augen gewinnen an Farbe und werden blau. Bilder unbeschwerter Kindertage schimmern darin: Falk im Schlafanzug an meinem Fußende, fröhlich lachend an der Bettdecke ziehend. »Los, ich will spielen!«, höre ich seine Stimme in mir.

Falk war in den Ferien oft bei uns zu Besuch gewesen. Wir waren fast gleich alt, vertrugen uns prima, spielten gern miteinander, waren fast so unzertrennlich wie Zwillinge gewesen. Die Gedanken an Falk lassen meinen Puls gleichmäßiger werden, und der Mann am Guckloch entschwindet meiner Wahrnehmung. Dankbar lasse ich mich tiefer in meine Erinnerungen sinken: sonntags. Wir spielten das Spiel immer sonntags.

Mit einem vorgetäuschten Schnarchen bekundete ich jedes Mal meine Zustimmung, zog die Beine an, um Falk Platz zu verschaffen. Er verstand das Zeichen, holte Bettdecke und Kissen aus seinem Bett und baute beides routiniert auf, die Decke zusammengerollt am Fußende, sein Kopfkissen direkt vor meinen Fußspitzen. Dann positionierte er sich dazwischen, mit dem Rücken zu mir, das Gesicht Richtung Bettrolle. Er hob die Arme, umfasste mit seinen Händen ein imaginäres Lenkrad: »Brumm, brumm, brumm, quietsch«, machte er und ruckte mit dem Oberkörper nach vorn, so als ob er tatsächlich gebremst hätte. Ich ruckte ein klein wenig mit, kuschelte mich danach noch tiefer in Schlafratz, mein Daunenfederbett.

»Falk«, murmle ich und erschrecke, werde mir meiner Umgebung jäh wieder bewusst. Der Fremde im Guckloch ist wieder da. Ein Rauschen übermannt mich, wird zum Dröhnen. Es erinnert mich an die riesige Mauer eines Stausees, den ich als Kind mit meinen Eltern besucht hatte. Das Wasser war mit lautem Getöse die Mauer runter in den See geknallt, es hatte mir Angst gemacht, und ich hatte mir die Ohren zugehalten. Reflexartig mache ich es wie damals, drücke meine Handballen fest auf die Ohrmuscheln, doch das Dröhnen lässt nicht nach. Ich schaffe es gerade noch, mich mit der linken Hand an der Tischkante festzukrallen und mir mit der rechten erneut die Brille von der Nase zu reißen. Die Welt um mich herum verschwimmt augenblicklich und mit ihr das Auge in der Tür, die gesamte Tür. Sie verschmilzt mit der Wand, hinterlässt lediglich einen Schatten. Automatisch sinkt mein Puls, entspannen sich meine Muskeln. So sehr ich auch unter meiner Fehlsichtigkeit, vor allem dem Schielen, das, wenn ich müde bin, auch die Brille nicht wegkorrigieren kann, leide – manchmal liebe ich meine Augen: Sie machen brennende Kerzen zu filigran funkelnden Feuerbällen, lassen Weihnachtskugeln am Weihnachtsbaum frei schweben oder machen aus einem Baumkuchen mal eben zwei. Je nachdem, mit welchem Auge ich fokussiere, ist mal der eine, mal der andere scharf. Die Illusion, manches doppelt zu besitzen, gefällt mir, fühlt sich gut an.

Dort, wo die Tür ist, klackt es blechern, und der Schatten weicht einem heller werdenden Licht. Nach und nach schält sich die Silhouette eines Mannes heraus. »Mitkommen!« befiehlt er. Ich erkenne ihn wieder, setze schnell die Brille auf. Er bedeutet mir, ihm zu folgen. Das Rauschen kehrt zurück, droht über mir zusammenzuschlagen. Reiß dich zusammen!, fauche ich mich an, wohlwissend, dass ich jetzt der Realität ins Auge blicken muss. Ich folge dem Mann mit wackligen Schritten durch einen schmalen Gang, vorbei an einer Tür, die der meinen gleicht, kann aber keinen Blick durch das Guckloch in den Raum dahinter erhaschen. Ich frage mich, ob Karsten dort drin ist.

Eine Tür wird geöffnet, und ich blicke in den Raum: Ebenfalls hellgelb mit Leuchtstoffröhren an der Decke, mehrere Tische und Stühle wie die meiner Zelle, die Fenster auf Kopfhöhe schwarz vergittert. Draußen dämmert es bereits. Mein Begleiter weist mir einen Stuhl zu. Dann geht er wieder, und ich bleibe allein zurück. Irgendwie bin ich erleichtert, auch wenn ich nicht weiß, was auf mich zukommt. Ich brauche nicht lange darüber zu brüten. Eine Tür am anderen Ende des Raumes wird geöffnet, und zwei Männer in verschlissenen Anzügen erscheinen, einen davon erkenne ich sofort wieder: hagere Gestalt, schmales Gesicht, die Kante an seinem Haaransatz so exakt gerade, als wäre sie mit dem Lineal gezogen. Ich habe noch immer die Alkoholfahne in der Nase, die mir aus seinem Mund entgegengeschlagen war, als er uns am Bahnhof angesprochen hatte, nach unserem Woher und Wohin fragte. Stinkemund hatte uns beäugt, als ob wir Aussätzige wären, wollte wissen, wie viel Geld wir besaßen. Als wir zögerten, zückte er einen Ausweis, verlangte dann unsere zu sehen. Wir hatten den Grenzpolizisten in Zivil angelogen, ihm erzählt, dass wir uns die Stadt anschauen wollten, eintausendzweihundert Forint dabeihätten[3]. Das hatte den Beamten stutzig gemacht, und er wollte wissen, ob wir nach Österreich flüchten wollten. Wie aus dem Nichts waren plötzlich noch drei Typen aufgetaucht, hatten uns mitgenommen, uns in diesem Pseudogefängnis getrennt. Schließlich verlangte Stinkemund nach meinem Gepäck, stöberte in meinen Sachen herum. Bei dem Gedanken, dass er gleich meine bereits getragenen Schlüpfer befingern würde, war mir Schamesröte ins Gesicht geschossen. Doch statt Unterwäsche hatte er das hellblaue Buch mit weißen Wölkchen aus meinem Rucksack gezogen, und zum rot war ein Schweißausbruch hinzugekommen: Es war mein Tagebuch, in dem eindeutig steht, was wir vorhaben. Der Grenzpolizist hatte darin herumgeblättert, es zum Glück dabei belassen und das Buch schließlich zurückgesteckt.

Der andere Typ neben Stinkemund ist mir unbekannt, wirkt irgendwie schmierig. Auf seiner übergroßen Nase thront eine viereckige Nickelbrille, in seiner Rechten hat er einen Aktenordner. Er legt ihn vor mich auf den Tisch, zieht sich einen Stuhl heran, setzt sich und schaut mir ungeniert in die Augen. Ich fokussiere ihn mal mit dem rechten, mal mit dem linken Auge, eine Taktik, die ich bereits in der Schule benutzt hatte, um dem Blickkontakt eines Lehrers standzuhalten: Ich schaute ihn an und doch wieder nicht, seine Macht konnte so nicht bis in mein Innerstes durchdringen, mich allzu sehr verunsichern.

»Ich spreche besser Deutsch als mein Kollege hier«, sagt mein Gegenüber, ohne sich vorzustellen. Betont langsam öffnet er den Ordner. Ich erkenne eine Art Formular. Der Mann dreht den Ordner um und schiebt ihn rüber zu mir.

---

[3] Etwa 36 D-Mark

Dabei lässt er mich nicht aus den Augen: »Unterschreiben Sie hier!« Sein Finger zeigt auf eine leere Zeile, tippt darauf. Er scheint Übung darin zu haben, denn er trifft sie blind. Ich befreie meinen Blick von seinem, schaue auf das Blatt Papier: ein paar Zeilen, reingehackt von einer Schreibmaschine, oben rechts ein paar Zahlen. Das Datum von heute, erschließe ich mir; alles andere kann ich nicht entziffern.

Meine Augen rastern die Schrift ab, senden Buchstaben an mein Hirn. Es setzt sie hektisch aneinander, versucht ihren Sinn zu erfassen, scheitert. »Das ist ungarisch«, erklärt mir Nickelbrille. »Da schreiben Sie Ihren Namen hin«, er zeigt auf die oberste Zeile. Dann wandert sein Finger auf die Zeile darunter: »Geburtsort und –datum. In das Feld kommt, warum Sie hier sind.« Sein Finger zeigt auf den breitesten Bereich des Blattes und setzt mich in Kenntnis, welchen Text er dort erwartet: »Sie wollten aus unserem Land nach Österreich flüchten.« Meine Pupillen weiten sich, und ich schlucke trocken. »Ich wollte was?«, frage ich. Meine Angst ist für einen Augenblick wie weggeblasen, so geschockt bin ich, schaue ungläubig zu ihm auf. »Ein Fluchtversuch aus unserem Land«, wiederholt Nickelbrille ruhig, fingert nebenbei einen Kugelschreiber aus seiner Anzugtasche und legt ihn auf das Blatt: »Schreiben Sie!« Meine Gedanken fahren Karussell, ich fühle mich ertappt, überführt. Etwas in mir zieht die Notbremse, lässt mich runterkühlen, so dass ich wieder klar denken kann. Nüchtern zähle ich die Fakten, die er in der Hand hat zusammen: Sie haben uns am Bahnhof eingesackt, gleich nachdem wir aus dem Zug gestiegen waren. Haben wir uns im Zug mit jemandem unterhalten oder haben wir uns über das, was wir vorhatten, unterhalten?, versuche ich mich zu erinnern. Weder noch, bin ich mir hundertprozentig sicher. Er hat nichts gegen mich in der Hand, schlussfolgere ich. Oder doch? Hatte Karsten vielleicht ausgepackt, mich ans Messer geliefert, um seine eigene Haut zu retten? Mein Puls wird wieder schneller. Nein, bestimmt nicht, beruhige ich mich. Wir waren so weit gekommen, nein, ausgeschlossen, das würde er nicht tun. Wirklich nicht? Ich bin verunsichert. Egal, schiebe ich den Gedanken beiseite. Ich würde ihn auf keinen Fall verpfeifen, ich würde niemanden verpfeifen, das hatte ich mir geschworen, komme, was wolle. Ich beschließe, mich dumm zu stellen. »Ich und Flucht, wie kommen Sie dadrauf?«, bemühe ich mich betont lässig zu klingen.

»Warum sind Sie sonst hier in Szombathely?« Sein Blick wird durchdringend.

»War schon überall in Ungarn, wollte mir mal was Neues ansehen«, lüge ich dreist.

»Hier an der Grenze?« Die gedehnte Art, wie er den Satz spricht, macht eindeutig klar, dass er mir nicht glaubt. »Sie füllen das Blatt aus und sind frei«, schiebt er nach.

Die Notbremse schnappt auf, und mein Hirn fährt wieder Karussell. Sollte ich auf das Pferd aufspringen, dass er mir anbot? Aber dann hätte er schwarz auf weiß, das ich abhauen wollte, hätte ein Geständnis, könnte mich für Jahre hinter Gitter bringen.

Und wir hatten es nicht einmal versucht! Wütend verschränke ich die Arme vor der Brust, schaue ihm trotzig ins Gesicht: »Nein!« Er nickt nur, zieht mit dem Zeigefinger den Pappordner zurück und klappt ihn zu. Das scheint das Zeichen für meinen Wärter zu sein, der plötzlich neben mir steht und mich am Arm greift. Er führt mich zurück in den Gang. Als ich an der Zellentür vorbeikomme, hinter der ich Karsten vermute, frage ich mich, ob er unterschreiben wird. Oder hatte er bereits unterschrieben und war auf und davon? Ich fühle mich mutterseelenallein und elend, als die Tür meiner Zelle wieder ins Schloss fällt.

August 1988, Erfurt, DDR – Reichartstraße 22

»Grün oder blau?«, Karsten kniete auf dem Fussboden, in jeder Hand ein lappriges Stück Stoff, um sich herum Unmengen Gänsefedern, zwei lange rote Säcke und eine Nähmaschine.

»Ich freu mich auch, dich zu sehn!«, erwiderte ich, schob mit dem Ellenbogen die Tür zu seinem Zimmer auf, balancierte den Karton, den ich trug, hindurch und hievte das Monstrum neben die anderen an der Wand. Nein danke, ich schaff das schon allein!, dachte ich angesäuert, weil Karsten sich nicht erhoben hatte, um mir zu helfen. Ich warf meine Jeanstasche, die aus dem Oberteil einer alten Jeans bestand und die ich selbst mehr zusammengeflickt als genäht hatte, aufs Sofa.

»Los, los, rein da!«, er zog mich zu sich runter, öffnete den roten Sack, auf dem er saß, rutschte etwas zur Seite und bedeutete mir hineinzukriechen.

»Ich bin voll im Eimer, die Petroleumlampen sind scheiß schwer!«, jammerte ich und pulte mit der Spitze meines rechten Fußes den blauen Lederturnschuh, der mit zwei weißen Streifen verziert war, von meiner linken Hacke. Dann befreite ich den rechten Fuß von seinem Schuh. Ich stellte beide betont sorgfältig neben seine hingeschmissenen, abgeranzten Puma-Turnschuhe.

»Boa, was hältst du dich so lange an sowas auf? Ich will wissen, ob du reinpasst!«, drängelte Karsten und schüttelte die Ecke des Stückes Stoff, das er aufgeklappt hatte.

»Und ich will, dass meine Turnschuhe in ein paar Wochen auch noch gut aussehen, hab schließlich lange dafür angestanden. Hat ja nicht jeder eine Tante, die jedes Jahr Puma-Latschen aus dem Westen rüberwachsen lässt«, entgegnete ich störrisch, hockte mich aber bereitwillig hin und schob meine Füße in den Sack. »Was wird das, wenn's fertig ist, ein Ganzkörperkondom?«

»So was Ähnliches.« Karsten lächelte mich an, und ich hätte ihn am liebsten zu mir herabgezogen, um durch sein Strubbelhaar zu wuscheln, ihn zu küssen, traute mich aber nicht. Wir waren nicht zusammen. Da gab es außer Manuela noch Carola und Sandra, alles tolle Mädchen, mit denen er seine Freundschaft »erweitert« hatte, wie er es nannte, zu gut Deutsch, mit denen er schlief. Ich verbrachte zwar inzwischen die meiste Zeit mit ihm, vermutlich aber nur, weil die anderen unter der Woche zum Studium in Jena oder Leipzig und nur an den Wochenenden verfügbar waren. Vielleicht wollte er auch einfach nur nicht alleine abhauen, wollte für unterwegs und seinen Start im Westen etwas »Frischfleisch« dabeihaben. Über das Selbstbewusstsein, die Tollste von allen zu sein, verfügte ich nicht.

»Brillenschlange! Brillenschlange!«, ich war zu oft damit gehänselt worden. Meine Mutter hatte sich zwar immer redlich bemüht, mir die neuesten Brillengestelle und dünnsten Gläser, die es gab, zu verschaffen. Dafür hatte sie sogar mit dem Optiker geflirtet. Aber es hatte nichts genützt, ich war immer wieder das Opfer von Hänseleien geworden und froh gewesen, dass meine Peiniger der Brillenschlange nicht noch eine »Streberin« zur Seite gesetzt hatten, wegen meiner guten Noten. Schuld daran waren vermutlich meine schnodderige Art, die ich mir instinktiv zugelegt hatte, sowie die Tatsache, dass meine Freundinnen allesamt

»Dreier-Kandidaten« gewesen waren und keine »Einser«. Ich musste bis Ende der Zehnten in dem Klassenkollektiv auskommen, erst danach stand das Abi an einer anderen Schule an, vorausgesetzt, ich bekam einen Platz, was mit Eltern, die nicht der Sozialistischen Einheitspartei angehörten, so gut wie ausgeschlossen war.

Die »Brillenschlange« war mir auch über die Mauern meiner Schule gefolgt: Wenn Stephan, der mich schließlich erhört hatte, mich mit seinem Moped von der Schule abholte, hänselten seine Kumpels hinter uns: »Was willst du mit der Brillenschlange?« Zum Glück schienen nicht alle Jungs ein Problem mit Nasenfahrrädern zu haben und ich entschied irgendwann, dass meine »Mitropa-Aschenbecher« mich vor Blödmännern schützten, die Mädchen einfach nur flachlegen wollten. Inzwischen war ich einundzwanzig, die Typen von damals Schnee von gestern, doch an der Schlange würgte ich noch immer.

Karsten mochte meine Brille, fand, dass ich damit schlau aussah, eine Tatsache, die mir schmeichelte. Er war der zweite, mit dem ich Sex hatte. Die Leichtigkeit, mit der er »zur Sache kam«, faszinierte mich. Er war geschmeidig wie eine Katze, seine pantherartigen Augen, mit denen er mich regelrecht zum Liebesspiel herausforderte, machten es mir leicht, meine Scheu zu überwinden. Sex ohne Liebe, das war neu für mich, und ich hatte beschlossen, es zu genießen. Zärtlich in seinen Haaren herumwuscheln, ihn Bambi-like mit Kulleraugen anschmachten? Nein, ich würde mir die Liebe vom Leibe halten, würde nie wieder so leiden. Keiner würde nochmals eine so tiefe Wunde in mein Herz schlagen, wie Stephan es getan hatte, als er nach drei Jahren mit mir Schluss gemacht hatte. Diesen Schmerz wollte ich niemals wieder durchleiden, das hatte ich mir geschworen.

»Grün oder blau?«, wiederholte Karsten seine Frage und winkte mit den beiden Stoffstücken über meiner Nase.

»Sag mir erst, was das wird.«

»Nein. Überraschung!«

Die Sache war entschieden. »Okidoki, dann grün.« Ich gab mich geschlagen.

»Schön, dann können wir jetzt spazieren gehen.« Er reichte mir die Hand und half mir aus dem Sack. Ich verstand sofort, er wollte unbehelligt mit mir über unsere Fluchtpläne reden, danach würden wir unsere Runden im Baggersee ziehen. Ich schlüpfte in meine Turnschuhe, sah meine Tasche auf dem Sofa, beschloss sie liegen zu lassen. Ein guter Grund, später hierher zurückzukommen.

»Wie viele?«, fragte Karsten. Seine Stimme klang leise, obwohl wir draußen waren. Wir gingen über die kleine Brücke mit dem verschnörkelten gusseisernen Geländer, die in den Luisenpark führte. Es hatte bessere Tage erlebt, der Lack war im wahrsten Sinne des Wortes ab. Die Brücke führte über den Flutgraben, ein tiefer Graben, durch den sich die Gera schlängelte und den die Stadtväter einst gezogen hatten, um die Bewohner zu schützen, wenn das Flüsschen durch Tauwetter im Thüringer Wald oder schlimme Unwetter zum wilden Strom heranschwoll und über die Ufer zu treten drohte.

»Fünfzehn«, erwiderte ich. In den letzten Wochen war ich mehrfach in dem Laden für »Eimer, Besen und Mausefallen« in der Innenstadt gewesen, um die Petroleumlampen für Makoto zu erstehen. Bei jedem Besuch hatte ich bewusst nur maximal fünf Lampen gekauft. Ich wollte kein Aufsehen erregen, keine Fragen, keinen Verdacht aufkommen lassen. Heute hatte ich ordentlich zugeschlagen, denn der Besuch von Karstens Cousine Christiane stand kurz bevor: Sie sollte die Lampen mit nach Frankfurt am Main nehmen, wo sie als Krankenschwester arbeitete, und von dort nach Japan zu Makoto schicken. Zwei Pakete hatte ich bereits gepackt, heute das dritte. Ich blieb stehen und schaute Karsten an: »Der Typ im Laden hat irgendwie komisch geguckt, ich glaub er hat mich erkannt.«

Karsten stoppte. »Okay, dann sollten wir eine kleine Pause machen, und das nächste Mal geh ich.«

»Sie haben sowieso keine mehr«, erwiderte ich. »Erst im Frühjahr kommen wieder welche. Die Saison ist rum, meinte der Typ. Hat mich gefragt, wem ich mit all den Lampen heimleuchten wolle?« Ich zog meine Augenbrauen nach oben, um meinen Worten Nachdruck zu verleihen.

»Und, wem willst du heimleuchten, etwa mir?«, fragte Karsten, und seine Augen leuchteten siegessicher. »Ich hab gesagt, dass ich Besuch aus dem All kriege und denen den Weg leuchten muss«, erwiderte ich genervt.

»Du solltest besser auf bling-bling und girly girly machen und den Typen damit ablenken, statt ihn durch solche Sprüche zum Nachfragen zu animieren. Oder gar zum Nachforschen ...«, Karsten war ernst geworden.

Bling-bling und girly girly, das hättest du wohl gern, dachte ich und ging weiter.

»Wie viele sind es insgesamt?«, wollte Karsten wissen.

»Sechzig.«

»Mal fünf Mark pro Stück, macht dreihundert«, rechnete Karsten laut und holte mich ein. »Wenn wir nochmal so viele hinkriegen, wär super!«

»Wenn du lieb bling-bling machst, schneidet er sich vielleicht welche aus den Rippen!« Ich zwinkerte ihn kokett an, sah aber gleichzeitig den Typen aus dem Laden vor mir und wie er mich forschend angesehen hatte. Ich zog die Schultern hoch, und trotz lauer Sommerabendluft, war mir plötzlich kalt.

Wir waren vor der Tür des Espachbades, das Freibad, in dem wir arbeiteten, angekommen. Karsten schloss sie auf und wir traten ein. Die Wasseroberfläche des Schwimmbeckens hatte sich vom Trubel des Tages erholt, lag schwarz und glatt in der Dämmerung. Die Ruhe, die sie ausstrahlte, übertrug sich sofort auf mich. Ich mochte das Bad. Seine Fachwerkhäuser und Kabinen verliehen ihm etwas Ehrwürdiges. Das Schwimmbecken war etwa fünfzig Meter lang und durch eine Brücke in Schwimmer- und Nichtschwimmerbereich geteilt. Das ganze Bad wirkte verschlissen, aber es hatte Charme. Als meine Mutter hörte, dass ich im Espachbad jobben würde, schwelgte sie sofort in Erinnerungen: »Da bin ich als junges Mädchen schwimmen gewesen. Und rudern. Gibt es den Teich neben den Schwimmbecken noch?« Es gab ihn noch, allerdings ohne Ruderboote.

Karsten verschwand in dem Gebäude, in dem wir unsere Mittagspausen verbrachten oder die Zeit totschlugen, wenn es regnete. Oder besser, in denen ich die Zeit totschlug. Er saß noch nicht richtig, da steckte seine Nase bereits in Oscar Wilde oder Hermann Hesse, erst im *Bildnis des Dorian Grey*, später im *Glasperlenspiel.* Als er endlich damit durch war und ich auf ein Schwätzchen hoffte, zog er den *Steppenwolf* aus seinem Rucksack. Mit letzterem schien er eine Art Pakt eingegangen zu sein. »Wenn ich hier nicht rauskomme, meine Träume nicht leben kann, mache ich es wie er!«, hatte er einmal mit einem Blick gesagt, der keine Zweifel ließ: Er würde sich umbringen. Ich war regelrecht erschüttert gewesen. Klar, ich wollte auch weg hier, wollte frei sein, wollte meinen Bruder Peter und meinen Cousin Falk wiedersehen. Und ich wollte studieren. Medizin, nicht Silikat-Technik oder sonst irgendwas, irgendeinen Scheiß, den kein Arbeiter- und

Bauernsöhnchen machen wollte und den sie mir angeboten hatten.

»Silikat-Technik, was kann ich damit später machen?«, hatte ich den Genossen gefragt, der das sogenannte »Umlenkungsgespräch« nach meiner Ablehnung zum Medizinstudium mit mir geführt hatte. »Klobecken studieren«, hatte er mich mit süffisantem Grinsen aufgeklärt, sich zu mir über den Tisch gebeugt, so dass ich seine gelben Zähne sehen und den Kaffee-Zigaretten-Mischmasch, der zwischen ihnen hindurchschwelte, riechen musste. Warum hatten die Genossen mich erst zum Abi zugelassen, wenn ich dann doch nicht das studieren durfte, was ich wollte? Es war pure Häme. Ich hatte so viel getan, um meine Chancen auf einen Medizinplatz zu erhöhen, hatte im Singe-Club brav »Bau auf! Bau auf! Bau auf! Bau auf! Bau auf, freie deutsche Jugend, bau auf! Für eine bessere Zukunft richten wir die Heimat auf!« und die Internationale geträllert, hatte die »Verdammten dieser Erde« beschworen, die »höchste Stufe des Feudalismus«, den »stinkenden, faulenden Kapitalismus« zu zerschlagen. Der Gipfel von allem war jedoch der Gruppenführerlehrgang gewesen! »Wenn Sie Medizin studieren wollen, sollten Sie den Lehrgang machen!«, hatte mir meine Klassenlehrerin geraten. »Der Lehrgang bringt Pluspunkte im Empfehlungsschreiben, erhöht Ihre Chance auf einen Platz.« Ich war ihrem Rat gefolgt. Anstatt in den Sommerferien mit meinen Klassenkameraden an der Ostsee Party zu machen oder im Balaton in Ungarn zu baden, quälte ich mich bei dreißig Grad in eine graue Riesenganzkörperplastiktüte namens Strahlenschutzanzug. Ich sah darin wie die große Schwester von Micky Maus aus. »Sie haben drei Minuten! Wenn sie länger brauchen, sind sie im Falle eines atomaren Angriffes unserer Staatsfeinde tot! Und los!« Gleichzeitig mit dem Befehl begann das Ticken des Sekundenzeigers der Stoppuhr in der Hand des Soldaten, der eigens für die Ausbildung der Gruppenführer von der Nationalen Volksarmee abgestellt worden war. Ich schmeckte den talgigen Geruch der Gasmaske, die immer zuerst aufgesetzt werden musste, sofort wieder auf der Zunge, wenn ich nur an das Ding dachte. Der Schweiß war mir in die Augen gelaufen, ich hatte nichts sehen können, denn die Gläser der Maske hatten auf meine Brillengläser gedrückt, so dass das Gestell in die Augenhöhle gepresst wurde. Wie immer, wenn ich mich daran erinnerte, sprang der Rest meiner Sinne sofort auf den Zug auf: »Links zwei, drei, vier! Links, zwei, drei, vier!«, hallte es aus meinem Inneren, und mein Gehirn blieb mir auch das Bild zum Ton nicht schuldig: Soldatenmäßig und ohne mit der Wimper zu zucken marschierten meine Klassenkameradinnen nach meiner Pfeife auf dem Schulhof hin und her. Nachdem ich den Gruppenführerlehrgang bestanden hatte, war ich für die Dauer von zwei Wochen im sogenannten Kurs für Zivilverteidigung ihr Boss. Während wir Mädels auf dem Schulhof trainierten, die Bevölkerung im Falle eines Angriffes des Klassenfeindes zu beschützen, wurden die Jungs irgendwo in der Pampa für den Gegenschlag aufgeheizt. Wie hatte ich es gehasst, meine Freundinnen bei dem Kriegsspiel herumzukommandieren, wie hatte ich mich für mein Herumchefen geschämt. Genützt hatte mir der ganze Firlefanz am Ende nichts, das Empfehlungsschreiben hatte mir die Klassenlehrerin schließlich verweigert, Medizinstudium ade.

Die Genossen hatten mir die kalte Schulter gezeigt, und ich hatte mir mein Leben als frischgebackene Abiturientin anders vorgestellt – aber mich deshalb umbringen? An so etwas dachte ich nicht einmal im Traum. Den Gefallen würde ich den Towarischs[4] niemals tun! Auch wenn ich tatsächlich gerade Toiletten studierte. Eigentlich als Rettungsschwimmerin eingestellt war ich im Espachbad inzwischen Mädchen für alles: Liegestühle austeilen und einsammeln, Garderoben aufräumen, Müll aufsammeln und letztlich auch Toiletten putzen. Dabei lernte ich eine Menge über Klobecken, vor allem über den Unterschied zwischen denen, die von Männern benutzt wurden, und denen von Frauen. Mein derzeitiges Dasein war alles andere als ein Zuckerschlecken, doch eine Stimme in mir war zuversichtlich, dass mein Leben noch Fahrt aufnehmen würde. Ich würde es schaffen! Wir würden es schaffen, würden unsere Träume leben. Denn unsere Flucht würde glücken, wir hatten schließlich nicht nur eines, sondern mehrere Eisen im Feuer!

Mein Kampfgeist lief gerade auf Hochtouren, als Karsten mit Flossen und Schnorcheln aus dem Gebäude trat und mir die Sachen in die Hände drückte. Er verschwand nochmals, kehrte kurz darauf mit unseren Rennrädern zurück. »Auf geht's!«, befahl er, nahm mir die Sachen wieder ab und schob mir mein Rad zu. »Vielleicht sollten wir einfach gleich hier schwimmen?«, schlug ich vor und machte eine Kopfbewegung in Richtung Wasser: »Los, komm! Fünfzig Meter pro Strecke sind doch super. Hier sind wir allein, das ist viel sicherer als am Baggersee. Und du kannst danach fast direkt ins Bett fallen«, fädelte ich eine Argumentationskette, in der Hoffnung, den schleimigen Schlingpflanzen wenigstens heute zu entkommen. »Ist der Neusiedler See vielleicht ein Swimmingpool? Nein, wir üben das so real wie möglich!«, zerschlug Karsten die zarten Kettenglieder und sprang auf sein Rennrad.

---

[4] Russisch: Genossen

26. Juli 1989, Szombathely, Ungarn – Gefängniszelle

Viel Zeit, in meinem Elend zu versacken, bleibt mir nicht – die Zellentür wird erneut geöffnet. Diesmal tritt der Aktenordner-Mann in ihren Rahmen. Er winkt mich zu sich heran, deutet dann mit einer Kopfbewegung nach rechts. Ich folge seinem Blick. »Ihr Freund hat das Formular wahrheitsgemäß ausgefüllt, er darf gehen«, sagt der Beamte. Mein Kopf versucht das, was ich sehe, mit dem, was ich gerade gehört habe, in Deckung zu bringen. Karsten steht in der Tür, durch die wir reingebracht worden waren, hinter ihm schimmert im Dunkeln die laternenbeleuchtete Straße. Ich schaue von ihm auf die Straße, zurück zu ihm, versuche in seinen Augen zu lesen, kann nichts daraus erraten. Bluffte der Beamte? Oder hatte Karsten wirklich unterschrieben?

»Sie bleiben hier!« Die Stimme des Beamten brennt sich in mein Hirn. »Zweiundsiebzig Stunden Untersuchungshaft, dann geht's zurück in die Heimat!« Die Tür schließt sich vor meiner Nase, ich habe gar nicht bemerkt, wie ich zurück in die Zelle geschoben worden war. Ich verliere die Fassung, trommle mit den Fäusten gegen das graue Metall der Tür, schreie: »Ich fülle es aus! Ich unterschreibe alles! Alles, was ihr wollt!«

Die Geschichte vom Plüschtelefon

August 1988, Erfurt, DDR – Lauentor

»Heute Abend 18:00 Uhr auf dem Domplatz. Zieh was Altes an!«, flüsterte mir Karsten ins Ohr. Er hatte mich wie zum Gruß umarmt, ließ nun los. »Zuerst die Damentoiletten!«, kommandierte er laut, so dass Siegrun, die Chefin des Freibades, und Karl, der Kassierer, es hören konnten. Karsten genoss den Job des Stellvertreters, weil ausgebildeter Schwimmmeister. Siegrun hatte ihn zu meinem Vorgesetzten ernannt, und manchmal schien es ihm richtig Spaß zu machen, mich zu irgendwelchen Frondiensten abzustellen. Die Uhr schlug gerade mal acht, und ich hatte auf alles Bock, nur nicht aufs Kloschrubben. Vielleicht wäre es doch besser gewesen, die Dinger zu studieren, als sie putzen zu müssen? Ich wischte den Gedanken beiseite, beschloss es Karsten heimzuzahlen, knallte meine Jeanstasche in die Ecke, steuerte dann am Fachwerkhaus vorbei, das die Kasse beherbergte, um anschließend die Umkleidekabinen zu passieren, hinter denen sich die Toiletten befanden.

Ich schrubbte gerade mit der Bürste an einem besonders fest angetrockneten Stück vom Vortag, da stand Karsten hinter mir: »Hast du deinen Reisepass endlich? Mein Patenonkel aus Göttingen kommt am Wochenende. Er könnte ihn mitnehmen und zu Makoto schicken.« Ich merkte wie ich feuerrot anlief, diese Kloschrubberei war mir einfach zu peinlich. Ich traute mich nicht ihn anzuschauen, starrte stattdessen in den Urinstein der Toilette und sagte knapp: »Nee.« »Ich übernehm die Männertoilette!«, sagte Karsten, drehte sich um und verschwand. Ein Felsbrocken der Dankbarkeit fiel von mir ab.

Ich schloss mein Rennrad am Fuße der Domstufen an. Es funkelte silbrig in der Abendsonne. Der Tag war heiß und das Freibad gut besucht gewesen, und so waren wir nicht weiter zum Reden gekommen. Ich spähte in Richtung einer Gasse, denn ich vermutete, dass Karsten von dort kam. »Perfekt, du bist schon da!«, hörte ich seine Stimme hinter mir und erschrak. Er war aus der entgegengesetzten Richtung gekommen, stieg von seinem Rad und stellte es vor meins. Es fing sofort die Sonnenstrahlen ein und schien mit meinem zu verschmelzen. Ich liebte es, wenn die beiden Silberpfeile so zusammenstanden.

»Sie wollen was?«, hatte der Leiter des Mifa-Fahrradwerkes in Sangerhausen entgeistert gefragt, als wir mit den abgeschmirgelten Rahmen vor ihm standen. »Sie sollen sie verchromen!«, antwortete Karsten, als sei das die selbstverständlichste Sache der Welt. »Das geht mit einem Lenker oder einer Radgabel. Aber der ganze Rahmen?« Der Mann kratzte sich am Kopf. Schließlich hatte er sich breitschlagen lassen, es zu versuchen. Und es hatte geklappt, unsere Fahrräder waren voll verchromt und damit zu etwas ganz Einzigartigem geworden. Ich spürte die neidvollen Blicke manch eines Passanten regelrecht im Rücken, wenn ich auf meinem Blinkeblitz an ihm vorbeisauste. Es würde mir leidtun, die Räder zurücklassen zu müssen. Doch sie mitzunehmen war unmöglich.

»Hier entlang!« Karsten riss mich aus dem Schwelgen, nahm meine Hand und zog mich in Richtung Petersberg, einer alten Festung, die ehemals zur Stadtmauer gehört hatte. Er blieb vor einem verrosteten Maschendrahtzaun stehen, hockte sich hin, bog ihn etwas nach oben, so dass ein kleiner Durchschlupf entstand. »Schnell!«, forderte er mich auf.

»Ist nicht dein Ernst!«, entgegnete ich entgeistert.

»Doch los, los, eh uns jemand sieht!«, wiederholte er die Aufforderung und zog mich am Arm.

»Ist ja gut, ich mach ja schon!« Ich ging in die Hocke und versuchte mich durch die Öffnung zu quetschen, ohne den Zaun zu berühren. Ich hatte meine neue stonewashed Jeans angezogen, bereute nun, dass ich nicht auf ihn gehört hatte.

»Hier hoch!« Karsten zeigte auf eine etwa zwei Meter hohe Mauer. »Ladys first!«, sagte er und fügte hinzu: »Da kann ich dich von unten stützen.«

Und mir auf den Hintern glotzen, vervollständigte ich den Satz im Stillen, nahm das aber in Kauf, weil es sich sicherer anfühlte, ihn da unten zu wissen. Ich streckte den rechten Arm aus und ergriff den ersten, etwas nach vorn ragenden Stein, der sich mir bot. Er bröckelte zunächst. Ich fasste nach, er hielt, ich zog mich hoch, suchte mit dem Fuß nach einem festen Tritt, ergriff den nächsten Stein. Stück für Stück arbeitete ich mich aufwärts. Der Blick, der sich mir bot, als ich oben ankam, war nicht gerade einladend: ein Plateau, dicht bewachsen mit Büschen, dazwischen weggeworfene Autoreifen, zerbrochene Glasflaschen und anderer Schrott.

»Da geht's weiter!«, sagte Karsten. Er war auch auf dem Plateau angekommen. »Diesmal geh ich vor!« Er bahnte uns einen Weg durch das Gestrüpp. Nach einer Weile blieb er vor einer Betonplatte stehen, die jemand offensichtlich beiseitegeschoben hatte und neben der ein Loch in die Tiefe führte. »Auf ins Abenteuer!«, sagte er fröhlich, zeigte auf das Loch im Boden und schickte sich an, darin zu verschwinden. »Stopp, stopp, stopp!«, rief ich, schoss blitzschnell mit dem Arm nach vorn, erwischte den Ärmel seiner Jeansjacke und schloss meine Finger wie eine Zange: »Never ever geh ich da runter!« Meine Stimme war schrill geworden, ich realisierte es, ärgerte mich über mich selbst.

»Nicht bevor du mir sagst, was wir hier machen!« »Überraschung!« Er schaute mich geheimnistuerisch an. »Vertrau mir, ich war schon oft hier. Mit Michael. Ich weiß, was ich tue.«

Michael war sein Freund von Kindesbeinen an, ich hatte ihn ein-, zweimal getroffen. Er war nett gewesen, vertrauenswürdig, sportlich, kein Draufgänger. »Okay«, ich gab mir einen Ruck.

»Das ist ein ehemaliger Lüftungsschacht«, erklärte Karsten. »Da sind Steinvorsprünge drin, wie eine Art Stufen. Am besten du gehst Bauch zum Berg, also deine Vorderseite Richtung Stufen.« Karsten zog eine rote Taschenlampe aus seiner Hosentasche, drückte sie mir in die Hand, knipste eine zweite in Blau an, die er aus der anderen Hosentasche gezaubert hatte, und schob sich unter die Betonplatte. Ich schaute auf meine makellose Jeans, stöhnte, folgte ihm aber langsam nach unten. Stein für Stein kletterte ich in die Tiefe. Im Lichtkegel der Lampe schimmerten jede Menge zerfetzte Spinnennetze, gelegentlich ein intaktes, in dem Madame Tekla auf Beute wartete.

Ich war etwa drei Meter runtergestiegen, da spürte ich seine Hände um meine Taille: »Jetzt musst du springen!« Ich landete direkt neben ihm. Eine kleine Staubwolke stieg auf. Ich musste niesen. »Gesundheit!«, wünschte Karsten und gab die nächste Anweisung: »Jetzt gehts im Kauergang oder auf allen vieren weiter!«

Vor mir lag ein schmaler Gang. »Wo sind wir?«

»Unter der Straße, wir gehen jetzt quasi unter der Straße zurück in Richtung Dom und Severikirche«, erklärte Karsten und kroch voran. Ich kniete mich hin und krabbelte los. Die Abenteuerlust hatte mich gepackt, meine Hose war vergessen. Ich tastete mich vorsichtig über kaputte Backsteine und Geröll im Staub durch die Dunkelheit hinter ihm her. Nach einer Weile, wir hatten schätzungsweise etwa zehn Meter zurückgelegt, richtete er sich auf. Als ich neben ihm war, tat ich es ihm gleich und schaute mich um. »Hier lang«, sagte Karsten, und ich folgte ihm einige Meter, bis er wieder auf ein dunkles Loch, diesmal in der Decke, wies.

Karsten griff nach einem Stein auf Höhe seiner Schultern: »Warte hier!« Er kletterte aufwärts und war im Nu verschwunden.

Es dauerte eine Weile, dann rief er von oben: »Du kannst kommen!« Ich griff mit beiden Händen über meinen Kopf nach dem Steinvorsprung, den Karsten benutzt hatte, und versuchte mich hochzuziehen. Es klappte nicht. Ich war zwar sportlich und meine Armmuskeln durch das regelmäßige Schwimmen trainiert, aber ich schaffte es nicht, meine achtundvierzig Kilo hochzuziehen. Komm schon, ermunterte ich mich. Vielleicht ist das ja irgendein blöder Test von ihm, und er will wissen, ob ich Biss habe, wenn es hart auf hart und zu Plan B kommt. Kannst du haben, ich werde dir zeigen, dass ich kein Weichei bin. Karsten war mein Ticket in die Freiheit. Allein hätte ich nicht die Traute, würde es machen,wie mein Bruder Peter es gemacht hatte und einen Antrag auf Ausreise aus der DDR stellen.

Die Strafe für Peter war hart gewesen: Erst die Exmatrikulation von der Uni, dann ließen die Genossen ihn die Bibliothek der Stadt heizen – der einzigen Job, den er bekam. Wer Geld wollte, musste arbeiten. Und so schaufelte Peter um drei Uhr morgens eimerweise Kohle, damit das vernachlässigte Gebäude anno 1539 warm war, wenn die Bibliothek ihre Pforten öffnete.

Die Genehmigung zur Ausreise von Peter war ein Schock für alle. Vier lange Jahre hatten die Genossen ihn hingehalten, dann hatten die Deutsche-Demokratische-Republik es plötzlich eilig: Fünf Tage vor Heiligabend hieß es »Raus hier!« Peters Sohn Gustav, gerade mal fünf, saß, vor Kälte zitternd, zusammengekauert zwischen den Koffern auf dem Bahnsteig des Erfurter Hauptbahnhofs. »Er wird in einer anderen Welt aufwachsen. Ob er sich später wohl daran erinnern kann, woher er eigentlich kommt? Oder an mich?«, hatte meine Mutter geschluchzt, als der Zug einrollte, Peters Hand am Abteilfenster festgehalten, bis der Zug sie ihr entriss. Agga hatte meine Schwester und mich im Arm gehalten, alle zusammen hatten wir gewunken, bis Peters Silhouette mit der sternenklaren Nacht verschmolz. In diesem Moment fasste ich endgültig den Entschluss, auch zu gehen. Ich konnte mein Dasein nicht als Garderobiere, Aushilfskraft oder in einem Beruf, den ich nicht mochte, fristen. Doch ich wollte nicht, dass meine Mutter diesen Schmerz noch einmal durchmachen musste. Ich brauchte einen anderen Weg, einen, der schneller ging, ohne großen Abschiedsschmerz, einen Shortcut.

Karsten war mein Ticket in die Freiheit. Ich musste diesen Schacht hoch, durfte es nicht vermasseln, nur weil ich wie ein nasser Sack an diesem bekloppten Stein hing. Meine Wut gab mir die nötige Kraft, und ich schaffte es, mich hochzuziehen. Ich löste die rechte Hand von dem Stein, griff nach dem nächsten. Dann konnte ich meine Füße endlich auf den unteren Steinvorsprung stellen. Von da an ging es im Zickzack aufwärts. Als ich die etwa zwölf Meter erklommen hatte, blendete mich das Licht der untergehenden Sonne. Nach und nach gewöhnten sich meine Augen an die Helligkeit, ich kletterte aus dem Schacht und schaute mich um: Eine kleine Wiese, davor eine hüfthohe Steinmauer. »Wow!«, entfuhr es mir. Ich war irgendwie über der

Stadt. Direkt vor mir thronten, stolz und erhaben, Dom und Severikirche auf ihrem Berg. Aus dieser Perspektive hatte ich die Wahrzeichen meiner Heimatstadt noch nie gesehen. Ich staunte sie an, und mir wurde bewusst, wie einzigartig diese zwei Bauwerke waren, das eine prunkvoll verziert, das andere schlichter, doch nicht minder beeindruckend. Zu ihren Füßen lagen schief, krumm und grau die mittelalterlichen Häuser, die das Bild der Stadt prägen. Sie wirkten wie Untergebene, die genau wissen, dass sie die siebzig Domstufen, die sie von den beiden Hoheiten trennen, niemals erklimmen könnten.

»Tatatataaa, darf ich vorstellen – das Lauentor!«, trällerte Karsten, sichtlich erfreut, dass es mir die Sprache verschlagen hatte.

»Das was?«, fragte ich und schaute ihn verständnislos an.

»Sag bloß, du kennst das nicht?« Er war überrascht. Dass ich noch nie hier gewesen war, hatte er sich vermutlich gedacht, aber nicht, dass ich noch nie davon gehört hatte. »Das Lauentor gehört zur Stadtmauer, wurde im vierzehnten Jahrhundert gebaut. Es gab wohl noch mehr Tore. Die sollten den Verkehr aus und in die Stadt kontrollieren. Dazu gab's noch jede Menge Wachtürme, ich glaub siebenundzwanzig«, entführte mich Karsten in vergangene Zeiten.

»Und dieses ehrwürdige Stück Geschichte haben die einfach hinter einem Zaun versteckt?«, staunte ich. »Was sind das eigentlich dort für scheußliche Hallen?« Ich zeigte auf ein Fabrikgelände direkt unter uns.

»Die Optima.«

»Echt? Da drin haben meine Brüder gelernt, Schreibmaschinen zusammenzuschrauben.«

»So viel zum kulturellen Teil.«

Ich war während unserer Unterhaltung an die Mauer getreten, hatte mich bäuchlings dagegen gelehnt, Karsten den

Rücken zugekehrt. Wie aus dem Nichts schwebte plötzlich ein Glas Rotwein vor meiner Nase. »Stößchen!«, sagte Karsten, drückte es mir in die Hand und stieß sanft mit einem weiteren Glas, dagegen. Es klirrte leicht. Ich schaute die rote Flüssigkeit an, dann ihn, dann wieder das Glas. Ich war verwirrt. Was hatte er hier in aller Abgelegenheit mit mir vor? Sollte das ein Rendezvous werden? »Wenn du mir jetzt einen Heiratsantrag machst, springe ich!«, sagte ich, hob, um meinen Worten Nachdruck zu verleihen, mein Bein und stellte einen Fuß auf die Mauer. Meine Bemühung, die Fassung wieder zu erlangen und zu meinem gewohnt schnodderigen Protokoll zurückzufinden, missglückte, mir wurde heiß und ich begann zu schwitzen.

»Keine Panik, Liebling«, scherzte Karsten mit betont nasaler Stimme. »Ich wollte dir nur sagen, dass du einziehen kannst.«

Ich schien so entgeistert zu gucken, dass er sein Glas abstellte, mich bei den Schultern packte und um 180 Grad drehte. Dann tippte er leicht an meinen Hinterkopf und drückte ihn vorsichtig so weit runter, dass ich nach unten schaute. Ich sah zwei große blaue Säcke im Gras liegen, verstand noch immer nichts. »Öffne den linken!«, forderte er mich auf. Ich kniete mich hin, entdeckte den Reißverschluss, zog daran. Der Sack öffnete sich langsam, gab ein rotes Innenfutter frei. Ich erkannte es wieder. »Ein Schlafsack«, stellte ich fest. »Mumie«, erklärte Karsten. »Das ist eine Mumie, extra warm, falls es zu Plan B kommt, wir über den Pamir nach Indien müssen.« Ich zog den Reißverschluss behutsam weiter auf, klappte die Oberseite des Schlafsacks zur Seite. Meine Augen weiteten sich und meine Coolness schmolz dahin. Ich konnte es nicht verhindern, es platzte aus mir heraus: »Wie süß ist das denn bitte?!« Im Kopfteil, genau dort, wo ich liegen würde, war anstelle eines Kissens ein gepolstertes Plüschtelefon eingenäht. Ich erkannte den Stoff sofort wieder, es war der grüne, mit dem Karsten vor ein paar Wochen in seinem Zimmer herumgewedelt hatte. Ich strich vorsichtig mit der Hand darüber. Er war weich, eine Art Nickistoff. Gerät und Hörer des Telefons waren daraus gefertigt, die Wählscheibe[5] darauf war aus pinkfarbenem Plüsch. »Ein Plüschtelefon im Schlafsack, das ist ja wohl oberkuschelig!«

»Damit du mich anrufen kannst, wenn wir irgendwo im Nirgendwo unterwegs sind. Dann bist du nie allein!«, sagte Karsten. Tränen schossen mir in die Augen, sein Gesicht vor mir verschwamm. Ich bemühte mich gar nicht erst, die Fassung wiederzuerlangen, nahm meine Brille ab und weinte hemmungslos. Die letzten Zweifel wurden davongespült. Wir würden es schaffen, gemeinsam.

Curry ist ein Gewürz

7. Juli 1989, Taschkent, Sowjetunion – 4500 Kilometer östlich von unserer Heimat

»Boa, ist das eklig, mir wird schlecht!« Ich drehe einem kopflosen Huhn den Rücken zu und halte mir die Hand vor den Mund. Der Mann, der es direkt neben mir an den Haken gehängt hat, öffnet einen Verschlag, in dem weitere Messeranwärter herumgackern, greift sich das lauteste von ihnen und macht kurzen Prozess. Ich bin erschüttert, so etwas

[5] Früher gab es keine Tastentelefone, man wählte die Nummer, in dem man runde Scheiben drehte.

habe ich noch nie gesehen. Und auch nicht gerochen. In den Gestank von totem Tier mischt sich der von Schweiß und Gewürzen. Rundliche Frauen mit schwieligen Händen, in bunte Kleider oder gar Kittelschürzen gehüllt, mit Kopftüchern, die im Nacken verknotet sind, sitzen schwatzend auf Säcken voller Kartoffeln, Zwiebeln oder Möhren, andere bieten bemalte Tücher, Tonschalen oder Vasen feil. Und überall dazwischen streunen Hunde herum, suchen nach etwas, das ihre Mägen füllt. Irgendwie habe ich mir den Orient anders vorgestellt, vielleicht ein bisschen so, wie ihn Wilhelm Hauff in seinen orientalischen Märchenerzählungen beschrieben hat, nur ohne fliegende Teppiche. Doch das hier? Im Hintergrund des Marktes, auf dem wir uns befinden, stehen die gleichen Plattenbauten à la Ostblock wie in dem Neubaugebiet, aus dem ich komme. Und es ist heiß hier, irre heiß. Mindestens 35 Grad. Okay, das gehört wohl dazu, denke ich. Wir sind schließlich tief im Osten der Sowjetunion und gut fünftausend Kilometer von zu Hause entfernt auf einem völlig anderen Längen- und Breitengrad. Der Versuch, mir das räumlich vorzustellen, schlägt fehl.

»Nur halb so eklig wie die Schweineohren, die ich alle zwei Tage im Schlachthof einsacken musste. Wie die Schweine da immer geschrien haben, dagegen sind die Hühner hier gar nichts«, sagt Karsten, dessen Blick sich regelrecht an den Hühnern festgesaugt hat. Ich sehe ihm an, wie hart der Job, mit dem er bis vor wenigen Tagen noch Geld für unsere Flucht verdient hatte, für ihn gewesen war.

Das Freibad, in dem wir den Sommer über gearbeitet hatten, schloss im Herbst, und das hieß: Manege frei für neue Jobs. Karsten hatte in einem medizinischen Forschungslabor angeheuert, dessen Ziel es war, ein Mittel zu finden, dass die Entstehung von Blutgerinnseln, beispielsweise nach Operationen oder nach Herzinfarkt, verhindern könnte. Dazu benutzten die Forscher Schweineohren und Zecken. An den Ohren testeten sie unterschiedliche Gerinnungsfaktoren. Dazu mussten sie »frisch« sein. Deshalb war Karsten regelmäßig in den Erfurter Schlachthof gefahren, um einen Eimer voller Ohren, gerade geschlachteter Tiere zu holen. Die Zecken setzten die Wissenschaftler auf Embryonen in Hühnereiern. Die Forscher wollten wissen, wie die Minivampire es anstellten, dass das Blut ihrer Opfer beim Saugen nicht gerinnt. Karsten hatte den Job gehasst, aber wir brauchten jeden Pfennig. Doch das Wichtigste: Unsere Fluchtpläne durften nicht auffliegen. Deshalb mussten wir den Eindruck erwecken, dass wir uns in unserem Land weiterentwickeln wollten. Mit dem Professor des Labors hatte Karsten offiziell den Deal, dass er ihn fürs Biologiestudium empfehlen würde, wenn er eine Weile bei ihm assistierte. Meeresbiologie studieren, das war Karstens Traum. Hoffnung, ihn in der DDR zu verwirklichen, hatte Karsten auch trotz Empfehlung des Professors keine. Denn die Genossen hatten ihm unmissverständlich mitgeteilt, dass er als Meeresbiologe Reisekader sein müsse. Das bedeutete, sich von Tanten, Onkel und Cousinen im Westen loszusagen, jeden Kontakt zu ihnen einzustellen. Doch dazu war Karsten nicht bereit.

Ich hatte mein Geld im Labor einer Hochschule verdient, hatte technische Versuche für angehende Mathe- und Physiklehrer aufgebaut, vorgegaukelt, dass ich überlegte, vielleicht auch Lehrerin für diese Fachkombination werden zu wollen. Es war todlangweilig gewesen, vor allem, wenn ich in dem stickigen Kabuff des rauchenden Technikers sitzen musste, um Kondensatoren, Transistoren oder Widerstände für Versuche der Studenten auf Leiterplatten zu löten. Oft war ich nach erledigter Arbeit vor dem offiziellen Feierabend abgehauen, was mir ordentlich Ärger eingebracht hatte: »Gehen Sie meinetwegen in die Stadt, treffen Sie sich mit einer Freundin, trinken Kaffee. Machen Sie, was Sie wollen, aber kommen Sie hierher zurück und verlassen das Gelände pünktlich wie alle anderen!«, hatte mein Vorgesetzter angeordnet.

Ich hatte mich zähneknirschend daran gehalten, fast täglich vor den spärlichen Auslagen der Schuh- und Klamottenläden in der Kälte geschlottert. Ich fror dort nicht allein: Obwohl es keine Arbeitslosen gab, war die Innenstadt tagsüber gut besucht. Wer konnte, der erledigte seine Einkäufe während der Arbeitszeit: Langspielplatten, Salamanderschuhe[6], Bananen – waren oft schon vor der Mittagspause ausverkauft. Kurz vor vier leerten sich die Wege, stattdessen begann der Sturm auf die Straßenbahnen, um rechtzeitig an der Stechuhr im Betrieb oder Kombinat zu sein.

Bei einem meiner Stadtbummel lernte ich Simone kennen. Ich stand mit geschlossenen Augen vor einem Schaufenster und spielte EVP[7] von Socken und Jacken raten, da fragte sie: »Hast du mal Feuer?« Hatte ich nicht, denn ich war Nichtraucherin, aber Simone und ich waren uns sofort sympathisch, beschlossen spontan ein Käffchen zu trinken. »War grad auf Stoffsuche«, erzählte Simone. »Nähe Jacken.« Sie kramte eine Schachtel »Club« aus ihrer Tasche, zog eine Zigarette raus und zündete sie an. Sie machte eine kurze Pause, damit der Kellner eine Tasse Kaffee vor ihr abstellen konnte, und fuhr dann fort: »Eigentlich bin ich Lehrerin für Russisch und Deutsch.« Ich zuckte zurück. Das

[6] Salamander ist eine Schuhhaus-Kette, die als eine der ersten Firmen intensiv mit der DDR zusammengearbeitet hat und später sogar eigene Produktionsstätten auf DDR-Territorium unterhielt. Salamander war aber kein Einzelfall – Firmen wie Nivea (Hautpflegecreme), Blaupunkt (Autoradios), Varta (Batterien), Triumph (Miederwaren) und Trumpf (Pralinen) folgten dem Beispiel.

[7] Endverbraucherpreis

Letzte, was ich wollte, war eine Russischlehrerin zur Freundin. Ich überlegte, wie ich mich verdünnisieren könnte, doch der Kellner hatte mir bereits ebenfalls eine Tasse gefilterten Rondo hingestellt; angesichts der Tatsache, dass 125 Gramm Rondo-Kaffee fast neun Mark kosteten, brachte ich es nicht fertig, die dunkle Flüssigkeit dem Abfluss zu überlassen. In dem Wunsch, das Tête-à-tête zwischen Simone und mir schnell hinter mich zu bringen, setzte ich die Tasse an die Lippen, nahm einen großen Schluck und verbrannte mir prompt die Zunge. Simone schien weder mein plötzlich abgekühltes Interesse noch meine verbrannte Zunge zu bemerken. Sie klimperte fröhlich mit ihren blau geschminkten Augenlidern und langen Wimpern, und ihr roter Mund plapperte ohne Punkt und Komma. Die passt überhaupt nicht zu mir, entschied ich unterdessen. »Jetzt nähe ich, um uns über Wasser zu halten, bis wir rauskommen«, drang auf einmal ihre Stimme zu mir durch, und augenblicklich spitzte ich die Ohren. Schnell rekapitulierte ich, was ich bisher etwas desinteressiert vernommen hatte: Simone hatte eine kleine Tochter, ihr Mann war im Jahr zuvor an einem Asthmaanfall verstorben, ein Schock für die gerade mal Siebenundzwanzigjährige. Seitdem stand sie alleine da, hatte irgendwann beschlossen, die DDR zu verlassen. Sofort nach dem Einreichen des Ausreiseantrags hatte sie ihren Lehrer-Job verloren. Dass jemand, der die DDR verlassen wollte, keine Kinder unterrichten durfte, lag auf der Hand, und mir war klar, dass Simone mit ihrer Tochter in ihrer sozialistischen Heimat keine Zukunft hatte. Warum genau sie den Ausreiseantrag gestellt hatte, war mir entgangen. Doch ich traute mich nicht nachzufragen, denn es war mir peinlich, dass ich ihr nicht richtig zugehört hatte.

Simone und ich wurden schnell ziemlich beste Freundinnen. Ihre Wohnung befand sich unweit der Hochschule, während meiner »Arbeitsausflüge« saß ich von nun an warm und trocken. Simones Nähmaschine ratterte Stück für Stück rosa- blau- oder grünfarbige Wattejacken runter, die sie auf der Rückseite mit prächtigen Ornamenten verzierte. Die Kleidungsstücke wurden ihr regelrecht aus der Hand gerissen, und in Simones Kasse klingelte es ordentlich. Den Lehrerjob vermisste sie keine Sekunde. Die Arbeit ging ihr leicht von der Hand, so dass wir nebenbei quatschen konnten. »O Gott, ich muss los!«, rief ich des Öfteren, umarmte Simone, sprang auf meinen Blinkeblitz und trat mit aller Kraft in die Pedale, um den Kollegen der Hochschule pünktlich um viertel fünf[8] einen schönen Feierabend zu wünschen.

Verglichen mit Simones war mein Verdienst gering, deshalb arbeitete ich zusätzlich abends im Theater an der Garderobe, damit sich unsere Fluchtkasse füllte. Die Arbeit machte Spaß: Die Menschen kamen in froher Erwartung auf einen schönen Abend, waren freundlich, und wenn die Vorstellung nicht ausverkauft war, durfte ich mir das jeweilige Stück ansehen.

Karstens Zweitjob in einer Schwimmhalle war perfekt für unsere Pläne gewesen. Er ermöglichte uns, über die Wintermonate zu trainieren, um in Form zu bleiben. Abends um zehn, wenn alle Badegäste gegangen waren, zogen wir im Dunkeln unsere Bahnen. Lediglich das Licht der Straßenlaternen warf durch die riesigen Glasscheiben des Bades skurrile Schatten auf die Wasseroberfläche. Es war etwas gespenstisch gewesen, aber es musste sein, die Schwimmbadbeleuchtung hätte uns verraten. Und besser als die schleimigen Algen war es allemal gewesen.

[8] 16:15 Uhr

»Riech mal!«, Karsten hält mir einen Finger mit gelbem Pulver unter die Nase. »Kennst du das?«

»Riecht irgendwie muffig, aber auch irgendwie lecker. Aber nee, keine Ahnung, was das ist.« Ich zeige auf ein dunkelrotes Pulver. »Das hier könnte Paprika sein.«

Ein Mann, dessen Gesicht mit hunderten winziger Falten übersät ist, kommt herbeigeeilt. Er blitzt uns aus tiefbraunen Augen an, und aus den Falten schält sich ein spitzbübisches Lächeln. Es zaubert seine vermutlich um die achtzig Jahre auf einen Streich weg, gibt zwei grauschwarze Zähne in seinem Mund frei. Er gestikuliert wild mit den Armen, zeigt auf das gelbe Pulver, dann wieder auf seinen Mund. Zwischen den Zahnlücken spritzen Tröpfchen hervor. »Man kann es essen, es scheint auch ein Gewürz zu sein«, entnehme ich seinen Gesten.

»Curry, Curry«, wiederholt mein Gegenüber immer wieder. »Verstehst du, was er meint?«, ich drehe mich zu Karsten.

»Ich hatte in Russisch immer eine Fünf, weiß bis heute nicht, wie ich es in der Zehnten auf die Vier geschafft habe. Beim Abi war es ein Desaster«, entgegnet er.

»Wir sind in Usbekistan, ich glaub die wenigsten sprechen hier Russisch, auch wenn es offiziell Sowjetunion ist …«

»Aber geografisch Asien«, fällt mir Karsten ins Wort.

»Curry, Curry«, wiederholt der Alte, und ich verstehe jetzt, dass das der Name des Pulvers ist. »Curry?«, frage ich.

»Da, da!«, der Mann wechselt ins Russische und nickt freundlich.

»Er hat ja gesagt«, übersetze ich für Karsten.

»So viel Russisch krieg ich grad noch hin!«, meutert er, sichtlich angesäuert.

»Oh boschalsta[9]«, bitte ich ihn um Entschuldigung. Gedanklich läuft es mir allerdings runter wie Öl: Die Sprachexpertin auf dieser Reise würde ich sein. »Ich hab noch nie was von Curry gehört, du?«, spiele ich Karsten ein Wissenshäppchen zu, um seine Laune aufzupeppen. Karsten überlegt kurz: »Salz, Pfeffer, nee, sonst benutzt meine Mutter nix oder doch Kümmel, ja, Kümmel kenn ich noch.«

»Nelken und Lorbeerblätter ans Rotkraut, mehr verwendet meine auch nicht«, ergänze ich.

Rotkohl, Thüringer Klöße und Rouladen tauchen in meiner Erinnerung auf, ein voller Teller und meine Mutter, die ihn auf den feinsäuberlich gedeckten Tisch stellt. Tausende Kilometer trennen mich davon, und es wird bestimmt sehr lange dauern, bis ich diese Köstlichkeiten wieder genießen kann, vielleicht sogar niemals wieder.

»Rotkraut, Weißkraut, Möhrengemüse, dann wieder Rotkraut, Weißkraut, ach ja und gelegentlich Erbsen, aber nur, wenn man in Berlin war, und auch nur aus dem Glas, wozu also exotische Gewürze?«, ich wische den heimeligen Geschmack von meiner Zunge und wiederhole die Gemüsesorten. Dabei falle ich in eine Art Singsang, tanze vor dem Gewürzstand herum, der Mann dahinter lacht, und sein Gesicht ähnelt jetzt irgendwie den Hunden, die zu viel Haut haben.

»Ihr habt Erbsen aus Berlin gegessen?«, Karsten schaut mich ungläubig an.

»Ihr nicht?« Ich halte verwundert im Tanzen inne. »Ich glaub nicht, ich glaub bei uns gab's die im Konsum«, erwidert Karsten.

»Du hast ja auch in Erfurt Süd gewohnt, mein Gutster, da wo die Bonzen sind. Bei uns im Plattengetto konntest

[9] Russisch Entschuldigung

du Erbsen suchen. Aber sowas von lange. Und sowas von erfolglos!« Ich werde ernst: »Zehn, zwölf Gläser, so viel wir schleppen konnten, haben wir aus Berlin mitgenommen. Und Ketchup.« Dass ich meine Tampons wann immer möglich aus Berlin eingeführt hatte, behalte ich für mich. »Zu delikat!« Doch tatsächlich war der Weg in die Kaufhalle immer der erste gewesen, wenn ich in den Ferien bei meiner Tante Edith im Ostberliner Köpenick zu Besuch gewesen war. Denn in Berlin bekam ich, was direkt bei mir um die Ecke im VEB Chemiefaserkombinat Schwarza »Wilhelm Pieck« hergestellt wurde, ich aber nie ergattern konnte: *S.T. Tampons.* Die kleinen, gut gepressten Tampons waren für Mädchen und junge Frauen geeigneter als *Imuna*[10]. Schnurstracks hatte ich den Einkaufswagen zu dem Regal geschoben, in dem ich die hellblauen *S.T.* Päckchen wähnte, war glücklich gewesen, wenn es gut gefüllt war, hatte das Regal rücksichtslos leergeräumt.

»Curry hin, Gewürze her, wir brauchen das Ganze eh nicht mehr!«, reime ich den unangenehmen Gedanken beiseite, winke dem Händler zum Abschied und tanze zum nächsten Stand des Basars. Leichtigkeit befällt mich – es ist seltsam hier, aber auch irgendwie schön, selbst die zuckenden Hühnerleiber stören mich plötzlich nicht mehr. Für einen Moment fühlt sich der Trip wie Urlaub an: fremde Düfte, Menschen mit vom Wetter gegerbter Haut und schlitzförmigen dunklen Augen, die lachen. Es ist zwar alles ziemlich anders, als ich es mir vorgestellt hatte, aber doch irgendwie märchenhaft. »Urlaub auf orientalisch, irgendwie zauber-

[10] Grob gewickelte Zellstoffrolle, ohne Abrundung, die beim Einführen Schmerzen verursachten

haft!«, schwelge ich. Die Gettoplatten im Hintergrund stören mich nicht mehr, ich übersehe sie einfach.

»Wir müssen zurück zum Flughafen!« Karsten holt mich in die Gegenwart zurück. »Sonst verpassen wir Makoto noch.« Er klopft mit dem Finger auf seine Uhr.

»Schade«, sage ich, höre auf zu tanzen und folge Karsten durch das Getümmel. Ein klappriger Bus bringt uns zurück zum Flughafen. Die Temperatur darin ist um einiges höher als draußen, und der Schweiß läuft uns die Achseln herunter. Meine Nase registriert Karstens Ausdünstungen, und meine Nasenflügel stellen automatisch auf weit, um noch mal nachzufassen. Ich rücke näher an ihn heran und gönne mir noch einen tiefen Zug.

»Dort lang!«, Karsten schiebt mich zwischen zwei großen Gepäckstücken hindurch Richtung Anzeigetafel. »Der nächste Flug aus Tokio[11] landet in einer Stunde«, stelle ich fest, noch bevor Karsten auch nur eine Chance hat, alle Städtenamen zu lesen. Wir holen unser Gepäck von der Aufbewahrung und checken wieder in der Ecke ein, die wir bereits am Vortag bezogen hatten. Es ist die einzige Stelle im ganzen Flughafen, die einigermaßen ruhig ist. Jemand hatte die beigefarbenen Kunstledersessel, die für uns ein gemütliches Nachtlager waren, wieder auseinander geschoben und in Reih und Glied an die Wand gestellt. Stöhnend schieben wir die unhandlichen Sessel wieder zusammen, Sitzfläche an Sitzfläche, die Rückenlehnen nach

---

[11] Die Verabredung war alles andere als spezifisch. Wir hatten uns nur auf Datum und Ort festgelegt. Als ich das Buch geschrieben habe, konnten sich sowohl Karsten als auch ich nicht mehr daran erinnern, ob überhaupt ein Flugzeug aus Japan kam. Tatsächlich haben wir bei jedem Flugzeug gehofft. Unser Japaner hat uns zirka ein Jahr später unsere DDR-Pässe zukommen lassen. Sie waren ohne irgendwelche Einträge oder Fälschungsversuche. Warum er nicht gekommen ist, haben wir nie erfahren, wir hatten auch keine Lust nachzufragen.

außen. Wir sind froh, dass einige Sessel keine Armlehnen haben, so dass in der Mitte eine größere Fläche entsteht.

Ich löse den Riemen am unteren Rand meiner Kraxe und befreie meine Mumie von dem Metallgestell. Dann rolle ich den Schlafsack aus und mache es mir bequem.

»Mach es dir nur nicht zu gemütlich!«, warnt Karsten. »Wir müssen gleich wieder los.«

»Makoto wird sicher nicht sofort aus dem Flughafen rasen, sondern erst mal eine Runde drehen und uns suchen.« Ich lege meinen Kopf auf die Kuschelwählscheibe des Plüschtelefons und klopfe mit der Hand neben mich auf das Kunstleder. Karsten versteht die Einladung und legt sich neben mich. »Arm!«, fordere ich. Er reagiert auf Anhieb, streckt seinen rechten Arm aus, so dass er die Kuhle in seiner Schulter freigibt und ich meinen Kopf darin betten kann. Na, das klappt doch schon ganz gut, grinse ich in mich hinein und frage: »Was denkst du, ob er diesmal drin ist?« »Ich hoffe es!«, erwidert Karsten und schaut nachdenklich an die Decke.

Ein Jahr war es jetzt her, dass wir unser Date mit Makoto in Taschkent verabredet hatten. Es war ein »So um den ersten Juli herum« Date, denn keiner konnte damals genau sagen, wann wir in Taschkent landen würden oder wann er aus Japan dort eintreffen könnte. Makoto persönlich gesprochen hatten wir seit unserer Verabredung damals auch nicht mehr. Karstens Eltern waren zwar in der glücklichen Lage, einen Telefonanschluss ihr Eigen zu nennen, ein Luxus, den nur wenige Haushalte genossen, aber von dort nach Japan telefonieren? Ausgeschlossen. Ein absolutes Ding der Unmöglichkeit, denn vermutlich wäre schon bei der Vorwahl eine Alarmlampe im Stasi-Hauptquartier angesprungen. Wir waren froh gewesen, dass Karstens Cousine die Petroleumlampen erfolgreich in die BRD schmuggeln konnte und die Genossen mir einen Reisepass ausgestellt hatten. Das Letzte, was wir riskieren wollten, war, schlafende Hunde zu wecken.

Ein Mann in einem langen Mantel lehnt sich direkt neben uns an die Wand, zündet sich eine Zigarette an und nimmt einen tiefen Zug. Der Rauch kratzt mir im Hals, ich huste demonstrativ, aber es scheint ihn nicht zu jucken, er zieht nochmals ausgiebig an seiner Kippe. »Hoffentlich hat Makoto das mit dem Visum hingekriegt«, flüstere ich.

»Das hoffe ich auch!«, entgegnet Karsten. »Vor allem aber hoffe ich, dass wir mit der Nummer durchkommen.«

»Vielleicht sind wir in ein paar Stunden schon in Japan, kannst du dir das vorstellen?«, frage ich. Keine Antwort. Ich drehe den Kopf zur Seite und schaue Karsten an. Er hat die Augen geschlossen. »Nicht pennen jetzt, schon vergessen? Wir müssen gleich los!« Ich rüttle ihn.

»Ich schlafe nicht, ich denke nach«, gibt er zurück. »Was gibt es da zu grübeln?«, frage ich sorglos. »Er hat doch diese tolle Kopiertechnik. Damit geht das bestimmt total easy. Sonst hätte er es doch nicht vorgeschlagen.«

»Ja, aber was, wenn die Sowjets doch checken, dass die Visa gefaked sind…«, Karsten lässt das Ende des Satzes offen, und ich unterdrücke jeden weiteren Gedanken.

Februar 1989, Ost-Berlin, DDR – Friedrichstraße

»Schwarz oder blond?« Ich schaute Karsten fragend an.

»Rot, Locken«, erwiderte er geistesabwesend und starrte stur auf die weiße Sperrholztür, die sich kaum von der weiß getünchten Holzwand abhob.

»Lang oder kurz?«, bohrte ich weiter und stellte mich auf Zehenspitzen, um besser sehen zu können. »Lang. Lange Locken. Ungefähr so lang wie deine.« Karsten schaute auf die Uhr an seinem linken Handgelenk, dann wieder auf die Tür: »Um vier, sie müsste längst da sein!«

»Vielleicht haben sie sie nicht reingelassen.« Ich legte die Arme um den Jeans-Flickenmantel, den ich selbst genäht hatte. Wir lungerten bereits seit fünf Stunden hier herum, und mir war kalt. Ich begann auf der Stelle zu hüpfen, denn meine Füße fühlten sich wie Eisklumpen an, ich konnte meine Zehen kaum noch spüren. Ich schaute mich um. Nur kurz irgendwo rein und ein heißes Teechen schlürfen, schoss es mir durch den Kopf. Doch ich konnte nichts entdecken, nichts, von wo aus wir die Holztür im Auge behalten könnten. Und wir durften Christiane auf keinen Fall verpassen – denn ohne Christiane kein Westgeld und ohne Westgeld keine Flucht.

Erneut fixierte ich die Tür. Einfach da durchgehen, schoss es mir durch den Kopf. Es ist nur ein Stück Sperrholz, was das Hier vom Dort trennt, was mich daran hindert, meine Träume zu leben, das Leben mit meinem Bruder Peter und meinem Cousin Falk zu feiern. Ich spürte, wie sehr ich sie vermisste. Warum nur waren meine Eltern nicht drüben geblieben, als sie vor dem Mauerbau die Gelegenheit dazu hatten! Dann könnte ich einfach so durch diese Tür spazieren, würde vermutlich schon längst Medizin studieren. Wie gern hätte ich meine »andere Oma« kennengelernt. Sie war vorm Mauerbau in den Westen gegangen, hatte meine Eltern, als sie zu Besuch zu ihr kamen, angefleht zu bleiben, aber sie hatten nicht auf sie gehört. Inzwischen war meine Oma tot, mein Vater nicht einmal bei ihrer Beerdigung gewesen. Die Genossen hatten ihm verweigert, seine Mutter ein letztes Mal zu sehen, sich von ihr zu verabschieden. Manchmal war ich wütend auf meine Eltern, wütend, dass sie mir dieses Leben angetan, mich zum Zoni verurteilt hatten. Ich begann eine Melodie zu summen, deren Text ich nicht laut von mir geben durfte: Tausend Meter im Quadrat, Minenfeld und Stacheldraht! Wisst ihr, wo ich wohne, ich wohne in der Zone.[12]

»Da ist sie!«, rief Karsten endlich und winkte in Richtung der Holztür. Ich hielt im Hüpfen inne und fokussierte die Person, die aus der Tür trat: mittelgroß, schlank, schulterlange rote Locken, das musste sie sein, seine Cousine Christiane. Karsten lief zu ihr hin und umarmte sie. Christiane brach sofort in Tränen aus und jammerte: »Alles weg, Alles weg, die gesamte Kohle!«

»Pscht!«, Karsten unterbrach sie, ehe sie weiterreden konnte. »Erst mal woanders hin!«, sagte er und schob Christiane langsam voran. Er wollte keine Aufmerksamkeit erregen, hier am Grenzübergang hatten bestimmt sogar die Laternen Ohren. »Lasst uns ein Cafe suchen«, schlug ich, in der Hoffnung auf etwas Wärme, vor und hakte mich bei Christiane unter, obwohl wir uns gar nicht kannten. Es sollte so aussehen, als wären auch wir miteinander verwandt. Christiane ließ es sich gefallen, schluchzte und weinte nun noch herzzerreißender als vorher.

»Sie muss sich erst beruhigen. So können wir nirgendwo mit ihr hingehen. Und wir sollten uns auf gar keinen Fall irgendwo drinnen mit ihr unterhalten!« Ich tat es ungern, aber ich musste Karsten recht geben – uns in einem Cafe mit Christiane unterhalten? Da konnten

[12] Originalmelodie von Uriah Heep, Lady in Black 1971; die 1000 Meter stehen synonym für das Begrenztsein in der kleinen DDR und dem Gefühl, gefangen zu sein.

wir auch gleich mit Kreide auf die Straße kritzeln, dass wir abhauen wollten, oder besser noch Flugzettel verteilen!

Wir schoben Christiane über die Friedrichstraße, bogen nach links in die Straße Unter den Linden, und gingen weiter bis zum Alexanderplatz. Als wir unter der Weltzeituhr ankamen, hatte Christiane sich einigermaßen beruhigt, entspannte sich etwas. »Jetzt von vorn!«, forderte Karsten sie auf, hielt Christiane mit beiden Händen an den Schultern fest und schaute ihr ins Gesicht: »Langsam und der Reihe nach!«

Christiane schaute erst ihn an, dann mich, dann auf den Boden. »Ich bin so eine Idiotin! Es tut mir so leid! Ehrlich!«, sagte sie und begann erneut zu schluchzen.

»Es wird schon nicht so schlimm sein«, versuchte ich sie zu beruhigen.

Christiane wischte sich die Tränen mit den Handrücken aus den Augen und versuchte es noch einmal: »Ich hatte das Geld in einem Buch.«

»Und?«, bohrte Karsten nach. Er zwinkerte hektisch mit den Augen. Man sah ihm an, dass er total übermüdet war. Seit vier Uhr waren wir auf den Beinen, waren in aller Frühe in Erfurt aufgebrochen, um noch am Vormittag in Berlin zu sein. Unsere Verabredung mit Christiane am Grenzübergang Friedrichstraße war zwar erst so P mal Daumen nachmittags um drei geplant, aber wir wollten sie auf keinen Fall warten lassen oder riskieren, dass wir einander verpassten. Auch meine Nerven lagen blank, es war Februar, uns blieben nur noch wenige Monate, dann würden wir starten.

»Ich hatte das Buch in der Hand«, setzte Christiane zu einem Erklärungsversuch an. »Sie haben mich gefragt, was das ist.«

»Das Buch?«, hakte Karsten nach.

»Nein, der Briefumschlag darin«, Christiane stockte wieder, kämpfte sichtlich mit den Tränen.

»Und was hast du gesagt?« Ich pfriemelte ungeduldig an meinem Schal herum.

»Na, das da Geld drin ist«, erwiderte Christiane.

»Und dann?«, fragte Karsten mit ruhiger Stimme: »Was ist dann passiert?«

»Sie haben mir das Buch weggenommen, den Umschlag aufgemacht«, erklärte Christiane.

»Und ihn dir dann abgenommen«, setzte ich eins und eins zusammen. »Aber warum? Müsste die Genossen doch freuen, wenn harte Devisen ins Land kommen!«

»Es war ein Zettel dabei mit einer Liste«, flüsterte Christiane, »da stand drauf, wie viele Lampen ich an Makoto nach Japan geschickt hatte und was ich von ihm dafür bekommen habe, und dass ich fünfundzwanzig Mark davon behalte.« Karsten nickte: »Der Zwangsumtausch für einen Tag Ost-Berlin.« Christianes Stimme wurde schrill: »Die haben mich von oben bis unten auseinandergenommen, alles durchsucht, mir illegale Handelsbeziehungen mit der DDR unterstellt, mit Gefängnis gedroht!« Christiane brach weinend in Karstens Armen zusammen. Ich starrte das Häufchen Elend entsetzt an, suchte nach Worten, fand keine, hörte Christianes Stimme: »Und sie wollten wissen, für wen das Geld ist.« Mit einem Ruck schob Karsten Christiane von sich weg, durchforstete instinktiv die Umgebung. Ich tat es ihm gleich, begutachtete die Menschen um uns herum: Eine Frau mit Kinderwagen schob eilig vorüber, ein älteres Ehepaar fütterte Tauben, ein anderes aß eine Currywurst. »Ich hab euch nicht verraten«, stieß Christiane zwischen zwei Schluchzern hervor.

»Und sie haben dich trotzdem laufen lassen?« Karsten und ich stellten die Frage gleichzeitig.

»Aber das Geld haben sie behalten!«, jammerte Christiane, atmete aber sichtlich erleichtert aus. Vermutlich registrierte sie erst jetzt, welch ein Glück sie gehabt hatte. »Ich wollte doch nur, dass ihr nicht denkt, dass ich mich an eurem Geld bereichert habe.«

»Wie viel war es?«, wollte Karsten wissen.

»Dreihundert«, gab Christiane zurück.

Ich pfiff anerkennend.

»Dreihundert Westmark mal zehn auf dem Schwarzmarkt«, rechnete Karsten. »3000 Mark! Damit könnte ich das Fachwerkhaus in der Innenstadt kaufen, das mir ein Kumpel vor ein paar Wochen angeboten hat.« Karsten lachte.

Wir hatten nicht vorgehabt, das Westgeld auf dem Schwarzmarkt in Ostmark zu tauschen, wir brauchten harte Währung: Es konnte sein, dass wir einen Grenzsoldaten bestechen oder irgendwo unterkriechen mussten, dass es dazu kam, dass jemand Unmögliches möglich machte, um uns zu helfen.

»Shit, shit, shit!«, kasteite Christiane sich nun: »Warum hab ich das Buch nicht eingesteckt? Wer ist bitte so bescheuert und geht mit einem Buch in der Hand durch die Grenzkontrolle? Ich bin sowas von blöd.«

»Lass es gut sein«, tröstete Karsten sie.

»Wir finden einen anderen Weg«, schloss auch ich mich an.

Ich war nicht sauer auf Christiane, im Gegenteil! Sie hatte viel Mühe auf sich genommen, hatte neben den Lampenpaketen auch meinen Reisepass, nachdem ich ihn endlich bekommen hatte, rübergeschmuggelt, alles zu Makoto nach Japan geschickt. Ohne Christianes Hilfe wären wir vielleicht längst aufgeflogen, säßen im Knast. Als Karsten vor einem Jahr auf seinem Bett herumgesprungen war und mal eben seine Cousine als Handlangerin für uns vor den Karren spannte, hätte ich nie gedacht, dass sich Christiane tatsächlich dazu breitschlagen lassen würde. Was machte ihn so sicher, dass man so etwas von einem Wessi erbitten konnte? Warum sollte Christiane ihre Freiheit riskieren, um uns zu helfen? Doch sie hatte es getan, war sofort bereit gewesen, unsere geheime Verbündete zu werden. Für mich war Christiane schon eine Heldin gewesen, bevor ich ihr vorhin zum ersten Mal persönlich begegnet war. Sie hatte so viel für uns getan! Sie war nur wenig älter als wir, war das erste Mal allein in die DDR gefahren und nicht wie sonst mit ihren Eltern. Und dann gleich über mehrere Kontrollstellen: einmal, um überhaupt auf das Territorium der DDR zu gelangen, dann durch sie hindurchzufahren, um in West-Berlin wieder in die BRD einzuchecken, und schließlich, um von dort im kleinen Grenzverkehr nach Ost-Berlin zu kommen. Eine Heldin, die nun wie ein Häufchen Unglück dastand und der erneut Tränen aus den Augen flossen. Vermutlich kam jetzt alles raus, die ganze Anspannung, die Angst vor den Grenzsoldaten. Sie hatten sie massiv eingeschüchtert, sonst hätte sie bestimmt darauf bestanden, das Geld zu behalten. Doch das war Geschichte, die Kohle auf Nimmerwiedersehen weg. Wir standen mit leeren Händen da. »Ich werde eine andere D-Mark-Quelle anzapfen«, sagte Karsten. Wir fielen uns alle drei in die Arme und verabschiedeten uns kurz darauf, hofften, dass sich keine Spitzel der Stasi an Christianes Fersen geheftet hatten und wir auffliegen würden.

7. Juli 1989, Taschkent, Sowjetunion – Flughafen

Die Lautsprecher an der Decke knarren kurz, das Zeichen für eine Ansage. Wir horchen auf, verstehen aber nichts. Der Lautsprecher knarrt erneut: »Flight from Tokio just arrived.« »Er kommt«, rufen wir wie aus einem Munde. Karsten springt auf. Ich raffe so schnell ich kann meine Sachen zusammen, Karsten hilft mir den Schlafsack wieder an der Kraxe zu befestigen. Dann stürzen wir los. Wir wühlen uns durch die Menschenmenge, quetschen uns an Koffern vorbei, irgendwo gackert ein reisewilliges Huhn in einem Käfig. Am Gate angekommen, drängle ich mich an die große Glasscheibe neben der Tür, wo die Passagiere rauskommen. Ein Flugzeug rollt gerade langsam heran. Endlich ist es soweit, in wenigen Minuten würden wir unsere Pässe in die Freiheit in den Händen halten. Und ja, es würde klappen, wir würden die Grenzposten wie ganz normale Menschen passieren, und schwuppdiwupp wären wir in Japan und frei, programmiere ich mich auf Optimismus.

Ich drücke meine Nase an die Fensterscheibe, um besser zu sehen. Es knirscht, und ich schrecke zurück, wische mit dem Zeigefinger jeder Hand kurz über meine Brillengläser, um zu kontrollieren, ob sie Schaden genommen haben. »Nichts passiert«, atme ich erleichtert auf. »Gute Nacht Marie, wenn mir die Brille kaputtgeht, ich habe keinen Ersatz dabei!« Ich nehme mir vor, umsichtiger zu sein, konzentriere mich mit etwas Sicherheitsabstand von der Scheibe aufs Geschehen draußen. Eine Treppe wird an das Flugzeug herangefahren. »Geht das nicht schneller?« Ich trete aufgeregt von einem Bein aufs andere.

»Krieg dich mal wieder ein«, flüstert Karsten mir ins Ohr. »Die Leute gucken uns schon an!« Er fasst mir an die Schultern, um mich von dem schweren Rucksack zu befreien. Ich lasse ihn gewähren. Endlich öffnet sich die Tür des Flugzeuges, wie ich finde in Zeitlupe. Zwei Stewardessen[13] treten heraus und positionieren sich rechts und links neben dem Ausgang. Mein Gesicht wandert automatisch wieder an die Scheibe, aus den Augenwinkeln sehe ich, dass Karsten das Gleiche tut. Nacheinander erscheinen die ersten Passagiere. Jeden einzelnen scanne ich von oben bis unten, gleiche ihn mit meiner Erinnerung ab.

»Der da!«, rufe ich, als ein junger Asiate in weißem T-Shirt und mit einer Hornbrille oben auf der Gangway erscheint. »Nee, zu groß«, erwidert Karsten. Ich fokussiere weiter so scharf ich kann und analysiere die einzelnen Menschen in meinem Kopf: Eine Frau, ein Mann. Zu dick. Kein Asiate. Eine Frau.

»Der da, der könnte es sein«, höre ich Karsten. »Der hinter der Frau da!« Er zeigt auf einen jungen Mann mit Basecap und Sonnenbrille. Als ich ihn im Visier habe, nimmt er seine Kappe ab und wischt sich mit der flachen Hand den Schweiß von den Geheimratsecken. »Nee«, stellen wir beide synchron fest. So geht es noch eine Weile, dann kommt niemand mehr aus dem Flieger. Wir starren trotzdem noch minutenlang auf die dunkle Öffnung.

»Kommt er eigentlich wirklich aus Tokio?« Ich schaue Karsten fragend an. Wir hatten bei unserer Verabredung vor einem Jahr einfach einen Atlas genommen und geschaut, wo sich möglichst nah an Japan ein internationaler Flughafen in der Sowjetunion befand. So waren wir auf Taschkent gekommen. Makoto war sich sicher gewesen, dass er dort von Tokio hinkommen könnte. Doch was, wenn nicht? »Was ist, wenn er gar nicht direkt nach Taschkent fliegt? Wir sind doch auch über Moskau gekom-

[13] So hießen damals Flugbegleiterinnen

men«, überlege ich, und mein Puls geht schneller. »Was, wenn Makoto gar nicht direkt hier her fliegt, sondern irgendwo umsteigt?«, wiederhole ich meine Frage diesmal laut. »Dann könnte er praktisch in jedem Flieger sitzen«, ergänzt Karsten nachdenklich. »Oder wir haben ihn schon verpasst.« Panik steigt in mir hoch. Wir sind zwar erst einen Tag hier und allzu viele Flieger waren seitdem zum Glück nicht gelandet, aber was, wenn er trotzdem irgendwo drin gesessen hatte? Selbst wenn er uns gesucht hätte, wäre er heute Vormittag erfolglos gewesen. Augenblicklich bereue ich unseren morgendlichen Ausflug auf den Taschkenter Markt. Karsten scheint mit demselben Spukgespenst zu kämpfen, denn er sagt mehr zu sich selbst: »Auch wenn er gewollt hätte, es fliegt ja nicht sofort was. Und ein paar Stunden würde er ja auch warten. Nee, man macht nicht so ein Date und haut dann gleich wieder ab. Ausgeschlossen!« Ich atme auf und gewinne mein inneres Gleichgewicht zurück. Makoto würde, genau wie wir, erst mal warten. »Aber ab jetzt darf uns keine Maschine mehr durch die Lappen gehen!«, legt Karsten fest, und ich stimme ihm zu. Ausflüge jedweder Art sind damit vom Tisch, denn das ist kein Vergnügungstrip!

Karsten hilft mir, die Kraxe wieder auf den Rücken zu hieven, dann drängeln wir uns durch die wartenden Menschen zurück in unsere Ecke. Die Sessel stehen wieder in Reih und Glied mit dem Rücken zur Wand, wir schieben sie wieder zu unserem Nest zusammen. Der Raucher im langen Mantel ist verschwunden.

14. Juni 1989, Erfurt, DDR – Havannaer Str. 3

»Alles Gute zum Geburtstag, meine kleine Schnatterente!«, sagte meine Mutter, umarmte mich und drückte mir einen feuchten Kuss auf den Mund. »Lass dich anschauen, mein kleines Mädchen, zweiundzwanzig, so erwachsen! Das ging alles viel zu schnell! Wenn du nur noch mal klein wärst …«

»Ja«, sagte ich, schob meine Mutter sanft von mir weg und setzte mich aufs Sofa an die Ecke des Couchtisches, den sie für uns beide mit Kaffeegeschirr eingedeckt hatte. Es fühlte sich leer an. Wir waren einmal eine sechsköpfige Familie gewesen, und nun saßen wir hier zu zweit. »Ich hatte Glück, hab die ersten Erdbeeren ergattert«, redete meine Mutter weiter, froh über ihr Einkaufsglück, und stellte eine Erdbeertorte in die Mitte der beiden weißblauen Gedecke mit verschnörkeltem Zwiebelmuster. »Du weißt ja, wie schwer das ist, vor allem Mitte Juni, wenn die Saison grad erst losgeht!« Erdbeeren waren meine Lieblingsfrüchte, und irgendwie bekam es meine Mutter immer wieder hin, mir zum Geburtstag eine Erdbeertorte aufzutischen. »Schlagsahne?«, fragte sie und lud eine ordentliche Portion auf meinen Teller. Sie wusste, dass ihre Tochter für frisch geschlagene Sahne sterben würde, und sie wusste auch, dass ich die Sahne niemals auf der Torte, sondern nur daneben duldete. Deshalb folgte das Tortenstück immer erst dann der Sahne, wenn diese den Teller bereits bezogen hatte.

»Lass es dir schmecken!« Meine Mutter goss Kaffee ein, setzte sich dann mir gegenüber und zündete sich eine Duett, ihre Lieblingszigarettenmarke, an. Sie inhalierte tief und legte die Zigarette dann auf die Mulde im Rand des Kupferaschenbechers, den sie immer auf dem Couchtisch stehen hatte. Dann ergriff sie den Briefumschlag, der an einer blauen Rauchglasvase voller Rosen lehnte, und reichte ihn mir über den Tisch: »Dein Geschenk, meine kleine Tinamaus.«

Ich schaute meine Mutter wegen ihrer ständigen Verniedlichungen vorwurfsvoll an, und sie erwiderte routiniert: »Ich weiß, du bist schon erwachsen, aber für mich bleibst du halt immer die kleine Schnatterente, meine Tinamaus!« Ich gab mich geschlagen, es würde keinen Sinn haben, und streiten, gerade heute, das wollte ich nicht. Dieser Geburtstag war vermutlich für lange Zeit der letzte, den ich gemeinsam mit meiner Ma feiern würde. Wer weiß, wann wir wieder bei Erdbeertorte zusammensitzen könnten, wann wir uns wiedersehen würden. Meine Mutter wurde in wenigen Wochen 54, in sechs Jahren würde sie in Rente gehen. Dann konnte sie reisen, wohin sie wollte, wäre frei, könnte auch zu mir in den Westen ziehen. Die Genossen würden sie nicht aufhalten, sie waren für jeden Rentner, der ging, dankbar, sie kosteten nur Geld.

Ich nahm meiner Mutter den Briefumschlag ab. »Danke!«, sagte ich mit gepresster Stimme. »Auch für die Rosen, sie sind sehr schön!«

»Du weißt ja schon, was drin ist, mein Schatz«, sagte meine Mutter und nahm noch einen Zug von der Zigarette. »Ich schenke nur sehr ungern Geld, das ist so unpersönlich, aber du wolltest es ja nicht anders.«

Es war mir klar gewesen, dass es nicht leicht für meine Ma sein würde, einen Geldschein über den Tisch zu reichen. Obwohl es wenig Besonderes in den Geschäften zu kaufen gab, hatte sie es zu meinen Geburtstagen immer wieder geschafft, ausgefallene Geschenke zu machen. Mal war es Briefpapier gewesen, das mit schwarzen Scherenschnitten bedruckt war, auf einem war ein Vogelkäfig mit einer Amsel abgebildet, den Schnabel singend nach oben gereckt. Gefangen, genau wie ich, hatte ich gedacht. Ein anderes Mal bekam ich einen Füller mit meinen persönlichen Initialen, dann wieder ein paar silberne Ohrringe. Die dünnen Ketten, die man durchs Ohr ziehen konnte und die an den Enden etwas verdickt waren, damit sie nicht so leicht herausrutschten, trug ich noch immer. Meine Mutter hatte sie von ihren eisern aufgesparten D-Mark gekauft, hatte sie in die kitschig bunten Forumschecks eingetauscht, um im Intershop, wo es Sachen aus dem Westen gab, einkaufen zu können. Eine echte Levis-Jeans hatte ich auch mal von dort bekommen, absolutes Highlight. Meine Klassenkameradinnen hatten mich dermaßen beneidet, als ich damit in der Schule auflief. Zu meinem achtzehnten Geburtstag hatte meine Mutter Perlwein Marke »Keller Geister« und eine Dose Mandarinen ergattert, damit wir abends anstoßen konnten.

»Darf man fragen, wofür du das Geld willst?« Meine Mutter drückte die Zigarette aus und schaute mich an. Ich öffnete den Umschlag und schaute hinein, es waren einhundert Mark darin.

»Urlaub«, brachte ich heraus, ohne meine Mutter anzusehen, rasterte stattdessen nervös die sieben Meter lange Schrankwand ab, studierte die roten und blauen Rauchglasvasen und Kristallgläser in den Regalen, als hätte ich sie nie zuvor gesehen. Mein Blick blieb an einer Kupfertasse hängen. Eine Kette hing über ihrem Rand, an ihrem Ende eine Münze. Ich kannte sie gut, hatte sie mir als Kind oft umgehängt, dann die Pumps meiner Mutter mit den Pfennigabsätzen aus dem Schuhschrank gekramt und war damit auf dem Teppich herumstolziert, hatte Prinzessin gespielt.

Ich konnte nicht lügen, und ich wusste, wenn ich meiner Mutter in die Augen blicken würde, müsste ich ihr sagen, was ich vorhatte. Doch ich wollte sie nicht gefährden: Peters Ausreise, Aggas Antrag, ebenfalls die DDR zu verlassen – sie hatte sich gerade erst wieder in ihrem Job stabilisiert. Die Tatsache, dass unser Cousin kurz darauf wegen versuchter Republikflucht im Knast eingefahren war, hatte es für sie nicht leichter gemacht.

»Wohin soll denn die Reise gehen?«, fragte meine Mutter. »Wohin, sag wohin, ja wohin? Wo wir den bunten Sommer sehn dahin, ja dahin«, begab sich das in der Unterstufe in mein Hirn eingetrichterte Lied in meinem Kopf auf Reisen. »Ungarn«, sagte ich nur die halbe Wahrheit, weil ich meine Mutter nicht mit unserer ganzen Reiseroute beunruhigen wollte. Ich konnte es nicht länger aushalten, mit ihr zu reden, ohne sie anzusehen, und zwang mich, meiner Mutter in die Augen zu blicken. Wir hatten in den letzten Wochen öfters gemeinsam die Tagesschau gesehen, ihr entnommen, dass die Überwachung der Grenze in Ungarn angeblich etwas gelockert wurde. Genauere Informationen gab es nicht. Karsten und ich hatten daraufhin überlegt, direkt nach Ungarn zu fliegen, hatten dann aber beschlossen, bei unserem Plan zu bleiben. Ungarn schien uns zu unsicher und wir wollten Makoto nicht einfach in Taschkent sitzen lassen. Falls es mit seinen gefälschten Pässen nicht klappte und wir noch frei waren, wäre Plan B an der Reihe – über den Pamir nach Indien. In Ungarn über den Neusiedler See nach Österreich schwimmen, war Plan C. Er würde erst in Kraft treten, wenn in der Sowjetunion nichts mehr ging.

»Geh kein Risiko ein, meine Kleine!«, holte mich meine Mutter aus meinen Gedanken. Mehr sagte sie nicht. Ich schaute sie an. In ihren Augen spiegelte sich Wissen, sie fühlte es wohl. Ich hätte mich am liebsten in ihre Arme geworfen und laut losgeweint.

9. Juli 1989, Taschkent, Sowjetunion – Flughafen

»Und?«, frage ich, als Karsten zurückkommt. Er sagt nichts, schüttelt nur den Kopf. Es ist der dritte Tag, den wir in dem Sesselnest wohnen, jede Maschine, die reinkommt, checken. Inzwischen wechseln wir uns gegenseitig ab, damit wir nicht jedes Mal unsere Sachen wegräumen müssen. Die Decke fällt uns langsam auf den Kopf, die Stimmung wird mit jeder Minute, die der Zeiger der großen Uhr an der Wand gegenüber weiterspringt, angespannter. Doch wir trauen uns nicht, den Flughafen zu verlassen. Ich brauche trotzdem eine Veränderung, muss irgendwas tun, muss dem Zeiger für eine Weile entfliehen. »Ein Königreich für eine Dusche«, sage ich, schnappe mir meinen Waschbeutel und springe über die Sessellehnen: »Hältst du die Stellung?« Karsten nickt, und ich schlüpfe in meine Turnschuhe. Die Ränder an den Hacken sind inzwischen runter getreten, so dass ich sie wie Latschen benutzen kann. Das ständige An und Aus hatte mich genervt, aber meine Erziehung verbot mir, mit Schuhen auf fremde Sessel zu steigen. »Siehst süß aus«, meint Karsten und wuschelt mir mit der flachen Hand über das zerzauste Haar. Ich entwinde mich seiner Liebkosung und schlurfe in Richtung Damentoilette davon. Ich spüre, dass sein Blick mich verfolgt, und ich spüre, dass ich gereizt bin! Drei Nächte unter grellen Neonlampen, das Klacken der Uhrzeiger, die ewigen schnarrenden Ansagen aus dem Lautsprecher, die Menschenmassen mitsamt ihren Ausdünstungen und die Warterei – ein Cocktail mit ein paar Promille mehr, als ich auf Dauer verkraften kann. Und abgesehen davon, dass das Letzte, das ich sein will »süß« ist, ärgere ich mich, dass von ihm immer nur ein Kompliment kommt, wenn ich mich gerade total unsexy finde. Und das ist meist direkt nach dem Aufstehen, wenn meine Haare völlig durcheinander sind, mein Schlafshirt total verknittert, ich vermutlich gammeliger aussehe als die schlampigste Woodstock-Prinzessin. Was findet er nur daran?, frage ich mich gedankenverloren, schaffe es gerade noch, einer Reisenden mit einem Hahn im Korb auszuweichen. Ein gemeinsamer Besuch im Weimarer Theater fiel mir ein: Ich hatte mich total aufgehübscht, mit Kleid, Strumpfhose und allem Brimborium, und er hatte kein Wort dazu gesagt. Meiner Meinung nach war es echt eine fette Leistung von mir gewesen, vor allem die Nummer mit der Wimperntusche! Dreimal hatte ich mich mit der Spirale ins Auge gestochen. Ohne Brille konnte ich meine Wimpern nicht sehen, mit aber nur schwer zwischen Brille und Auge gelangen, ohne die Gläser vollzuschmieren. Für mich war es ein echtes Kunststück, das Zeug aufzutragen!

Als ich die Toilettentür öffne, halte ich die Luft an. »Ich werde öffentliche Toiletten bis ans Ende meiner Tage hassen«, grolle ich, gehe in die erste Kabine und wickel, ohne den Blick in die Schüssel zu werfen, etwas Klopapier von der Rolle. Vor dem Waschbecken teile ich den einlagigen, rauen Streifen aus Altpapier in drei Portionen. Mit der ersten wische ich mir eine Stelle am Becken sauber, stelle meine Waschtasche auf den trocken gewordenen Fleck und balanciere die zwei anderen Portionen Papier vorsichtig darauf. Die Seifendose hatte ich mir bereits vorsorglich in die Hosentasche gesteckt. Ich ziehe sie heraus, öffne sie, drehe den Wasserhahn auf und befeuchte meine rechte Hand mit Wasser. Es ist eiskalt, aber eine wärmere Option gibt es nicht. Ich wische mit meiner nassen Hand auf dem Seifenstück herum bis ich genug zusammen habe. Dann husche ich mit der schmierigen Masse hektisch unter mein T-Shirt und erfrische meine Achseln. Aus den Augenwinkeln taxiere ich die Tür, hoffe, dass niemand hereinkommt.

Zügig angele ich die zweite Portion Toilettenpapier von der Waschtasche und trockne mich damit ab. Es kratzt. Ich habe ein Handtuch im Gepäck, aber eben nur eins.

Zweites Handtuch oder zweite Jeans? Ich hatte mich entscheiden müssen, denn allzu viel passte nicht in die Kraxe rein. Die Jeans hatte schließlich das Rennen gemacht. Handtuch solange aufsparen wie möglich, lautete nun mein Motto. Zwischen meinen Beinen wiederhole ich die notdürftige Toilette. Ich entspanne mich, das Wichtigste ist erledigt, ich fühle mich wenigstens etwas erfrischt und gesäubert. Während des Zähneputzens überlege ich, ob ich das Haarewaschen noch um einen weiteren Tag hinauszögern könnte. Mein Spiegelbild widerspricht energisch, bettelt mich regelrecht an, es nicht zu tun. »Überredet«, stöhne ich, senke den Kopf ins Waschbecken und beginne die Spitzen meiner Haare nass zu machen. Nach und nach beuge ich mich tiefer. Der Versuch, mit dem Kopf ganz unter den Hahn zu kommen, misslingt, weil das Becken zu flach ist, und mir bleibt nur, das eiskalte Wasser mit der Hand über die Haare zu schöpfen. So gut es geht schäume ich sie ein. Bei dem Versuch, mich nach dem Ausspülen aus meiner Verdrehung wieder herauszuwinden, ramme ich mir den Kopf an der rostigen Vorderkante des Wasserhahns. »Verdammt!«, jammere ich und beiße mir auf die Lippen. Ich werfe das klitschnasse Haar nach hinten, es zu kämmen hatte keinen Sinn, weiß ich aus Erfahrung.

Als ich zu Karsten zurückkomme, fühle ich mich besser. Seine Füße baumeln über dem Rand eines Sessels, im rechten Ohr hat er einen Kopfhörer seines Walkmans gestöpselt, das linke ist leer, damit ihm keine Ansage entgeht. Als er mich sieht, springt er sofort auf: »Ich besorg uns was zum Frühstück!« Und weg ist er. Ein paar Minuten später reicht er mir einen Kaffee und einen dieser süßen Teigfladen, von denen er weiß, dass sie mir schmecken. Ich beiße hungrig hinein, kaue ein paar Mal und frage dann: »Meinst du, Makoto kommt überhaupt noch?«

3. Juli 1989, Erfurt, DDR – Fachwerkhaus in der Innenstadt

»*I know it's only rock'n roll!*«, grölte ich lauthals, setzte die Flasche Braugold Pils an meine Lippen und trank einen Schluck. »*But I like it*«, sang mein ältester Bruder Agga[14] mir gegenüber, drehte die Musik lauter, und dann schrien wir gemeinsam: »*Yes I do.*« Wir hüpften im Takt des Rolling-Stones-Songs auf der Stelle und brüllten das, was wir immer an dieser Stelle brüllten: »It's all right, it's all over.« Dann fielen wir uns in die Arme. »It's all right«, sagte ich leise, hielt ihn an den Händen und schaute ihm ins Gesicht. »It's all over«, wiederholte er. In seinen Augen schimmerten Tränen. So blau, so klar, dachte ich, leuchten wie der Himmel, wenn man über den Wolken fliegt. Ich beschloss, diesen Vergleich für immer in meinem Kopf, meinem Herzen zu bewahren. Ich war erst einmal geflogen, ans Schwarze Meer nach Bulgarien. Die Weite und Klarheit des Himmels hatte mich überwältigt, und ich hatte den gesamten Flug lang aus dem Fenster geschaut, streckenweise gegen das grelle Sonnenlicht ins unendliche Blau geblinzelt. In Bulgarien hatte ich auch zum ersten Mal das offene Meer gesehen.

»Ich geh eine rauchen«, sagte Agga. »Kommst du mit?« Ich nickte.Er nahm mich an der Hand und führte mich zwi-

[14] Spitzname, richtiger Name Frank, laut Familienlegende haben wir jüngeren Geschwister ihn Agga gerufen; verstorben 2007.

schen seinen tanzenden Freunden hindurch, quer durch das kleine Wohnzimmer. Ich mochte die niedrige Decke mit ihren braunen Holzbalken. Und auch seine Möbel: das rote Samtsofa mit goldfarbenen Fransen und Bommeln auf dem verwaschenen, orientalisch gemusterten Teppich, den antiken Tisch mit seinen geschwungenen Beinen und die alten Stühle drumherum. Seinen Schrank liebte ich: Er war aus dunklem Holz, mit zwei großen, von Holzstreben in Quadrate aufgeteilte Glastür, die Füße wie Kugeln. Ich schaute kurz nach oben: Ja, sie war da, die Eule aus Mahagoni. Früher, als sie noch auf dem gleichen Schrank in der Wohnung meiner Großmutter gesessen hatte, war sie mir gespenstisch vorgekommen. Das Sofa, auf dem ich bei meiner Großmutter schlief, hatte unweit von dem Schrank gestanden, und wenn ich nachts wach wurde, schien die Eule mich grimmig anzuschauen. »Wer wird wohl dein neuer Besitzer werden?«, fragte ich mich. Mitnehmen konnte er sie nicht. Auch die Möbel nicht. Man durfte nur mitnehmen, was man tragen konnte, das wusste ich bereits von meinem Bruder Peter. Alles zu verkaufen, dazu blieb ihm keine Zeit: Er musste das Land innerhalb weniger Tage verlassen.

Wir erreichten die Tür, stiegen die zwei Stufen in den Flur hinab, durchquerten ihn und öffneten die nächste. »Vorsicht!«, warnte Agga. »Es liegt allerhand Schutt hier rum.« Er suchte mit der Hand an der Wand entlang, es machte »Klick«, und der schmale Gang wurde durch eine schwache Glühbirne beleuchtet. Ich kletterte über eine weitere Stufe und stand im Hausflur. Der Boden war aus Erde und Gestein, links und rechts lagen alte Holzbalken herum, eingesponnen in die Fäden von Spinnennetzen. Mein Bruder ging routiniert hindurch, ich hielt mich hinter ihm, darauf bedacht, meine Ballerinas nicht zu beschmutzen. Agga stieß mit dem Fuß eine weitere Tür auf, und wir traten in den kleinen Garten, der zu seiner Wohnung gehörte. Eine Weile standen wir schweigend da, hörten dem leisen Rauschen der Gera zu, die an dem Garten vorbeifloss, schauten auf das große Holzmühlrad darin. Agga wohnte auf einer beschaulichen Insel inmitten der Stadt. Eigentlich schade, dass er diesen Ort verlassen wollte.

Es machte kurz »ratsch«, dann brannte ein Streichholz in Aggas Hand. Er fasste hinter sein Ohr und holte eine Zigarette, die er dort geparkt hatte, hervor. Es war eine Karo[15], seine Leibmarke. Die filterlosen Zigaretten hatten den Ruf, besonders heftig im Hals zu kratzen – wer sich darüber mokierte, wurde in Raucherkreisen zum Weichei geadelt. Er zündete sie an. »Hab selbst noch gar nicht damit gerechnet«, eröffnete mein Bruder das Gespräch. »Ja, ging echt schnell diesmal«, entgegnete ich. »Die haben uns vermutlich aufgegeben.«

»Glaub ich auch, erst Peter, dann Falk, jetzt wollen sie mich vermutlich einfach nur schnell loswerden, damit ich nicht noch mehr Leute anstifte«, sagte Agga, zog an der Karo und trank noch einen Schluck Bier. »Schön blöd, statt uns reisen zu lassen, verlieren sie lieber ihre guten Leute.«

»Ja, sie sind echt sowas von bekloppt«, bestätigte ich. »Die Genossen steigern sich, erst der Student, dann der ausgebildete Facharbeiter und nun lassen sie einen studierten Konstrukteur laufen. Das kann ja nur den Bach runtergehen hier.« Ich versuchte cool zu wirken, aber mein Bruder kannte mich genau, hatte mich schon als kleines Kind auf seinem Schoß geschaukelt, mein »zartes Seelchen« ge-

[15] Karo war eine filterlose Zigarette, die auch als »Lungentorpedo« bezeichnet wurde. Sie kostete nur 1,60 M pro Schachtel (20 Zigaretten). Ihr Nikotin- und Teergehalt war ca. doppelt so hoch wie heute üblich (z.B. Marlboro Advance Blue).

tröstet, wenn ich weinte. Er nahm mich in die Arme und hielt mich fest: »Wir sehen uns wieder Schwesterchen, ganz bestimmt. Sowie ich alles geregelt, einen Job und eine Wohnung habe, mache ich es wie Peter.« Ich wusste, was er meinte, und ich wusste auch, dass er es sicherheitshalber nicht aussprach: Er würde im Transit durch die DDR nach West-Berlin reisen, und wir würden uns in der Raststätte am Hermsdorfer Kreuz in der Nähe von Erfurt auf eine Zigarettenlänge und einen Kaffee treffen. Sehr viel länger war nicht drin, aber es war die einzige Möglichkeit, sich wenigstens hin und wieder zu sehen, Auge in Auge miteinander zu reden, sich in den Armen zu halten. »Mutti ist da«, sagte Agga und nickte in Richtung Fenster. Meine Mutter stand zwischen seinen Freunden im Wohnzimmer, schaute sich um und suchte offensichtlich nach ihm.

»Ich muss los«, sagte ich. »Karsten abholen. Wir kommen später noch mal. Grüß Mutti!«

»Aber sie hat heute Geburtstag!«, wandte mein Bruder ein. »Ich hab ihr schon heute Morgen gratuliert«, entgegnete ich knapp und ging. Ich konnte nicht mit ansehen, wie meine Mutter sich von ihrem ältesten Sohn verabschiedete, wie er ihr die Schlüssel übergab, damit sie seinen Haushalt auflösen, seine Sachen verkaufen konnte. Es zog mir die Kehle zusammen. Denn es war soweit: Morgen 16 Uhr würden Karsten und ich in die Freiheit abheben. Vom Flughafen Leipzig. Und meine Mutter würde morgen nicht nur einen weiteren Sohn an den Westen verlieren, sondern auch mich, ihre jüngste Tochter. Wenn alles gut ging, würde ich Agga in Kürze wiedersehen. Und nicht nur ihn.

Ich fuhr nicht zu Karsten, sondern nach Hause. Um zu packen. Und um in Ruhe Abschied zu nehmen.

Ich trat in den Korridor, schloss die Tür leise hinter mir, lauschte in die Stille. Es war in den vergangenen Monaten häufig sehr still in der einstmals so belebten Vierzimmerwohnung gewesen. Ich war die Letzte von uns Kindern, die noch hier wohnte, alle anderen weg. Meine Mutter kam meist spät von der Arbeit, und ich hatte mich oft einsam gefühlt. Bei der Vorstellung, wie es meiner Mutter gehen würde, wenn sie realisierte, dass ich nicht aus dem Urlaub zurückkommen, sie von nun an abends allein auf dem Sofa sitzen, an den Wochenenden niemand mehr nach Kuchen oder Klößen verlangen würde, schossen mir Tränen in die Augen. Die Tapete der Korridorschränke, die vorgaukeln sollte, dass sie aus Holz und nicht aus Hartfaserpappe waren, verschwamm zu einem Hellbraun. Ich strich mit dem Zeigefinger über Rahmen und Türen, hin und wieder ein Klümpchen unter der Oberfläche wahrnehmend, das vom Tapetenkleister stammte. Bei der vorletzten Tür hielt ich inne, drehte den Aluminiumschlüssel leicht nach rechts und öffnete den Schrank. Dann hockte ich mich hin, glitt vorsichtig mit den Händen zwischen die Bettlaken. Ich schloss die Augen und atmete den Duft der frischen Wäsche ein, versuchte mir das Gefühl, das sie an meiner Hand hinterließ, einzuprägen. Duft und Gefühl verschmolzen, brachten Bilder meiner Kindheit zutage. Ich sah mich, wie ich als Schulkind in der Vorweihnachtszeit zwischen den Laken herumgewühlt hatte, weil ich wusste, dass meine Mutter dort unsere Weihnachtsgeschenke versteckte, wie ich mich erst freute, wenn ich etwas entdeckt hatte, es dann bereute, weil ich mich damit selbst um die Überraschung brachte. »Würde es jemals wieder ein Weihnachten geben, an dem wir als Familie vereint unter einem Baum saßen?«, fragte ich mich. Es gab keine Antwort auf die Frage.

Karsten fiel mir ein. Und sein Koffer. »Willst du mit dem

Ding los?«, hatte ich ihn entsetzt angeschaut, als er gestern mit einem zerschlissenen Koffer vom Dachboden seines Elternhauses gekommen war.

»Nee, da kommen meine Erinnerungen rein«, hatte Karsten geantwortet, dann andächtig Lieblingsbücher, alte Briefe und Kassetten in den Koffer gelegt. »Versteck ich in einer Nische hinter dem Schornstein!« Karsten hatte geheimnisvoll gelächelt, als er den Koffer schloss, und ich hatte ihn beneidet, als er damit auf der Treppe ins Dachgeschoss verschwand. Das Haus gehörte seinen Eltern, sie würden es niemals aufgeben, seine Schätze waren unter ihrem Dach gut aufgehoben. Ich überlegte, wo ich in unserer Wohnung ein paar Lieblingsstücke verstecken könnte, damit sie die Zeit überdauerten. Mir fiel nichts ein: Der Neubaublock hatte kein Dachgeschoss, die Wohnung war quadratisch und praktisch, der Keller lediglich ein Verschlag mit einer Tür aus Holzlatten. Außerdem wohnten wir zur Miete. Meine Mutter würde über kurz oder lang ausziehen, sich verkleinern, wenn ihr klar wurde, dass ich nicht wiederkam. Verstecken geht nicht, mitnehmen auch nicht, gab ich es schließlich auf. Doch dann hatte ich eine Idee: Ich lege mir eine imaginäre Schatzkiste an! Die fülle ich mit Erinnerungen. Die kann mir niemand wegnehmen oder zerstören, freute ich mich. Ich öffnete die Truhe gedanklich, legte die duftende Wäsche samt Weihnachtserinnnerung hinein.

Dann ging ich ins Wohnzimmer, breitete die Arme aus und drehte mich langsam auf dem bunten Teppich im Kreis, ließ Sofa, Sessel, Fernseher und Schrankwand samt Rauchglasvasen und Klimbim an mir vorbeigleiten, verstaute die Eindrücke in der erfundenen Schatztruhe in meinem Herzen.

»Zeit zu packen«, beschloss ich und ging in mein Zimmer. Dort zog ich meine rote Kraxe hinter dem Kleiderschrank hervor, stellte sie auf eines der geblümten Sofas. »Wer darf an Bord?«, fragte ich in den Kleiderschrank, nachdem ich ihn geöffnet hatte. »Ich! Nein ich! Du nicht! Aber ich!«, schrien meine Lieblingspullover, T-Shirts und Röcke alle durcheinander. Ich wollte keins der Teile zurück lassen, versuchte alle in den Rucksack zu stopfen, musste schließlich einsehen, dass das nicht ging. »Alle raus«, murmelte ich, legte die Sachen vor mich aufs Sofa, trat einen Schritt zurück. »Du, du und du«, tippte ich schließlich auf den grünen Baumwollpulli mit V-Ausschnitt, ein hellgelbes und ein türkisfarbenes Poloshirt und legte die Sachen beiseite. Eine kurze weiße Bermuda, ein Untershirt, weiße Punkte auf schwarzem Grund, die rote Jogginghose und etwas Unterwäsche sowie weiße Söckchen schob ich ebenfalls auf den Haufen. Dann durfte die versammelte Mannschaft, gemeinsam mit Zahnbürste, Zahncreme und Co, in den Rucksack einziehen. »Lebt wohl!«, wünschte ich dem Rest meiner Kleidungsstücke, als ich sie in den Schrank zurückräumte und schob die Schranktüren zu. Doch sie öffneten sich wie von Geisterhand, als würden die verschmähten Stücke darauf bestehen, mit in die Freiheit genommen zu werden. »Verdammt!«, schimpfte ich und bückte mich, um das zusammengefaltete Blatt Papier aufzuheben, das wie immer beim Öffnen herausgefallen war. Ich schob das Papierstück unter eine der beiden Türen und drückte zu. »Schluss mit lustig! Ende im Gelände! Aus die Maus!«

Ich zog die Stricke der Kraxe zusammen, schnürte Schlafsack und Isomatte an den Rucksack, stopfte das hellblaue Büchlein mit den weißen Wolken auf dem Umschlag, das mir auf meiner Reise als Tagebuch dienen sollte, in eine der Außentaschen. Die Wanderschuhe schnürte ich draußen ans Gestell.

»Die Ratten verlassen das sinkende Schiff«, schoss es

mir durch den Kopf, als ich über die drei hell- und dunkelgrau gemalten etwa zwei Meter großen Dreiecke an der Wand strich. Der Mix aus frischer Farbe und Verdünnung war sofort wieder da. Es war das erste Mal gewesen, dass ich ein Zimmer so gestalten durfte, wie ich es wollte. Meine Schwester war ausgezogen, um zu studieren, hatte mir das Feld überlassen. Mein Blick traf auf die Fensterrahmen. Sie strahlten im gleichen Grau wie die Dreiecke an der Wand. Ich schüttelte verständnislos den Kopf: »Warum nur habe ich alles so grau gestrichen?«, fragte ich mich. Dann beschlich mich eine Ahnung warum, und ich musste lächeln: Obwohl froh über das eigene Zimmer, war ich trotzdem traurig gewesen, dass meine Schwester weg war.

Zeit für die Schatzkiste, dachte ich, ließ meine Schwester für einen Moment wieder in unserem Zimmer einziehen: Sie winkte vom geöffneten Fenster, neben ihr meine Cousine. Beide hielten selbstgedrehte Zigaretten zwischen den Fingern, die sie aus den Tabakresten der Karos meiner Brüder zusammengeklaubt hatten. Ich winkte zurück, ließ die Bilder in meine Schatztruhe einziehen.

Dann drehte ich mich, genau wie im Wohnzimmer, um meine eigene Achse, stopfte die Eindrücke zu den anderen Erinnerungen. Vor meinem Setzkasten stoppte ich schließlich, nahm die Fellbüschel von »Blacky« und »Brandy«, einem schwarzen Mittelschnauzer und einem grauen Pudel, heraus. Ich strich damit über meinen Unterarm, hörte, wie meine Freundin Annett – Blackys Frauchen – hinter ihm herschrie, als er sich auf dem Spielplatz vom Hof machte, sah wie Brandy brav »Sitz« machte, um mir seine Pfote zu reichen. »Tschüss altes Leben«, flüsterte ich und legte die Felle an ihren Platz zurück.

Als ich nach der Gitarre neben meinem Schreibtisch griff, streiften meine Augen das Poesiealbum aus Kindertagen. Ich stellte die Gitarre noch einmal ab, nahm das Album und schob es in ins Regal unter dem Schreibtisch. Ich hatte es bereits ein paar Abende zuvor durchgeblättert, die Sprüche meiner Klassenkameraden und Lehrer gelesen. »Verstand ist ein zweischneidig Schwert aus hartem Stahl und blankem Schliff. Charakter ist daran der Griff, und ohne Griff ist's ohne Wert«, hatte eine meiner Lehrerinnen mir mit auf den Weg gegeben. Ich mochte den Spruch, legte ihn zu den anderen Erinnerungen in meine Truhe. Ich schickte mich an den Deckel schnell zuzuwerfen, damit der Spruch meines Vaters: »Ohne Fleiß, kein Preis!« es nicht in die Kiste schaffte. Doch schlank wie er war, schlüpfte er durch den Spalt, bevor der Deckel zuknallte. Na gut Papa, lächelte ich, vielleicht ist der Spruch ja doch nützlich.

Ich schaute das Poesiealbum im Regal noch eine Weile an, sandte meinem Märchenbuch aus 1001 Nacht einen letzten Gruß. Dann nahm ich die Gitarre zur Hand, schloss die Tür zu meinem Zimmer und ging in das, was meine älteren Brüder Agga und Peter bewohnt hatten.

Agga erwartete mich bereits auf einem der goldbraunen Sofas, lächelte mich liebevoll an. Ich wusste, welche Erinnerung jetzt in die Schatzkiste einziehen wollte. Neben Agga stand sein Tonbandgerät, und er hatte den Finger auf dem Startknopf, bereit, das Lied abzuspielen, das Peter einst für ihn aufgenommen hatte, als er von der Armee auf Urlaub kam.

Meine Brüder waren in einem Jahr geboren, der eine im Januar, der andere im Dezember. Die Nationale Volksarmee hatte sie zeitgleich einberufen, damit sie ihren Dienst zum Schutze und Wohle des sozialistischen Vaterlandes leisteten. Leider gewährte die Armee immer nur einem von ihnen Heimurlaub. Meine Brüder hielten es für Häme, waren sicher, dass die Genossen verhindern wollten, dass sie sich trafen. So kommunizierten sie über das Tonbandgerät, hinterließen sich gegenseitig darauf Nachrichten, Songs, die sie liebten, und Lieder, die sie zur Gitarre sangen. Ein Lied, das Peter einmal für Agga aufgenommen hatte, wurde zur Hymne für uns Daheimgebliebene.

Ich nahm meine Gitarre und setzte mich auf das Sofa neben Agga, nickte ihm zu. Er drückte den Knopf, und Peter begann zur Gitarre zu singen:

Liedstrophe

Es ist Dienstag früh, und ich wache auf, und ich
denke es ist so weit. Du lässt alles zurück,
woran du so hängst, und dein Koffer steht auch
schon bereit.
Der vertraute Griff zum Tonbandgerät und die Spulen
beginnen sich zu drehn, und Janis Joplin singt für dich
das letzte Mal, und du kannst sie jetzt verstehn.
Denn du musst zur Fahne[16].

Beim Refrain stimmte ich in Peters Spiel ein:

Refrain:

Damit hörst du zu leben auf, und du weißt nicht, warum und wofür, und vielleicht gehst du dabei drauf, egal du musst zur Fahne.

Strophe

Die Tür fällt ins Schloss, und du stehst auf der Road, deinen schwarzen Sarg in der Hand. Du bekommst die Ehre, die Waffe zu tragen, und gibst deine Freiheit als Pfand.

---

[16] Armee

Die wahre Freiheit, die kanntest du nie, doch du lebtest freier als jetzt. Doch dieser grüne Stellungsbefehl hat dir noch eine Grenze gesetzt.
Denn du musst zur Fahne.

Refrain
Damit hörst du zu leben auf und du weißt nicht, warum und wofür und vielleicht gehst du dabei drauf, egal du musst zur Fahne.

Als die zweite Strophe zu Ende war, ließ ich meine Schwester und meinen Cousin neben Agga und mir Platz nehmen, und wir stimmten gemeinsam in den Gesang von Peter ein:

Strophe
Für lange schließt sich das Tor hinter dir, deine Zukunft, die kannst du nur ahnen. Die Mauern stehn still und sprachlos und kalt, und im Winde klirren die Fahnen.
Und da heißt es, du sollst nicht töten, in der Bibel und im Koran. Und du sträubst dich dagegen, auch wenn man dir sagt, dein Töten sei human.
Denn du musst zur Fahne …

Nachdem wir den Refrain zur letzten Strophe gesungen hatten, summte ich ihn ein zweites Mal, konzentrierte mich dabei auf die Reihenfolge der Griffe, die die Saiten der Gitarre zum Klingen brachten. Dann legte ich Text und Griffe gedanklich in ein purpurnes Kästchen, schloss es ab und bettete es sachte zu den anderen Erinnerungen in der Schatztruhe.

Nachdem ich sie abgeschlossen hatte, erhob ich mich, schulterte meinen Rucksack zum Aufbruch, zog die Wohnungstür hinter mir zu, stieg die vier Treppen ins Erdgeschoss hinab und warf den Wohnungsschlüssel in den blauen Metallbriefkasten neben der Haustür. Sein Hall verklang, als sie hinter mir ins Schloss fiel.

Statt nach links abzubiegen, nahm ich den etwas längeren Weg nach rechts, blieb am Ende des Hauses vor einem Balkon im ersten Stock stehen und sah nach oben. Hier wartete noch ein Schatzkistenkandidat: »*Yes Sir, I can boogie*« – wie oft hatte das Lied von Baccara von diesem Balkon über den Spielplatz geschallt, und wie oft hatte ich mit Sylvia auf ihm dazu getanzt! Sylvia, ein hageres Mädchen mit langen Armen und dünnen Beinen, einem Teint, als wäre sie gerade eben aus dem Sommerurlaub heimgekehrt, dunkle Haare und braune Augen hinter einer großen Brille. Sylvia war in der dritten Klasse in unser Kollektiv gestoßen, hatte dort nie Fuß gefasst, weil sie von den Lehrern wie eine Aussätzige behandelt wurde. Anfangs hatte ich mich gewundert, dass sie kein blaues Halstuch zum Schulappell trug, später nicht den Eid der Thälmann-Pioniere schwor. Irgendwann gestand sie mir auf dem Heimweg von der Schule, den wir meist gemeinsam zurücklegten, den Grund dafür: »Meine Eltern haben einen Ausreiseantrag gestellt.« Ich hatte nicht verstanden, was sie damit meinte. Sylvia hatte es mir erklärt und mir auch gleich den Grund für den Antrag dazu geliefert: »Ich habe Epilepsie, meine Eltern wollen bessere Medikamente für mich, die gibt es nur im Westen.«

»Der Westen, das ist dort, wo meine Oma immer hinfährt, mit Koffern voller Glücksmomente zurückkommt und der für junge Leute tabu ist«, hatte ich mir zusammengereimt. Sylvia würde also noch ewig hier sein, sie war ja noch ein Kind. Wir wurden beste Freundinnen, schaukelten nach der Schule auf dem Balkon ihrer Eltern zu Boney

M und Baccara, aßen Milka-Schokolade und tranken Kakao. Irgendwann kam Sylvia nicht zur Schule, fehlte erst einen Tag, dann noch einen. Nach dem dritten klingelte ich an ihrer Tür. Es dauerte viel zu lange, bis der Summer brummte. So schnell ich mit meinem vollgepackten Schulranzen auf dem Rücken konnte, flitzte ich die Stufen in den ersten Stock. Sylvia stand verlegen lächelnd, aber bei bester Gesundheit in der Tür. »Was hast du?«, fragte ich besorgt. Meine Freundin druckste herum, schob dann die Tür, die sie dicht an sich herangezogen hatte, beiseite und gestattete mir einen Blick in den Korridor: Er war leergeräumt, überall standen Kartons. »Es ist soweit«, sagte Sylvia mit sanfter Stimme.

»Was?«, fragte ich nichtsahnend.

»Wir reisen morgen in den Westen aus.«

Ich hatte sie fassungslos angeblickt, war ins Wanken geraten, hatte mich am schwarzen Gummibezug des Treppengeländers festgekrallt um nicht umzufallen. »Ich werde dir schreiben«, versprach Sylvia und umarmte mich. Wochenlang rannte ich täglich zum Briefkasten, irgendwann hatte ich tatsächlich Post. »Gießen«, verriet der Stempel auf der Briefmarke. Ich nahm das in krakeliger Schrift beschriebene Blatt aus dem Kuvert. Es erzählte von spannenden Abenteuern, schönen Puppen und netten Menschen. Und einem Pferd. Ein Bild hatte Sylvia auch gemalt und alles fühlte sich an, als wäre sie in ihrem neuen Leben angekommen und glücklich. Es blieb der einzige Brief, den ich von meiner Freundin bekommen sollte, die Wunde, die sie mir, ohne es zu wollen, zugefügt hatte, war noch immer nicht verheilt. Wir werden uns wiedersehen, klebte ich, wie all die Jahre zuvor, ein Trostpflaster darauf und packte Sylvia und die Kindheitserinnerungen mit ihr in meine Schatzkiste.

Küss mich, Bruder

09. Juli 1989, Taschkent, Sowjetunion – Flughafen

»He, wohin des Weges, ihr Hübschen?«, erklingt eine Stimme in breitem Sächsisch über mir, und zwei Paar Jesuslatschen mit ziemlich dreckigen Füßen darin schieben sich in mein Blickfeld. Ich halte verdutzt in meiner Bewegung inne, stelle meine Kraxe, die ich gerade auf meine Schultern hatte wuchten wollen, wieder ab. Ich drehe den Kopf leicht nach links und stelle auf scharf. Meine Augenwinkel haben sich nicht getäuscht, vor meiner Nase stehen zwei Paar der Sandalen, die jeden Ossi sofort entlarven: braune Lederriemen mit einer Metallschnalle als Verschluss über Füße und um die Knöchel. Ich hefte meine Augen an die dazugehörigen Beine und erhebe mich langsam: vier haarige Waden, zwei Paar Shorts, eine khakifarben, die andere eine abgeschnittene Jeans, darüber zwei T-Shirts, eins in Grau, die Originalfarbe des zweiten kann ich nicht genau ausmachen. Vielleicht weiß? Oder eher beige?

»Woher des Weges?« Karstens Stimme klingt überrascht. Es geht ihm genauso wie mir.

»Waren wandern«, wird ihm aus einem Munde entgegnet.

»Haben wir auch vor«, antwortet Karsten vorsichtig.

Inzwischen bin ich auf Augenhöhe des Geschehens angekommen: zwei Typen, einer davon mit dunklen, kurzgeschorenen Haaren, die sich vermutlich locken, wenn sie länger sind. Ein Glatzkopf, ist mein erster Gedanke bei dem anderen. Seine Haare sind auf ein Minimum gestutzt, oben auf dem Kopf ist er tatsächlich, obwohl Anfang zwanzig, bereits kahl. Er grinst mich an und streckt mir die Hand entgegen. »Ich bin Heiko. Und das ist Martin«, erledigt er die Vorstellung auch gleich für seinen Companion.

»Und ihr wart also wandern«, übergehe ich Phase eins des Kennenlernens. Irgendwie juckt es mich, diesen Typen ein wenig zu ärgern. Die letzten Tage waren voller Anspannung gewesen, ich konnte etwas Abwechslung vertragen.

»Jepp«, beantwortet Heiko meine Frage kurz und grinst mich an.

»Sieht eher nach Stadtbummel aus«, entgegne ich ihm und deute auf die Jesuslatschen.

»Uns war warm«, meldet sich jetzt der kurzgeschorene Lockenkopf zu Wort.

»Ja, viel zu heiß!«, zieht Heiko die Unterhaltung zu sich zurück und vollführt auf der Stelle eine Drehung um die eigene Achse. Sie gibt seine Rückseite preis und einen Blick auf seine Kraxe: Rechts und links an dem Rucksackgestell baumelt jeweils ein kräftig verstaubter Wanderschuh.

»Wo kommt ihr denn ursprünglich her?«, fragt Karsten.

»Das sind Sachsen, das hört selbst ein Russe sofort«, unkt es in mir.

»Dresden«, kommt es wieder gleichzeitig wie aus der Pistole geschossen von Heiko und Martin.

»Ihr habt doch diese Klettersteine direkt bei euch um die Ecke. Hättet ihr doch nicht fünftausend Kilometer fliegen müssen, um ein bisschen herumzuspazieren!«, bohre ich nach, um den beiden ein Indiz zu entlocken, was sie wirklich ans Ende der Welt verschlagen hat.

»Du meinst die Sächsische Schweiz!«, sagt Heiko. »Ganz nett zum Rumklettern, stimmt.«

»Aber nicht mit dem Pamir zu vergleichen!«, ergänzt Martin.

Ich spitze die Ohren und schaue Karsten an. Auch er hatte aufgehorcht. »Kein Vergleich!«, überspielt er sein augenscheinliches Interesse, versucht ruhig und entspannt zu wirken. Heiko und Martin kamen von dort, wohin wir gerade aufbrechen wollten.

Vier Tage lang hatten wir auf dem Flughafen rumgesessen und bei jeder einzelnen Maschine gehofft, dass sie Makoto ausspuckte. Doch er war nirgends drin gewesen. Die Warterei, das Schlafdefizit und ein Leben wie auf dem Präsentierteller hatten schließlich nicht nur mich, sondern auch Karsten genervt, und wir hatten gestritten. »Ihr hättet das Datum genauer festlegen sollen, hättet nochmal miteinander telefonieren sollen. Ist doch ätzend, diese Warterei«, hatte ich Karsten am Ende vorgeworfen.

»Haben wir ja«, verteidigte sich Karsten.

»Ihr habt was?«, ich starrte ihn an. »Ihr habt noch mal miteinander gesprochen? Und du erzählst mir nichts davon?«

»Es ist nichts Genaues bei rausgekommen, Makoto ist schwammig geblieben«, rechtfertigte sich Karsten. Es gab keine neuen Informationen, also hatte er es nicht für nötig gehalten, mir davon zu erzählen. Ich war wütend gewesen, richtig in Rage gekommen, weniger weil er bei dem Gespräch mit Makoto nichts festgezurrt hatte, sondern vielmehr, weil ich es als Vertrauensbruch empfand, dass er mir nichts gesagt hatte. Schließlich akzeptierten wir die Tatsache, dass Makoto wohl nicht mehr kommen würde.

»Plan B – Pamir?« Karsten hatte mich fragend angeschaut.

»Raff die Röcke und los!«, war meine Antwort gewesen, und ich hatte die Wanderschuhe von meiner Kraxe gelöst, die Turnschuhe gegen sie eingetauscht.

Jetzt galt es, unauffällig so viele Informationen wie möglich aus den beiden Dresdnern herauszulocken.

»Und ihr, wo sind eure Heimatkoordinaten?«, will Martin wissen.

Ich beschließe, die Kratzbürste stecken zu lassen und nett zu sein. »Erfurt. Wir sind aus Erfurt.«

»Da kann man aber auch gut wandern«, kommt es spitz von Heiko.

Ich überhöre den Unterton und antworte: »Stimmt, machen wir auch öfters.«

»Teechen?«, fragt Karsten und schaut Heiko und Martin einladend an.

»Spitzenmäßig«, kommt es wieder von beiden gleichzeitig.

»Wie siamesische Zwillinge«, murmle ich, aber Karsten hat es gehört, pikst mich mit dem Finger leicht in die Seite.

»Ich will los!«, zische ich ihn an. Das Kapitel Flughafen ist für mich abgeschlossen. Ich habe keine Lust mich länger darüber zu ärgern, dass Makoto uns einfach so hat sitzen lassen.

»Ich will auch los, aber die sind vielleicht nützlich.« Ohne weitere Kommentare dreht Karsten sich um und bedeutet Heiko und Martin, ihm zu folgen. Ich hieve meine Kraxe auf die Schultern und setze mich ebenfalls in Bewegung, zottel dem Dreiergespann lustlos hinterher und kann mir ein: »Na dann, auf zum Kaffeekränzchen, Mädels!«, nicht verkneifen. Mir wird klar, dass Heiko und Martin die Opferanoden sind, die meinen Frust über Makoto nun ausbaden müssen, und ich nehme mir vor, nicht weiter herumzustänkern.

Karsten navigiert unseren Reisetrupp sicher wie eine Mutter, die ihre Entenjungen zum ersten Schwimmausflug an den See führt, durch die Menge zu einem Samowar, der den für die Region typisch süßen Tschai[17] ausspuckt. »Willkommen zurück!«, stöhne ich, »Wenn das länger dauert, können wir heute wieder hier übernachten.«

Es dauert länger. Und wir haben, wider mein Erwarten, Spaß. Wir tauschen uns über die besten Locations unserer Heimatstädte zum Partymachen aus, reden über unsere Lieblingsbücher und wo wir schon überall gewesen sind. Im Gegensatz zu Karsten, der schon ziemlich viel gereist ist, sogar in der Transsibirischen Eisenbahn, kann ich, außer meiner Bulgarienreise, nicht viel beisteuern. Ein Ungarntrip, den ich vor zwei Jahren mit einer Freundin gemacht hatte, schiebt sich noch in meine Erinnerung, doch ich verdränge die damit verbundene Erfahrung schnell, will die Anekdote nicht mit den anderen teilen.

Karsten war bereits mit knapp fünfzehn alleine an der Ostsee auf Spurensuche nach Vineta gegangen. Er hatte die angeblich versunkene Stadt zwar nicht gefunden, kann aber ordentlich mit Abenteuern, die er bei seiner Reise dort erlebt hatte, aufwarten: »Da wach ich doch nachts, wie ich so allein in meinem Schlafsack im Wald liege, von irre lauten Geräuschen auf!«, erzählt er. »Ich, voll panisch, zieh meine Taschenlampe aus dem Schlafsack und leuchte wie wild umher!« Heiko und Marins Augen werden groß wie Ufos, docken an Karstens Lippen an, ihre Körper spannen sich wie Flitzebogen. »Ich leuchte also wie wild umher, denke, mich hat eine Wildschweinhorde umzingelt oder sonst irgendwelche Monster, und was sehe ich?«

»Was?«, fragen unsere neuen Bekannten ungeduldig wieder wie aus einem Munde.

[17] Russisch: Tee

»Einen Igel! Ein Igel, der sich in meinem Rucksack breitgemacht hat und genüsslich meine Vorräte killt.«

Der Muskeltonus von Heiko und Martin lockert sich augenblicklich, sie klopfen sich auf die Schenkel und prusten laut los. »Voll Action, Alter!«, stößt Heiko hervor, als er wieder zu Atem kommt.

»Und wie wolltest du Vineta finden?«, interessiert sich Martin.

»Na ja, ich hatte in der Bibliothek Karten von der Umgebung von Usedom gewälzt. Davor ist eine Sandbank. Da drunter hab ich es vermutet«, erzählt Karsten weiter. »Ich hatte eine lange Metallstange dabei, damit wollte ich im Sand rumstochern, hab gehofft auf was Festes zu stoßen und wollte es dann ausgraben.« Karsten lacht kurz über seine Naivität, dann wird er wieder ernst: »Leider kam ich gar nicht bis dahin, wo ich Vineta vermutet hatte.«

»Warum nicht?«, fragt Heiko ungeduldig dazwischen.

»Das Naturschutzgebiet, das in den Karten eingezeichnet war, entpuppte sich als Militärstützpunkt. Betreten verboten. Fetter Zaun, ihr wisst schon«, schließt Karsten die Geschichte.

Heiko und Martin schauen sich an. »Fetter Zaun …«, wiederholt Heiko, lässt den Satz aber unvollendet.

»Ich könnte mal was anderes als diesen ekelsüßen Tee vertragen«, wechsle ich das Thema.

»Bierchen?«, fragt Heiko in die Runde und erntet sofort nickende Zustimmung von allen Seiten. Heiko schießt los und kehrt wenig später mit vier Flaschen Piwo zurück. Das russische Biergebräu ist zwar nicht wirklich kalt, aber das stört uns nicht. Wir stoßen an. Durstig nehme ich einen großen Schluck und dann noch einen. Beim dritten passiert, was immer geschieht, wenn ich aus Flaschen trinke: Meine Oberlippe saugt sich im Flaschenhals fest, und ich bekomme nichts mehr heraus. Ich ziehe mit Nachdruck an der Flasche, um meine Lippe zu befreien. Das unvermeidliche »Plopp« kommt, als sie herausschnippt.

»Ist doch keine Nuckelflasche.« Heiko lacht, und ich werde rot. »Du musst beim Trinken oben einen kleinen Spalt freilassen«, erklärt er mir. »Guck, so.« Er setzt seine Flasche an, und das Gebräu läuft gluckernd in seine Kehle. Sein Adamsapfel springt bei jedem Schluck auf und nieder. »Voila, jetzt du«, sagt er, als seine Flasche leer ist, und schaut mich herausfordernd an. Ich setze die Flasche an, trinke einen Schluck, dann einen zweiten, und die Lippe steckt wieder fest. Ich wiederhole das Plopp-Prozedere, gebe schließlich lachend auf: »Vermutlich sind meine Zähne daran schuld, ich krieg einfach den Mund nicht zu. Doppelter Kreuzbiss, Gaumen zu hoch. Hab zu lange den Nuckel gekriegt. Das konnte, selbst sieben Jahre Zahnspange nicht mehr richten«, verrate ich, was ich sonst so spontan niemandem auf die Nase binde.

»Bier aus der Flasche zu trinken, ist ja auch nicht die wichtigste Kunst im Leben«, tröstet Martin.

»Es gibt ja auch noch andere Getränke«, sagt Heiko, zwinkert und zieht eine Flasche Wodka und zwei Schnapsgläser aus seinem Rucksack. »Halleluja«, entfleucht es mir.

»Ja, Stil hat man oder man hat ihn nicht!« Heiko grinst und gießt die Gläser voll, schiebt eins davon zwischen mich und Karsten. Das andere reicht er Martin. »Du zuerst, Bruder«, sagt er und macht eine ausladende Geste in Martins Richtung. Karsten lässt mir den Vortritt. Ich weiß, dass er nicht auf »Hartes« steht, ich auch nicht. Ich stoße mit Martin an, nehme einen homöopathischen Schluck, huste, als er in meiner Kehle brennt, und schüttele mich. Martin schafft die Hälfte des Glases und schiebt es zu Heiko zurück. Ich bugsiere meins gen Karsten. Er prostet Heiko zu und nimmt ebenfalls eine geringe Menge der klaren Flüssigkeit zu sich. Heiko leert sein Glas bis auf den letzten Tropfen: »Jetzt andersrum!«, fordert er, gießt sein Glas wieder voll und füllt meins auf. »Und mit Bruderkuss!« Sein volles Glas klongt an das von mir und Karsten: »Zuerst die Lady!«

»Bin ich Breschnew[18] oder was?«, poltere ich.

Heiko bleibt unbeeindruckt: »Tüe[19] Breschnew, menja[20] Honecker!« Er klopft sein Glas nochmals an das meine, diesmal mit etwas mehr Nachdruck. Es war nur wenig Russisch, aber meine Miene verspannt sich augenblicklich. Ich verabscheue die Sprache, die mir acht Jahre lang, genau wie jedem anderen Schulkind der DDR, regelrecht eingebläut worden war. Und ich habe null Bock, auch nur den geringsten Spaß damit zu treiben, würde mich weder zum Fasching als kommunistisches Staatsoberhaupt der Sowjetunion verkleiden, noch mit Erich Honecker anstoßen! Hin und wieder schossen reflexartig ein paar Russischbrocken aus mir heraus, aber eigentlich weigerte ich mich, diese Sprache zu sprechen. Jeder, der Freude daran hatte, machte mich erst mal skeptisch. Erst der Bruderkuss, dann Russisch. »Was bist du denn für ein Vogel?«, frage ich mich im Stillen. Willst du uns aushorchen? Meine Miene wird ernst, ich kneife die Augen zusammen und studiere mein Gegenüber genauer, beschließe, auf der Hut zu sein.

»Mach ruhig!«, fordert Karsten mich auf.

Vermutlich hält er mein Zögern für einen Gewissens-

---

[18] *Leonid Iljitsch Breschnew war ein sowjetischer* Politiker ukrainischer Herkunft. Er war von 1964 bis 1982 Parteichef der KPdSU, zudem war er Staatschef und vierfacher »Held der Sowjetunion«.

[19] Russisch: du

[20] Russisch: ich

konflikt ihm gegenüber, überlege ich. Oder er denkt dasselbe wie ich und ist um Lockerheit bemüht. Heiko schaut mich mit drängendem Blick an. »Meinetwegen«, gebe ich nach, nehme das Glas, nippe daran und küsse Heiko schnell auf den Mund.

»Dreimal!«, verlangt er. »Die Genossen machen das immer dreimal!«

Ich verdrehe die Augen: »Setz dir ’ne Brille auf und ich glaub, ich küss tatsächlich Honecker!« Meine Frotzelei scheint ihn kaltzulassen, er erwidert nichts, holt sich stattdessen seine Küsse bei mir ab. Karsten und Martin schauen sich wenig begeistert an, als sie an der Reihe sind, aber sie machen das Spiel mit, nehmen diesmal einen größeren Schluck.

»Wie wars denn im Pamir?«, startet Karsten einen Vorstoß, um nähere Informationen zu bekommen. Unser Wissen über das Gebirge beschränkte sich auf das, was wir im Geografieunterricht gelernt hatten: Der Pamir hat eine Fläche von über hunderttausend Quadratkilometern, sein höchster Gipfel misst fast achttausend Meter, das Klima ist trocken und rau und, für uns das Wichtigste – er grenzt an Indien. Sehr viel mehr hatten wir bei unseren Recherchen in der Erfurter Stadtbibliothek nicht herausbekommen, aber trotzdem beschlossen, falls mit Makoto etwas schiefging, über den Pamir nach Indien zu wandern und uns von dort weiter in die Freiheit durchzuschlagen. Einzig allein deshalb hatte Karsten die Mumien genäht. Denn die Nächte in dem Gebirge konnten bitterkalt werden. Unsere neuen Bekannten sind zwei wahre Goldesel, die es zu melken gilt. Jede Information ist wichtig. Denn wir wissen nicht im Geringsten, was uns dort draußen erwartet.

»Es wird geschossen«, lallt Heiko einige Gläschen später.

»Sie haben alles abgeriegelt.«

»Wir sind gar nicht reingekommen«, ergänzt Martin.

Die Flasche Wodka, die Heiko aus seinem Rucksack gezaubert hatte, ist leer. Ich hatte mich zurückgehalten, immer nur an meinem Glas genippt. Karsten ebenfalls. Heiko dagegen hatte ordentlich zugelangt, den größten Teil des russischen Nationalgetränkes intus. Martin scheint auch mehr getrunken zu haben, als er vertragen kann. Die Zungen der beiden lösen sich, können plötzlich gar nicht schnell genug heraussprudeln, was in der Warteschleife ihres Gehirns Schlange zu stehen scheint: »Es ist alles gesperrt. Die Russen haben einen Konflikt mit den Chinesen. Da sind überall Soldaten, die lassen einen gar nicht durch!«, reden beide durcheinander. »Das ist voll gefährlich!«

»Wo wird geschossen?«, hake ich vorsichtig nach.

»Na im Pamir«, poltern die Worte aus Heiko heraus. »Wir haben gehört, wie's geknallt hat.«

»Und dann?«, fragt nun Karsten.

»Dann sind wir abgehauen!«, erklärt Martin.

Ich schaue Karsten an. Er merkt es, löst seinen Blick von Heiko und Martin und sieht mir in die Augen. Ich schüttle kaum merklich den Kopf, und Karsten versteht. Martin scheint die Geste bemerkt zu haben, blickt von Karsten zu mir, dann wieder zu Karsten. »Ihr wollt doch nicht etwa auch dahin?«, fragt er ungläubig und ist auf einen Schlag stocknüchtern.

»Eigentlich schon«, beantworten wir gleichzeitig seine Frage.

»Lasst es bleiben, das ist viel zu riskant!«, warnt Martin. »Die Russen wackeln nicht lange mit der Fackel«, lallt Heiko. Er hat sich inzwischen hingelegt, kommt wieder etwas nach oben, streckt Zeigefinger und Daumen seiner rechten Hand zu einer Pistole und zielt auf mich: »Bumm!«

Ich schrecke zurück. Dass auf Flüchtlinge geschossen wurde, weiß ich von der Berliner Mauer. Ich war jedes Mal zutiefst erschüttert, wenn sich wieder ein solches Drama ereignet hatte. Von weiter entfernten Familienmitgliedern, die in Bulgarien versucht hatten, über die Grenze zu gelangen, wusste ich, dass es dort ebenfalls recht rau zuging, wenn man erwischt wurde. Wie es bei den Russen zugehen würde, davon hatte ich noch nichts gehört, doch ich glaubte Heiko sofort. Denn ich hatte aus Nora, einem Dorf in der Nähe von Erfurt, in dem es einen russischen Stützpunkt gab, schon ziemlich brutale Geschichten gehört, wie die Russen miteinander umgingen. Und Karsten und ich waren für die russischen Soldaten im Pamir keine »Blutsbrüder«, sondern Verräter.

»Finnland«, brabbelt Heiko.

»Finnland, was?«, fragt Karsten.

»Kommt doch einfach mit. Wird bestimmt lustiger!«, bringt Heiko noch hervor, dann kippt er nach hinten und schläft stehenden Fußes ein.

»Er hat recht«, bestätigt Martin mit einem Kopfnicken auf den Schlafenden.

»Finnland? Was sollen wir in Finnland?«, fragt Karsten.

»Ihr wollt doch das Gleiche wie wir, oder?«, wechselt Martin auf die Seite der Fragenden.

»Was, das Gleiche?«, versuche ich abzuwiegeln.

»Na kommt schon, ein Typ und ein Mädchen gehen wandern im Pamir, das glaubt euch doch kein Mensch.«

Martin schaut uns aus wachen Augen an. »Schach matt«, bestätige ich, und Karsten nickt.

10. Juli 1989, Sowjetunion – Rückweg von Taschkent nach Moskau

Das Flugzeug fährt an, und ich werde in den Sessel gedrückt, schaue seitlich zum Kabinenfenster hinaus. Gebäude, Menschen und Autos setzen sich langsam in Bewegung, gleiten immer schneller an mir vorbei. Dann hebt die Maschine ab. Mit jedem Meter, den wir an Höhe gewinnen, schrumpft die Stadt unter uns zusammen, wird ihre Umgebung sichtbar. Meine Augen rastern sie ab, versuchen sich ein Bild von ihr zu machen. In der Ferne schlängeln sich Gebirgszüge, dazwischen ein paar Täler und Ebenen, ich sehe einen See, Genaueres kann ich nicht erkennen. Karsten beugt sich neben mich, versucht ebenfalls einen Blick nach draußen zu erhaschen. Er schwitzt. Wir sind inzwischen eine Woche unterwegs, haben seitdem nicht geduscht. Es stört mich nicht, denn ich mag seinen Geruch.

»Wär ein ganz schönes Brett gewesen!«, meint Karsten und zeigt auf die Landschaft unter uns. Die Maschine geht in Seitenlage und beschreibt eine Kurve, das Gebirge verschwindet aus dem Blickfeld. Ich lehne mich zurück. Meine Augen brennen. Ich habe sie in den Nächten auf dem Flughafen kaum zugemacht, nun noch der konzentrierte Blick aus dem Fenster. Ich schließe die Augen, um ihnen eine Pause zu gönnen, lausche auf das gleichbleibende Triebwerkgeräusch des Flugzeuges. Es lullt mich wohltuend ein, bringt meine Gedanken zurück in die Maschine, mit der wir in Leipzig abgehoben waren.

»Stößchen!«, hatte Karsten gesagt und »Auf die Freiheit!«, geflüstert. Während ich den Leipziger Flughafen an mir hatte vorbeigleiten lassen und meine imaginäre Schatzkiste öffnete, um die Bilder darin einzufangen, hatte er aufgetischt: zwei Sektgläser und zwei Mozartkugeln. »In Zukunft gibt's statt Rotkäppchen Söhnlein brillant!« Er wackelte mit der leeren Piccolo-Flasche in seiner Hand und stellte sie schließlich auf das ausgeklappte Tischchen vor sich. Ich nahm die Schokopraline und begann vorsichtig Mozart in seinem goldenen Aluminiummantel zu lösen, bedacht, die dünne Schokokruste nicht zu zerdrücken. »Wo hast du die denn geschossen?«, wollte ich wissen.

»Im Fress-Ex«, entgegnete Karsten. Er hatte seine letzten Ostmark im Fress-Ex gelassen, im DDR-Fachjargon: »Delikatladen«, das Geschäft, in dem es für Menschen, die keine Westgeldquelle hatten, Dosenananas oder Schokolade gab. Vorausgesetzt, sie konnten es sich leisten, für eine Dose mit Ananasstücken achtzehn Mark hinzublättern.

»Das ist doch viel zu teuer«, nörgelte ich, schnupperte aber genüsslich an der feinen Schokolade.

»Ich wollte, dass wir uns später an unseren Abgang erinnern und dass er uns schmeckt!«, entgegnete Karsten. »Also Prösterchen, bevor er warm ist.«

Ich ergriff das Sektglas, stieß mit ihm an und trank einen Schluck: »Lecker das Krabbelwasser.« Ich legte nach. Dann biss ich vorsichtig in die Kugel, erwischte etwas Schokolade und Marzipan. Ich ließ es auf der Zunge schmelzen und sah Karsten an. Er kaute. Karsten bezeichnete sich selbst als Zuckerjunkie und vor allem Schokolade wurde bei ihm keine zwei Tage alt. Ich war mehr so der Kuchenzahn. Mohnkuchen war mein absoluter Favorit.

Die Verkäuferin am Kuchenstand der Konsumkaufhalle wusste, was ich wollte, wenn ich nach der Schule vor ihrer Glasvitrine stand. Siebenunddreißig Pfennig kostete ein Stück Mohnkuchen, der Apfelmuskuchen, mein zweiter Lieblingskuchen, vierzig. Die zehn Mark Taschengeld, die ich monatlich bekam, waren regelmäßig nach und nach auf den kleinen Plastikteller auf der Kuchenvitrine gewandert. War das Geld alle, brachte ich Bier- und Brauseflaschen weg, setzte das Pfand in Kuchen um. Oder ich sammelte Altpapier und leere Wein- oder Schnapsflaschen bei den Nachbarn ein. Fünf Pfennig heimste ich in der Sero[21]-Annahmestelle, ein paar Neubaublöcke entfernt von dem, in dem ich wohnte, für eine grüne, bis zu zwanzig für eine weiße Flasche ein. Für jedes Kilogramm Zeitungen oder Pappkartons, das ich anschleppte, wurde ich mit dreißig Pfennigen entlohnt.

Auf pure Schokolade konnte ich gut verzichten. Das Kügelchen in meiner Hand war allerdings keine schnöde Schokolade, sondern eine Komposition feinster Schokoperfektion. »Ich liebe diese Dinger«, schmachtete ich das angebissene Kügelchen, das nackt auf meiner Hand lag, an.

»Ich weiß«, entgegnete Karsten. Ich konnte mich nicht erinnern, ihm davon erzählt oder in seinem Beisein mal so etwas Leckeres gegessen zu haben, und staunte ihn fragend an. »Du liebst Marzipan. Du liebst Nougat. Beides zusammen muss der Gipfel für dich sein!«

»Eins, setzen!«, sagte ich, legte die Kugel auf meine Zunge, schloss die Augen und ließ die Schokolade darum langsam zerschmelzen. Die Welt da draußen konnte mir gestohlen bleiben, ich hatte mich innerlich bereits vor Jahren von ihr verabschiedet. Jetzt galt es nach vorne zu blicken.

Meine Zunge hatte die krisselige Oberfläche des Marzipans erreicht, und es kostete mich Kraft, mich zu beherrschen. Am liebsten hätte ich die Praline, die inzwischen weich geworden war, direkt zerbissen, damit die Komposition von vermischtem Marzipan und Nougat auf mei-

[21] VEB-Kombinat Sekundär-Rohstofferfassung

nen Geschmacksnerven explodieren konnte. »Eins nach dem anderen«, gebot ich mir jedoch. Der Nougatkern wäre das Finale, ich musste mich gedulden. Mein Gesicht schien den inneren Kampf, den ich führte, widerzuspiegeln, denn Karsten schaute belustigt: »Du müsstest dich sehen. Allein für den Anblick hat sich das Geld gelohnt.« »Das kannst du halt nicht verstehen, für dich ist das nur Masse«, entgegnete ich ihm, ohne die Augen zu öffnen. »Ich steh halt auf Klasse.«

Lautes Lachen katapultiert mich jäh in die Gegenwart zurück. Ich spüre, dass mein Hals feucht ist. »Weiterschlafen!«, fordert mein Körper, doch mein Hirn ordnet die Herkunft der Nässe meinem linken Mundwinkel zu – Sabber war mir beim Schlafen aus dem Mund gelaufen. Innerhalb einer Zehntelsekunde bin ich hellwach, fingere in meiner Hosentasche nach etwas Papier, um meinen Mund abzuwischen. Meine Finger werden fündig, ich hebe so unauffällig wie möglich meinen Po etwas vom Sitz ab, damit meine Hosentasche das Papier freigeben kann, fummle es heraus und wische mir schnell über den Mund. »Warum passiert sowas immer nur mir?«, ärgere ich mich über mein Missgeschick.

Das Lachen wird lauter. Ich öffne meine Augen, um mich dem Gespött meiner Reisebegleiter zu stellen. Doch Heiko, Martin und Karsten schauen mich gar nicht an, scheinen über etwas anderes zu lachen, haben mein Malheur nicht bemerkt. Ich entspanne mich. »Wie lange dauert es noch bis Moskau?«, frage ich in die Runde. Die drei Jungs checken gleichzeitig die Uhren an ihren Handgelenken. Martin ist der erste: »Noch gut eine Stunde.«

10. Juli 1989, Moskau, Sowjetunion

Ich lege den Kopf in den Nacken, drehe mich langsam im Kreis. Das Tageslicht fällt durch hunderte quadratischer Fenster im gewölbten Arkadendach, zaubert an ein paar Stellen Regenbogenfarben an die Wände. »Wow!«, hauche ich. »Überwältigend. Wirklich überwältigend!« Ich habe schon viel über das Gebäude, in dem wir uns befinden, gehört, vor allem im Russischunterricht.

»Das GUM in Moskau ist das größte Kaufhaus der Welt!«, hatte unsere Lehrerin erklärt. Ich hatte nur mit halbem Ohr zugehört, denn es war immer die gleiche Leier: der größte Platz, der mutigste Kämpfer, der beste Astronaut und nun noch das größte Kaufhaus. Sie waren einfach die tollsten Menschen, diese Sowjets. Am eigenen Leibe hatte ich allerdings andere Erfahrungen gemacht: auf einer Klassenfahrt mit fünfzehn nach Minsk. Ich benutzte mit einem Klassenkameraden den Fahrstuhl des Hotels, in dem wir einquartiert waren. Ein Russe stieg ein. Er musterte mich unverschämt von unten bis oben, erst meine blaue Cordhose, dann den roten Nikipulli. Wie ein Chamäleon wechselte mein Gesicht in Sekundenschnelle die Farbe und hob sich kaum noch von meinem Pullover ab. Der Genosse feixte mich höhnisch an, schaute dann zu meinem Klassenkameraden und fragte unverblümt: »How much? Was kostet sie?« Auch sonst hatte ich bisher nichts von der großen russischen Seele zu spüren bekommen.

Ob es stimmte, dass das hier das größte Kaufhaus der Welt war? Keine Ahnung, mir fehlte der Vergleich. Doch ich kann nachvollziehen, dass sich meine Russischlehrerin zu dieser Aussage hatte hinreißen lassen. Endlos lang erscheint die Passage aus hellblauen Gebäuden, deren Fenster, Türen und Säulen weiß abgesetzt und mit Gold verziert sind. Brücken mit schnörkeligen Geländern verbinden die beiden Seiten miteinander, im Innenhof sprudeln mondäne Springbrunnen.

Menschenmassen schieben sich durch die unzähligen Gänge, schauen in die Auslagen der Geschäfte. Ich ziehe Karsten am Arm mit mir fort: »Los, lass uns ins Getümmel stürzen!«

»Wir haben keinen Platz für Schnickschnack«, wehrt sich Karsten. Unsere Rucksäcke sind knackevoll, das ist mir auch klar, und Geld ausgeben – ausgeschlossen! Doch es ist zu verlockend, sich ins Gewühl zu stürzen, sich vom Trubel einfangen zu lassen, für einen Moment ein ganz normaler Tourist zu sein. Und ich fühle irgendwie, dass ich kein zweites Mal in meinem Leben an diesen Ort kommen werde, dass diese Reise ein »One-way-Trip« ist. Deshalb will ich so viele Eindrücke wie möglich gewinnen, das Leben atmen.

»Los, sei kein Spielverderber!«, bettle ich, und Karsten folgt mir, wenn auch widerwillig. Vor einem Stand mit bemalten Holzfiguren bleibe ich stehen: »Viele Töchter sind in mir, eine lacht und weint mit dir, eins und zwei mein Freund komm mit, immer im Matroschka-Schritt!«, singe ich und greife mir eine der Figuren. »Irgendwie faszinierend, diese Dinger!« Ich drehe Unter- und Oberteil der Puppe gegeneinander. Das Holz gibt nach, und das Oberteil lässt sich abnehmen. Eine zweite Puppe kommt zum Vorschein. Ich nehme sie heraus, öffne auch sie und hole die dritte aus ihrem Bauch, setze ihre Schwestern wieder zusammen und stelle alle nebeneinander.

»Fette Frauen mit Kopftüchern und scheußlicher Bemalung. Was findest du dadran toll?«, will Karsten wissen.

»Gar nichts«, gebe ich zu. »Auch diesen Matroschka-

Song kann ich nicht leiden, das kommt automatisch aus mir raus, manchmal fühl ich mich wie gebrainwashed.«

»So geht es mir auch! Die Lieder sind wie eingetrichtert«, vernehme ich Martins Stimme neben mir. Ich drehe mich um, auch Heiko ist da. »Ich hatte mal eine mit dreizehn Stück drin«, sagt er augenzwinkernd und zeigt auf die Matroschka-Puppen vor mir. Dann meint er lachend: »Los Leute, sattelt die Hühner. Ich hab genug von dem alten Kasten, auf zum Krasnaja ploschtschad[22] und zum Mawsolej Lenina[23]! Ich will mich vom Genossen Wladimir Iljitsch verabschieden, bevor ich mich vom roten Acker mache!« Er hakt mich unter und schiebt mich vorwärts. Karsten atmet sichtlich auf, dem Gewühl zu entkommen.

Als wir auf dem Roten Platz das Mausoleum erreichen, in dem das Wahrzeichen der Großen Sozialistischen Oktoberrevolution, Wladimir Iljitsch Lenin, in einem Glassarg vergeblich nach Ruhe sucht, sehen wir eine Menschenschlange davor.

»Da hat meine Russischlehrerin ja mal die Wahrheit gesagt«, staune ich.

»Voll krass auf dem Krasnaja ploschtschad!«, frotzelt Heiko. Wir beschließen, darauf zu verzichten, Lenin »Good bye« zu sagen, und die Kurve zu kratzen.

Es ruckt kurz, dann setzt sich der Zug langsam in Bewegung. »Leb wohl Moskau«, verabschiede ich mich, bette dann den Kopf auf das Plüschtelefon meines Schlafsackes und versuche, es mir so gut es geht auf der Pritsche bequem zu machen. Ich bin hundemüde, war schon auf dem Weg zum Bahnhof in der U-Bahn im Sitzen eingeschlafen.

---

[22] Russisch: Roter Platz

[23] Lenin-Mausoleum

Unter mir unterhält sich Heiko auf Russisch angeregt mit einem Reisenden. Es fühlt sich gut an, meine anfängliche Sorge, dass er zur anderen Seite gehörte und uns ausspionierte, ist verflogen und der Überzeugung gewichen, dass wir vier ein gutes Quartett waren. Vor allem das perfekte Russisch von Heiko schätze ich inzwischen sehr: Ratzfatz hatte er sich nach unserer Ankunft am Moskauer Flughafen im Metronetz orientiert, uns sicher durch die, mit beeindruckenden Mosaikbildern verzierten, U-Bahn-Stationen navigiert, am Bahnhof Zugtickets besorgt, sogar Liegeplätze für alle ergattert. Vermutlich würde seine Pritsche unbenutzt bleiben, er war pure Energie, schien nie zu schlafen. »Na sdorowje[24]!«, höre ich ihn unter mir, und Gläser klirren aneinander. Seine Pritsche wird leer bleiben, bin ich nun sicher. Er würde es nicht mehr hochschaffen, wenn er da unten fertig war. Ich bin froh, dass diesmal jemand anderes für den Bruderkuss würde herhalten müssen. Bei dem Gedanken daran muss ich lächeln. Gut, dass wir diesen Verrückten getroffen hatten. Gut, dass Martin schließlich die Karten auf den Tisch gelegt hatte: »Wir haben einen Plan B: Von Leningrad aus übers Festland nach Finnland rüber. Da gibt's so viele Möglichkeiten da oben, da finden wir bestimmt ein Loch im Zaun!«

Karsten hatte überlegt: »Eigentlich stand für uns fest, wenn unser Japaner nicht kommt und der Pamir nicht geht, fliegen wir nach Ungarn und versuchen es dort.«

Ich hatte ihn überredet, unsere Planung spontan zu ändern, unser Glück gemeinsam mit den beiden Dresdnern zu versuchen.

Die Tatsache, dass unsere Reise nun nicht nach Leningrad geht, sondern nach Tallin, stört mich nicht – alles bes-

[24] Russisch: Prost

ser, als jetzt irgendwo im Pamir zu liegen. Oder in Moskau von der Polizei aufgegriffen zu werden.

»Was nun?«, hatte Martin gefragt, als wir am Moskauer Bahnhof feststellen mussten, dass kein Zug mehr nach Leningrad ging. Wir alle hatten mit den Schultern gezuckt. In Moskau übernachten kam nicht in Frage: Zu riskant, dass wir nach Papieren gefragt würden! Wir wollten nicht unnötig lange an einem Ort verweilen, wollten keine Aufmerksamkeit erregen. Außerdem mussten wir sparen.

»Es muss doch noch eine andere Möglichkeit geben, nach Finnland zu kommen«, hatte Karsten laut überlegt, dann seinen Schulatlas aus dem Rucksack gekramt und präsentierte uns kurz darauf eine Lösung: »Bei Tallin über die Ostsee müsste auch gehen. Wir müssten nur einen Fischer finden, der uns rüberbringt.«

»Das macht doch keiner«, hatte Martin gemeint. Doch dann hatte Karsten auf seinen Gürtel geklopft und den Dresdnern von den D-Mark in seiner Geheimtasche darin erzählt. Die harte Währung hatte sie beflügelt – immerhin war mit Westgeld im Ostblock fast alles möglich. Nun waren wir auf dem Weg nach Tallin.

Der Großraumschlafwagen mit seiner Geräuschkulisse lullt mich ein, und es dauert nicht lange, dann hat der Zug mich sanft nach Nimmerland gerumpelt.

»*Passport!*«, befehlen plötzlich zwei Stimmen im Chor. Ich schrecke zusammen. Karsten neben mir fährt ebenfalls ruckartig hoch. Er schaut Heiko und Martin fragend an. Sie erraten sofort, was er meint, bewegen langsam ihre Köpfe einen winzigen Zentimeter nach rechts und links. »Wir waren schon illegal in Taschkent«, flüstert Martin.

»Wir auch, hätten uns eigentlich nur in Moskau aufhalten dürfen«, entgegnet Karsten.

»Könnt ihr euer Kaffeekränzchen vielleicht später abhalten!«, drängele ich. »Was machen wir jetzt?« Ich schaue mich hektisch um, Schweißperlen treten mir auf die Stirn. Die Beamten sind noch am Anfang des Abteils, arbeiten sich aber unerbittlich in unsere Richtung vor. Wir haben zwar einen Pass, doch es ist uns nicht erlaubt, uns in diesem Winkel der Sowjetunion aufzuhalten. Was würden die Polizisten mit uns anstellen, wenn sie das checkten? Und was würde dem armen Kerl aus Taschkent drohen, der uns eingeladen hatte? Auch als DDR-Bürger hatten wir eine persönliche Einladung benötigt, um ins Bruderland reisen zu dürfen. Karsten hatte in Erfurt einen Sowjet aus Taschkent so lange bequatscht, bis er uns seine Adresse gab und uns einlud. Nach unserer Ankunft hatten wir unseren Helfer sofort angerufen, ihm gesagt, dass wir nicht zu ihm kommen würden. Er konnte also nichts dafür, dass seine Schützlinge nun irgendwo durch die Sowjetunion reisten. Aber ob das die Genossen interessieren würde … Kurz flackert ein schlechtes Gewissen in mir auf. Doch sogleich kreisen meine Gedanken wieder um mich selbst, suchen nach Erklärungen. Karsten fokussiert mit starrem Blick eine Fliege an der Fensterscheibe, scheint ebenfalls krampfhaft nach Antworten zu suchen. Heiko und Martin wühlen in ihren Rucksäcken nach ihren Reisepässen.

»Passport boschalsta[25]!« Die Polizisten sind bei uns angekommen, einer beugt sich zu mir herab, streckt mir seine Handfläche entgegen. Ich sehe, dass er eine Pistole am Gürtel trägt. Die Schweißperlen auf meiner Stirn werden zum Strom, und mein Brustkorb hebt und senkt sich in Panik. Beruhig dich, ermahne ich mich selbst. Das ist nor-

[25] Russisch: bitte

mal, überall auf der Welt tragen Polizisten Pistolen! Doch es nützt nichts, mein Herz pocht wild.

»Hallo!«, klingt es von weit her an mein Ohr. Dann werde ich unsanft geschüttelt. Das Gesicht des Polizisten verschwimmt. »Los, du musst aufstehen, wir sind da!«, wird die Stimme lauter, holt mich langsam ins Diesseits zurück. Ich atme auf, wische mir mit dem Ärmel den Schweiß von der Stirn.

»Wo sind wir?«, frage ich verwirrt, noch immer mit einem Bein in Horrorland.

»Am Ziel!«, kommt zur Antwort, und diesmal erkenne ich, dass es Karsten ist, der zu mir spricht. Ich fingere am Kopfende nach meiner Brille. Meine Hände greifen ins Leere. Sofort bin ich hellwach, setze mich auf. Vor meinen Augen blitzt es unscharf, und Karsten lacht: »Keine Panik, hier ist sie.«

»Mach das nicht noch mal!«, zische ich Karsten an, schnappe ihm meine Brille aus der Hand und setze sie auf. Die Welt um mich herum nimmt Konturen an. Unsere Mitreisenden stehen zum Aussteigen bereit in der Schlange und warten, dass der Zug zum Stehen kommt und sie die Türen öffnen können. Draußen warten Reisende, bereit einzusteigen. Auf einem Schild hinter ihnen rollt langsam der Name unseres Zielortes in mein Sichtfeld: Tallinn.

»Konntest du mich nicht früher wecken!«, grolle ich.

»Hab ich ja versucht, aber du warst sowas von weit weg!«, entgegnet er, reicht mir ein Glas Tee und beginnt meinen Schlafsack zusammenzurollen. Ich trinke einen Schluck des dunklen Gebräus. »Da kann ja der Löffel drin stehen, so süß ist der«, nörgele ich.

»Gab nur den«, gibt Karsten barsch zurück.

Auch wenn der Zuckergehalt für meinen Geschmack too much ist, schießt der Tee meinen Kreislauf sofort auf Hochtouren.

»Danke und sorry, hatte einen Alptraum«, entschuldige ich mich. »Wo sind Heiko und Martin?«

»Vorn an der Tür. Heiko will gleich checken, wo der nächste Zeltplatz ist«, antwortet Karsten etwas freundlicher.

»Gute Idee!«, freue ich mich. Ich habe das Bedürfnis nach etwas Ruhe und Privatsphäre, sehne mich nach einem Dach über dem Kopf, selbst wenn es nur aus Stoff ist. Als wir den Zug endlich verlassen haben, winkt Heiko uns mit einem Zettel in der Hand.

11. Juli 1989, Tallinn, Sowjetunion

»Njet[26]«, sagt der Mann und schüttelt den Kopf. Seine Augen sprechen eine andere Sprache, schmachten den Geldschein, der ihm dargeboten wird, an. Karsten zieht einen weiteren aus seiner Hosentasche und versucht es erneut. Wir waren direkt nach unserer Ankunft in Tallin in Zweierpaaren losgezogen. Karstens und mein Ziel: der Hafen. Es hatte eine Weile gedauert, bis wir ein potentielles Opfer für unser Vorhaben gefunden hatten, uns trauten, es anzusprechen. Vierzig Westmark liegen nun in Karstens Hand. Unser Gegenüber schaut uns an, schüttelt jedoch erneut den Kopf.

»Leg noch was drauf!«, fordere ich Karsten auf.

»Wir haben nur zweihundert«, gibt er zurück.

[26] Russisch: nein

Nachdem Christiane das Geld vom Verkauf der Petroleumlampen bei der Einreise in die DDR abgenommen worden war, hatte Karsten die nächstmögliche Gelegenheit genutzt und seinen Patenonkel in Göttingen angerufen, ihn gebeten, sich mit ihm zu treffen. Ohne größere Erklärungen einzufordern, war der Patenonkel Karstens Bitte nachgekommen, hatte ihn in Heiligenstadt im kleinen Grenzverkehr getroffen. Karsten hatte ihn in unsere Fluchtpläne eingeweiht, und der Patenonkel hatte ihm schließlich zweihundert D-Mark, sein gesamtes Bargeld, gegeben.

Langsam zieht Karsten noch einen Fünfzig-D-Mark-Schein aus der Hosentasche. Doch der Mann gegenüber schüttelt beharrlich den Kopf. Ich blättere in Gedanken die einzelnen Kapitel meiner Russischbücher durch, suche nach Wörtern, die uns helfen können, mit dem Mann ins Gespräch zu kommen. Außer meinem Lebenslauf, den ich auch im Schlaf auf Russisch runterrattern könnte, und sto gramma konfetü fällt mir nichts ein. »Hundert Gramm russische Bonbons könnte ich ihm abkaufen«, gebe ich frustriert auf: Acht Jahre Russischunterricht, und ich hatte nur Phrasen auf Lager! Und auch bei den Bonbons bin ich mir nicht sicher, ob ich von den sechs Fällen den richtigen getroffen habe. Was für eine Zeitverschwendung!

Ich versuche es mit einem »Boschalsta!« Der Mann schüttelt wieder den Kopf, zuckt entschuldigend mit den Schultern und wendet sich den Netzen in seinem Kutter zu.

»Er hat uns schon verstanden«, resigniert Karsten und steckt die Geldscheine wieder weg. »Der hat Angst!«

Wir versuchen es noch bei zwei anderen Fischern, erfolglos.

Es dämmert bereits, als wir auf dem Zeltplatz ankommen. Ich bin völlig kaputt, jede Gräte tut mir weh, und ich will nur noch eins: das Metallgestell auf meinem Rücken loswerden. Heiko und Martin sitzen mit einem Bier in der Hand auf Isomatten vor ihrem Zelt, scheinen bereits auf uns zu warten. Als sie uns sehen, springt Martin sofort auf, um mich von meiner Last zu befreien.

»Und?«, platzt Heiko ungeduldig heraus.

»Säckele und Päckele packen, morgen in aller Herrgottsfrühe legen wir ab!«, gebe ich todernst von mir, hocke mich auf eine der Isomatten und fummele die Schnürsenkel meiner Wanderschuhe auf. Ich muss die Dinger so schnell wie möglich loswerden, meine Füße sehnen sich nach Freiheit. Martin und Heiko schauen mich ungläubig an: »Echt?«, kommt es mal wieder gleichzeitig aus ihren Mündern.

Karsten stellt seinen Rucksack ebenfalls ab, befördert mit düsterem Blick eine Flasche Rotwein aus der Seitentasche ans Dämmerlicht, entkorkt sie, reicht mir einen Becher, gießt ihn halbvoll und nimmt selbst einen großen Schluck aus der Flasche.

»Uns hat entweder keiner verstanden oder sie haben alle Angst«, klärt Karsten die Runde über unsere Ergebnisse auf. In den Gesichtern von Heiko und Martin spiegelt sich Enttäuschung.

»Was habt ihr erreicht?«, frage ich und nippe an meinem Becher. Die Aufgabe von Heiko und Martin hatte darin bestanden, für unseren Finnlandplan aktuelle Karten der sowjetischen Grenzregion aufzutreiben.

»Nichts«, meldet sich Martin als erster zu Wort.

»Waren in mehreren Buchläden, haben auch ein paar Atlanten gefunden«, wirft Heiko ein. »Die Karten darin taugen nichts.«

Sollte heißen, sie waren ungenau, der Maßstab viel zu groß, um sich ein detailliertes Bild zu machen.

»Mit dem Pamir war es genauso. Ich hab in der Erfurter Bibliothek alle Karten gecheckt, die sie hatten, aber es war unmöglich, sich genau zu orientieren!«, bestätigt Karsten die Bemühungen von Heiko und Martin.

»Das ist doch volle Absicht, nichts Genaues sollen wir nicht genau wissen und davon jede Menge!«, schimpfe ich genervt und kicke eine am Boden liegende Dose beiseite.

Wut packt mich: »Angst haben die, Angst. Alle haben sie Angst. Dieses scheiß System!« Ich bewege Mund und Hals, als wenn ich meine letzte Mahlzeit hochwürge: »Ich könnte kotzen!«

Die drei Jungs nicken zustimmend, sind genauso frustriert wie ich, weil unsere Reise nach Tallin umsonst gewesen war.

»Welch scheußliche Worte aus einem so schönen Munde!«, vernehmen wir plötzlich eine Stimme auf Deutsch, und wie auf Knopfdruck drehen sich vier Augenpaare in die Richtung, aus der sie kommt.

12. Juli 1989, Tallinn, Sowjetunion

Schauspieler, Musiker, Maler – Tallin schien eine Art Kulturmetropole zu sein, zumindest erweckt es den Eindruck, als wir uns am nächsten Morgen zu viert durch das Getümmel der ehemaligen Hansestadt treiben lassen. Wir haben beschlossen, uns die baltische Stadt einen Tag lang anzuschauen und dann nach Leningrad aufzubrechen.

Unsere Hoffnung, dass ein Fischer uns über die Ostsee nach Finnland bringen würde oder wenigstens in die Nähe, haben wir endgültig begraben.

Auf dem Marktplatz, der von mittelalterlichen Häusern umrahmt ist, geht es bunt zu: Junge Frauen und Männer in

Trachten spazieren lachend an uns vorbei über das Kopfsteinpflaster der Straßen. »Fast ein bisschen wie zu Hause«, kommt es aus mir heraus. Ich beiße mir schnell auf die Zunge, die Jungs sollen nicht denken, dass mich Heimweh plagt, und mich damit aufziehen. Ich schaue mir die Fassaden der Häuser an: rosa, hellgelb oder weiß, die Rahmen von Fenstern und Türen und auch so manches Dach kunstvoll verspielt. »Sogar einen Kirchturm gibt es«, denke ich. Ich finde zwar, dass er dem Dom von Erfurt nicht das Wasser reichen kann, aber der Anblick genügt, dass mir schwer ums Herz wird. »Ich hab Heimweh«, gestehe ich mir stillschweigend ein, schlucke die Sehnsucht nach meiner heimeligen Stadt mit ihren unzähligen Kirchen und Parks aber tapfer herunter. Wir gelangen auf eine Art Künstlerplatz: Maler, vermutlich in unserem Alter, sitzen vor Staffeleien und zeichnen Porträts.

»Fast ein bisschen wie zu Hause.« Heiko spricht aus, was ich denke. »Die würde ich am liebsten mitnehmen!«, sagt er in Richtung einer ernsten Schönheit, mit langen dunklen Locken, die gerade Modell für ein Bild in einem Goldrahmen sitzt. Sein Heimweh ist offenbar vergessen.

»Musst wohl mit dem Porträt von ihr vorlieb nehmen«, entgegnet Martin, als ein dunkelhaariger Typ demonstrativ den Arm um die Schöne legt.

»Weder noch, kein Platz im Gepäck, komm lass uns irgendwo ablegen!«, gibt Heiko knapp zurück, und so kehren wir den Künstlern die Rücken und steuern auf eine Wiese zu.

»Eltern oder Freunde, wer fehlt euch am meisten?«, beginnt Heiko das Gespräch, als wir uns niedergelassen haben. Ich muss wieder schlucken, lege mich auf den Rücken, schaue in den Himmel und beschließe, mich nicht an dem Gespräch zu beteiligen.

Nachdem die drei Jungs eine gefühlte Ewigkeit Heimatgedanken ausgetauscht und ihre Emotionen in ein paar Bierchen ertränkt haben, brechen wir zu einem Hafenbummel auf. Als wir die Uferpromenade erreichen, bestaunen wir Segelboote, die vertäut an der Kaimauer im Meerwasser schaukeln. Ihre Kunststoffrümpfe reiben sich bisweilen, durch ächzende Poller geschützt, an der Betonwand des Hafenbeckens.

»Meins wird um einiges größer sein als die!«, sagt Karsten mit einem halb sehnsüchtigen, halb neidvollen Blick. Wir hatten uns etwas zurückfallen lassen. Ein paar Minuten Zweisamkeit mussten drin sein.

»Du willst ein Segelboot haben?« Ich schaue ihn entgeistert an. »Wozu?«

Karsten bleibt stehen: »Wale und Delfine erforschen. Auf den Meeren dieser Welt!«

Ich trete einen Schritt zurück. »Auf einem Segelschiff?«, frage ich ungläubig.

»Nicht auf so einem, auf einem Katamaran! Mindestens zwanzig Meter muss er haben, es soll eine Forschungsplattform sein!«, quasselt Karsten los.

»Ich glaub es nicht!«, schreit Martin plötzlich, bleibt abrupt stehen und zerrt Heiko am Ärmel.

Wir kriegen das Stoppen der beiden zu spät mit, laufen voll auf sie auf.

»Was glaubst du nicht?«, höre ich Heiko.

»Alter, jetzt mach doch mal die Augen auf!«, mokiert sich Martin in einem Ton, den wir so noch nicht von ihm kennen. Er sorgt dafür, dass wir ihm augenblicklich unsere volle Aufmerksamkeit schenken. Heiko schaut sich um. Karsten und ich ebenfalls.

»Nicht dorthin, ihr Chaoten! Dort hin!«, befiehlt Martin mit Nachdruck in der Stimme und zeigt in die Luft.

Wir legen unsere Köpfe in die Nacken und gucken nach oben.

»Wolken!«, sagt Heiko.

»Graue Wolken!«, ergänze ich.

»Es könnte Regen geben«, erweitert Karsten unsere Beobachtungen.

»Regen, Wolken, spinnt ihr?«, Martin ist sichtlich genervt. »Bin ich hier nur mit Schwachmaten unterwegs?«

Karsten und Heiko blicken sich an, fühlen sich angegriffen. »Geht's noch, Alter?«, kontert Heiko.

»Die Fahne!«, ruft Martin, rollt mit den Augen und wiederholt: »Die Fahne. Ich meine die Fahne!«

Ich drehe meinen Kopf leicht nach rechts in die Richtung, in die Martin zeigt. »Schwarz, rot, gold«, gebe ich wieder, was ich sehe. So langsam wie vermutlich ein Faultier denkt, dämmert mir, was Martin meint.

»Das ist die Westfahne!« Karsten kapiert es auch langsam. Unsere vier Augenpaare treffen sich, und in allen spiegelt sich nun Überraschung wider: Westdeutsche Segelschiffe in der Sowjetunion?

Martin kommt als Erster wieder zu sich: »Die könnten uns doch mitnehmen!« Ich blicke ihn entgeistert an, doch nach und nach zieht es meine Mundwinkel auseinander: »Na klar!«

»Wie cool ist das denn, Mädels!«, lacht nun Heiko. »Wir laufen mit dem Segelboot im Kieler Hafen ein, ganz gediegen und so, als wäre das das Normalste der Welt!« Er reißt den speckigen Hut, der ihn vor den Sonnenstrahlen schützt, vom Kopf, breitet die Arme aus und vollführt ein paar Pirouetten um seine eigene Achse. Wir müssen lachen. Es tut gut, sorgt dafür, dass wir wieder an Leichtigkeit gewinnen, bringt Zuversicht: Der Umweg über Tallinn war nicht umsonst gewesen. Im Gegenteil, wir müssten nicht irgendwo in der Pampa um unser Leben fürchtend an Grenzposten vorbeischleichen, wir würden easy pupisi in die Freiheit segeln.

»Lust auf ein kühles Blondes?«, kommt es von dem Boot vor unserer Nase. Heiko hält im Tanzen inne, geht einen Schritt auf das Schiff zu. Der Rest unserer kleinen Gruppe folgt ihm zögernd. »Nur keine Schüchternheit, ihr seid doch auch Deutsche, und die müssen im Ausland doch zusammenhalten!«, der Mann zur Stimme war an Deck gestiegen, beugt sich nun über die Reling seines Schiffes und streckt den Arm aus. Ich verstehe als erste, ergreife die mir dargebotene Hand und lasse mir an Bord helfen. »Wilhelm«, stellt sich mein Gegenüber vor. Er hat dunkles Haar, trägt einen Vollbart und ein hellgelbes T-Shirt, unter dem sich ein leichter Bauchansatz hervorwölbt. »Kapitän Langstrumpf!«, freut sich das Kind in mir und ich schrumpfe auf die Größe einer Siebenjährigen. Ein zweiter Mann erscheint an Deck. Er drückt mir die Hand. »Harald«, sagt er knapp. Dann geht er zu einer schwarzen Plastikbox, hebt den Deckel hoch und fragt: »Cola oder Bier?« Ich schaue in die Box. Zwischen Eisklumpen liegen Coca Cola- und Bierdosen. Ich zögere. Die Cola-Dose auf dem Schrank in meinem Kinderzimmer fällt mir ein.

Meine Oma hatte sie von einer Westreise mitgebracht. Und eine Fanta. Ich hatte beide gehütet wie einen Schatz, hatte sie wie zwei Trophäen auf dem Schrank platziert. Es wäre mir nie in den Sinn gekommen, die Dosen zu öffnen. Meine Schwester hatte damit kein Problem gehabt, hatte sie mit dem dicken rothaarigen Ralf, ihrem Lover, geleert. Wir sprachen deswegen mehrere Wochen nicht miteinander, unsere Mutter hatte schließlich so lange geweint, bis wir uns versöhnten.

»Cola«, sage ich einsilbig. Harald reicht mir eine der rotweisen Dosen und nimmt noch ein paar Bier heraus. »Setz dich doch!«, sagt Harald und weist auf ein weißes Polster aus Lederimitat. Ich lasse mich dort nieder, stelle die Dose vor mich auf den Tisch und hefte meinen Blick an die Wasserperlen, die sich nach und nach an ihrer Oberfläche bilden und herunterlaufen. Heiko, Martin und Karsten sind inzwischen ebenfalls an Bord, setzen sich schüchtern zu mir an den Tisch.

Unsere Leichtigkeit ist Anspannung gewichen. Jeder überlegt – wie die unmögliche Bitte formulieren?

Wir sitzen stumm da, leeren unsere Dosen in einem Zug, nehmen spröde und mit einem knappen »Danke schön« eine zweite Cola oder Bier entgegen. Harald und Karl bemerken die gedämpfte Stimmung nicht. »Schön hier, nicht wahr?«, fragt Wilhelm. »Die Ostsee hier oben ist ein Traum, wunderbares Segelrevier, nicht zu voll, die Menschen nett, na, und preiswert ist es auch, stimmt's?«, fasst er kurz seine Begeisterung zusammen.

»Seid ihr auch mit dem Segelboot unterwegs?«, will nun Harald wissen.

»Schön wär's«, denke ich.

»Nee«, antwortet Heiko. »Sind auf dem Zeltplatz hier in der Nähe.« Das Gespräch kommt nur schleppend in Gang. Ich schaue meine drei Begleiter an. Geht es den Jungs wie mir und sie fühlen sich in Gegenwart von Westdeutschen als Menschen zweiter Klasse? Vermutlich. Doch die Zeit, uns erst Mut anzutrinken, haben wir nicht. Ich überwinde meine Scheu, erzähle von Moskau und wie speziell die Zugfahrten in der Sowjetunion seien. Irgendwann fällt mir nichts mehr ein, und ich trete Karsten unter dem Tisch gegen das Schienbein. Er zuckt zusammen und schaut mich vorwurfsvoll an. Ich ziehe Augenbrauen und Schultern fragend hoch und bedeute ihm, auch mal was zu sagen.

»Könnt ihr uns mitnehmen?«, poltert er, als hätte man ihn per Knopfdruck angeschaltet, ohne Umschweife heraus. Harald und Wilhelm, die gerade ihre Bierdosen zum nächsten Zug angesetzt hatten, stellen sie zurück auf den Tisch.

»Mitnehmen? Wohin?«, fragt Harald.

Heiko und Martin, die Karstens Direktheit scheinbar ebenfalls angeknipst hat, reden nun wild auf die beiden Segler ein.

Wilhelm und Harald erstarren, wirken völlig überrumpelt. »Es ist zu eng, das Schiff zu klein, ihr seid vier Leute«, versuchen sie höflich abzulehnen, als Heiko und Martin eine kurze Pause einlegen. Ich sehe den beiden Männern regelrecht an, wie sie nach Argumenten suchen, um uns wieder loszuwerden. Irgendwann gewinnen die Meeresbummler ihren Verstand zurück: »Selbst wenn wir wollten«, beginnt Harald.

»Die nehmen draußen das ganze Schiff auseinander«, setzt Wilhelm den Satz fort, und Harald nickt bestätigend.

»Wir finden schon ein Eckchen, wo sie uns nicht entdecken«, kontert Karsten.

»Nein Leute, die drehen jedes Kissen um, nehmen jede Planke hoch, selbst eine Maus hat da keine Chance!«, sagt Harald mit fester Stimme.

»Und vier Mäuse schon gar nicht«, versucht Wilhelm einen Scherz.

Wir lachen höflich, nicken, als Wilhelm uns eine kleine Ausfahrt mit seinem Dingy anbietet.

Der Ausflug mit dem Beiboot des Segelschiffes führt uns in eine kleine Bucht, umgeben von hohen Bäumen und saftig grünem Gras. Wir bewundern es mit lauem Interesse, scharren betreten mit unseren Füßen auf dem Gummiboden herum. Wilhelm bemüht sich um Lockerheit, doch unsere Stimmung ist im Keller. Wir schämen uns, weil wir die zwei Wessis so bedrängt haben, würden am liebsten im Erdboden versinken. Als der Hafen wieder in Sicht kommt, atmen wir erleichtert auf. Am Segelboot angekommen, springt mich der Namen des Schiffes regelrecht an, und ich lese ihn laut für alle: *Relax*.

»Da ist ja der hübsche Mund, der so scheußliche Wörter ausspucken kann«, werde ich begrüßt, als wir abends zurück auf den Zeltplatz kommen. Marianne, Mitte fünfzig, etwas korpulent, aber mit sportlich kurzem grauen Haar, schaut mich mitfühlend an. Mir ist es noch immer peinlich, dass ich am Vorabend bei meinem Wutausbruch ertappt worden war, und ich werde rot.

»Was ist los, ihr lasst ja die Köpfe hängen als hätte euch jemand zum Tode verurteilt!«, ruft Marianne entgeistert. »Ihr kommt nachher zu uns rüber! Zum Essen!«

Die Einladung klingt wie ein Befehl und lässt keine Widerrede zu.

Wenig später sitzen wir vor dem blauen VW-Bus von Marianne und Dieter. Auf einem Geschirrhandtuch ist ordentlich aufgetischt: Weißbrot, Käse, Wein. »Haut rein«, lädt Dieter uns ein und schneidet mit einem großen Messer dicke Brotscheiben ab. Eigentlich habe ich keinen besonderen Appetit, nehme aber höflich eine entgegen. Heiko, Martin und Karsten langen beherzt zu.

»Wie war euer Tag?«, eröffnet Marianne das Gespräch. Die mütterliche Frage tut gut. Marianne ist liebevoll, wir hatten am Vorabend schnell Vertrauen zu ihr gefasst, ihr vom Woher und Wohin erzählt. Und wir hatten gestaunt, dass ein älteres westdeutsches Ehepaar mit einem VW-

Bus privat durch die Sowjetunion reiste. Keiner von uns hatte anfangs geglaubt, dass das mit rechten Dingen zuging.

»Ihr seid bestimmt Spitzel oder Agenten«, hatte Heiko geulkt, und Marianne und Dieter hatten kopfschüttelnd gelacht: »Dann müssten wir uns bestimmt nicht jeden verdammten Abend bei den Behörden melden!« Tatsächlich mussten die beiden jeden Tag eine festgelegte Route fahren, einen bestimmten Zielort erreichen und sich dort melden. Die gesamte Tour hatten sie Monate vor ihrem Urlaub bei den sowjetischen Behörden eingereicht, hatten bis zuletzt gehofft, dass sie ihren Trip genehmigten. Entspannt reisen war anders, fand ich.

»Wie habt ihr euren VW-Bus eigentlich hierher gekriegt?«, frage ich Dieter, als er mir eine dicke Käsescheibe rüberreicht. »Mit dem Flugzeug?«

Dieter lacht: »Nein, das können wir uns nicht leisten. Wir sind hergefahren.«

Martin verschluckt sich, und Heiko reißt staunend die Augen auf. »Von Deutschland?«, forscht Karsten mit ungläubigem Blick.

»Ja genau, von Deutschland«, bestätigt Marianne.

Ich versuche mir gedanklich ein Bild von der Strecke zu machen, aber es gelingt mir nicht. Ich kapituliere, gebe mich schließlich einfach den Erzählungen unserer neuen Bekannten hin. Ihre Nähe fühlt sich gut an, irgendwie sicher und geborgen. »Familie«, schwärmt die Siebenjährige in mir, kuschelt sich wohlig in sich zusammen, tankt die Wärme, die von den beiden älteren Menschen ausgeht, lauscht ihren Stimmen.

13. Juli 1989, Leningrad, Sowjetunion

Karsten drischt noch den letzten Hering in den harten Boden, um unserem Zelt zu Spannkraft zu verhelfen, da rolle ich drinnen schon meinen Schlafsack aus. Ich bin erschöpft, und mir tut der Hintern weh. »Hab ich mir bequemer vorgestellt, so einen VW-Bus«, jammere ich.

Wir waren im Morgengrauen in Tallinn aufgebrochen. Marianne und Dieter hatten gefragt, wie es bei uns weitergehen würde.

»Keine Ahnung«, war Martins Antwort gewesen.

»Leningrad?«, hatte Heiko in den Raum gestellt. Karsten und ich nickten, und die Reiseroute war geklärt. Dieter hatte daraufhin angeboten, uns mitzunehmen.

»Dürfen wir zwar nicht, aber egal, wird schon schiefgehen!«, hatte Marianne gelacht.

Ich bewunderte sie: »Mit vier Ausreißern an Bord durch die Sowjetunion juckeln ... Wollt ihr das riskieren?«

»Ja«, meinte Dieter, »das ist das Mindeste, das wir für euch tun können. Mitnehmen geht ja leider nicht.«

Die Fahrt war schön gewesen, wir teilten nochmals das Brot miteinander, und es wurde, trotz des sehr unterschiedlichen Alters zwischen ihnen und uns, nie langweilig. Als wir gegen Mittag auf dem Zeltplatz bei Leningrad ankamen, schickten Dieter und Marianne sich an, Abschied von uns zu nehmen.

»Ihr bleibt nicht hier?«, fragte ich verwundert.

»Leider nein, wir müssen zu den Behörden, sind schon viel zu spät dran, die können sehr unangenehm werden«, antwortete Dieter.

»Wir müssen heute in einem Hotel übernachten«, klärte Marianne mich auf, »so will es das Protokoll.«

Ich verstand: Wenn sie keinen Ärger bekommen wollten,

mussten die beiden sozusagen nach Vorschrift reisen, wie die Genossen es verlangten. Freiwillig gefangen, dachte ich. Es ist interessant hier, klar, aber sich einem System so unterwerfen? Ich hatte keine Zeit mehr darüber nachzusinnen, denn Marianne umarmte mich: »Passt auf euch auf, Kinder!«

»Wir wünschen euch alles Glück der Welt!«, fügte Dieter hinzu.

»Und dass wir uns wiedersehen«, ergänzte ich im Stillen. Nach der Adresse der beiden in Deutschland zu fragen, traute ich mich nicht. Sie winkten zum Abschied, und wir schauten ihnen mit sehnsüchtigen Blicken nach bis das Blau des VWs mit dem des Himmels verschwamm und Marianne und Dieter darin eintauchten.

Ich will mich gerade auf mein Plüschtelefon kuscheln und die Beine ausstrecken, als Heiko an dem freigelassenen Stoffdreieck des Zelteingangs hineinguckt. »Du willst jetzt pennen?«, fragt er entgeistert.

»Jepp!«, entgegne ich knapp.

»Nix da, wir machen jetzt Leningrad unsicher. Hopp, hopp, hopp, Madame!« Er zieht am Schlafsack.

»Lenin pennt auch grad oder hast du was Gegenteiliges aus dem Mawsolej in Moskau gehört?«, gebe ich mürrisch zurück. »Und außerdem sind wir nicht zum Sightseeing[27] hier.«

»Schon klar, Prinzessin, aber hast du dich mal umgeschaut? Ist noch kein Huf hier, das macht erst heute Abend Sinn!«, moniert Heiko, schaut von mir zu Karsten, der gerade seine Kraxe ins Zelt hievt. Karsten gibt ihm recht, also rappele ich mich hoch, schließe das Zelt mit einem wehmütigen Blick auf mein Plüschtelefon und folge dem Männertrio.

---

[27] Stadtbesichtigung

Die Stadt, der die Genossen ihren eigentlichen Namen genommen haben, wirkt zurückgenommen und kühl, als wenn sie beleidigt wäre und sagen wollte: Das bin ich nicht, erkennt ihr nicht mein wahres Ich? Wir sehen es, bestaunen riesige Plätze und Gebäude. Der Winterpalast lässt Bilder von Schlitten, die mit dicken Fellen ausgelegt sind, vor uns auferstehen. In einem davon sitzt mit ernster Miene Katharina die Große, in den anderen ihre engsten Vertrauten. Muskulöse Pferde, flankiert von berittenen Soldaten, ziehen den Hofstaat durch tiefen Schnee. Die Auferstehungskirche, auch Blutkirche oder Erlöserkirche genannt, mit ihren verspielten Türmen raubt mir den Atem. »St. Petersburg, du bist eine Königin, du hast den Lenin nicht verdient!«, beschließe ich, als wir der Stadt den Rücken kehren, um zum Zeltplatz zurückzufahren.

»Jetzt passt's«, sagt Heiko und räkelt sich von seiner Isomatte, auf der er mit Martin vor dem Zelt der beiden rumgelümmelt hat, hoch. Er wühlt kurz im Zelt, dann kommt eine Flasche mit einer klaren Flüssigkeit zum Vorschein. Ohne ein weiteres Wort verschwindet Heiko damit in der Dunkelheit. Ich bin gerade dabei, die Überbleibsel unseres Abendessens zu verstauen, und halte kurz inne. »Wag dich bloß nicht ohne gute Neuigkeiten nach Hause!«, rufe ich Heiko lachend hinterher.

»Wie habt ihr es eigentlich hingekriegt, dass ihr in die Sowjetunion durftet?«, nutzt Martin die Gelegenheit für ein Gespräch.

»Haben Reisegruppen fürs Jugendreisebüro betreut«, steigt Karsten, der gerade vom Duschen zurückkehrt, ein, schiebt die Plastiktüte mit Brot und Käse, die ich gerade eingeräumt hatte, mit dem Fuß beiseite, und die Sachen fallen heraus.

»War echt cool, stimmt's?«, fragt er in meine Richtung und nimmt den Platz von Heiko neben Martin ein. Ich reagiere nicht, blicke noch in die Dunkelheit, in der Heiko verschwunden ist.

»Stimmt's?!«, wiederholt Karsten laut.

»Ja, cool«, gebe ich geistesabwesend zurück. »Echt klasse, wie die Polen morgens um acht immer besoffen in Leipzig aus dem Zug gefallen sind.« Martins Körper strafft sich, seine Augen leuchten wach.

»Sie sind eigentlich nur gekommen, weil sie bei uns ihr Zeug verticken wollten«, nimmt Karsten den Faden auf.

»Interesse für Land und Leute – niente, nada, nüschte, dafür interessierten sich die Brüder kein Stück«, spinne ich ihn weiter, knistere demonstrativ laut an der Plastiktüte, als ich unsere Essensreste zurückschiebe.

»Was konnten die denn schon haben?«, will Martin wissen.

Ich kläre ihn auf: »Neongelbe oder pinke Schnürsenkel, diese durchsichtigen Regenschirme, Pseudo-Adidasjacken.«

Die Geschäfte der polnischen Kameraden liefen prima, Zeit für Sehenswürdigkeiten oder für Gespräche mit ihren sozialistischen Nachbarn, die übers Preiseverhandeln hinausgingen, hatten sie nicht.

»Die sind höchstens zu den Mahlzeiten gekommen und da auch meistens nur einige aus der Reisegruppe«, fährt Karsten fort.

»Ist doch geil, konntet ihr euch ordentlich die Bäuche vollschlagen!«, entgegnet Martin begeistert.

»Hätten wir machen können, haben wir aber nicht. Wir haben uns das Ganze umrechnen lassen!« Karsten macht eine kurze Pause, um Martins Neugier anzustacheln.

Martin beißt an: »Umrechnen?«

»In Wein«, löst Karsten das Rätsel.

»Manchmal hatte ich dreißig Flaschen am Start, konnte das Zeug kaum heimbuckeln.« Ich krümme den Rücken und mache ein schmerzverzerrtes Gesicht. »Der Kühlschrank ging oft gar nicht zu!«

»Und wir wussten gar nicht mehr, wann wir den ganzen Rosenthaler Kadarka und Müller-Thurgau schlürfen sollen!«, fällt mir Karsten ins Wort. Wir schauen uns an und prusten laut los.

»Ihr seid wie ein altes Ehepaar!«, lacht nun auch Martin. »Dito!«, kontere ich. »Sei nicht traurig Aschenbrödel, dein Hasi kommt bestimmt gleich wieder!«, necke ich Martin mit schmachtender Stimme, falle zurück in meine normale Stimmlage und fahre fort: »Nach ein, zwei Fläschchen war uns völlig Banane, ob die Polen zur Betriebsbesichtigung zu Rotplombe kamen oder nicht.«

»Rotplombe?«, fragt Martin.

Karsten und ich schauen ihn mit verständnislosen Mienen an, klopfen uns dann mit flachen Händen auf die Schenkel und gackern aus einem Munde: »Die Puddingfabrik. Die haben dafür gesorgt, dass du im Kindergarten Rote Grütze mit Vanillesoße essen konntest!« Nachdem wir uns einigermaßen beruhigt haben, klärt Karsten unseren Fluchtgefährten auf, woher er den Tadschiken kannte, der uns in die Sowjetunion eingeladen hatte: »Wir hatten nicht nur polnische Reisegruppen, eine kam mal aus Taschkent.« Mit deren Reiseleiter hatte sich Karsten gut verstanden, und er hatte ihn schließlich in die Sowjetunion eingeladen.

Inzwischen ist es weit nach Mitternacht, und wir werden langsam unruhig. Heiko schwirrt noch immer irgendwo auf dem Zeltplatz herum, das Ohr an der Masse. Warum dauerte das so lange?

»Das können wir nicht bringen!«, höre ich eine unterdrückte Stimme.

»Aber mit ihr an der Hacke schaffen wir es nie!«, gibt eine andere zurück.

Ich reibe mir die Augen, bin für einen Moment orientierungslos.

»Wir haben sie hierhergeschleppt!«, kommt es wieder von der ersten.

»Na ja, geschleppt ist ja nun wirklich etwas übertrieben!«, entgegnet die zweite Stimme wieder, und ich erkenne sie: Heiko! Er war also von seiner Erkundungstour zurück. Sofort bin ich voll da und identifiziere die andere Stimme: Sie gehört Martin. Was redeten die beiden da? Ich bleibe mucksmäuschenstill liegen, setze das Gehörte in meinem Kopf zusammen. Heiko musste einen Weg gefunden haben, hielt mich aber für einen Klotz am Bein. Sofort bin ich hellwach, bereit, aus dem Zelt zu springen und Heiko zur Rede zu stellen, zwinge mich aber liegen zu bleiben. Ich merke, dass meine Blase drückt und verfluche das Urinreservoir dafür, dass es sich meldet, kaum dass ich wach bin.

»Das hat die beiden echt fett Kohle gekostet mit hier rüber zu fliegen!«, höre ich Martin.

»Ja, ich weiß«, entgegnet Heiko. »Ich mag sie auch voll gern, aber ein Mädchen? Auf dem Trip? Das musst du doch einsehen!« Eine Weile ist Stille und ich will schon aufstehen um aufs Klo zu gehen, da höre ich Martin: »Lass erst mal drüber schlafen.« Dann ist es wieder still. Ich warte, bis ich tiefe Atemzüge aus dem Zelt nebenan vernehme, dann mache ich mich in der Dunkelheit auf den Weg zu den Löchern im Boden, die als Toiletten dienen. Ich bin froh, als der Druck langsam nachlässt, spüre allerdings, wie sich Gegendruck in meinem Magen aufbaut. Ich schleiche zum Zelt zurück, krieche in meinen Schlafsack, starre die Stoffwände an. Ich bin hundemüde, doch an Schlaf ist nicht mehr zu denken. Angst kriecht in mir hoch, sorgt dafür, dass mein Magen sich zusammenzieht, meine Eingeweide brennen: Was, wenn Karsten beschließen würde, sein Glück mit Heiko und Martin zu versuchen, mich einfach hier sitzen ließ?

»Rührei?«, vernehme ich Karstens Stimme vorm Zelt. Ich musste wohl doch irgendwann wieder eingeschlafen sein, denn ich hatte gar nicht bemerkt, dass Karsten aus dem Zelt geschlüpft war. Ein knappes »Gern« folgt, und ich enttarne es als zu Heiko gehörig.

»Martin?«, fragt Karsten.

»Nein, danke«, kommt es gedämpft zurück. Sie haben das Thema scheinbar noch nicht vor Karsten angesprochen, drucksen wortkarg herum. Ich beschließe, die Ahnungslose zu mimen, verdränge die nächtlichen Sorgen und gebe mit einem »Unbedingt!« eine Bestellung durch die Zeltwand zu Karsten nach draußen. Dann bugsiere ich meine Brille auf die Nase, werfe mir meinen einzigen Pulli über das Schlafshirt, schlüpfe im Hocken in Jeans und Turnschuhe und krabbele ins Freie. Ich brenne vor Neugier, wie die Herren mir beibringen würden, dass ich überflüssig bin, vor allem darauf gespannt, wie Karstens reagieren wird.

Ich brauche mich nicht lange gedulden, da eröffnet Karsten das Gespräch: »Und, Heiko? Was rausgefunden?«

Heiko und Martin blicken sich kurz an. Martin schüttelt fast unmerklich den Kopf.

»Es gibt wohl Landverbindungen nach Finnland«, beginnt Heiko. »Aber sie sind sehr stark bewacht, zu viert haben wir keine Chance.«

»Soll heißen, wir sollten uns trennen?«, spitze ich das Gespräch zu.

»Ich finde, wir sollten es lassen, die Russen haben wohl auch hier kein Problem damit zu schießen!«, sagt Martin schnell und schiebt ein: »Stimmt doch, Heiko?« nach.

Heiko starrt auf das Rührei, das Karsten gerade aus einer Minipfanne, die wir extra für den Pamir eingepackt hatten, auf seinen Teller bugsiert. Er hüllt sich auch noch in Schweigen, als Karsten etwas Butter in die Pfanne gibt und sie wieder zurück auf die Gaskartusche stellt.

Schließlich nickt Heiko: »Ich hab mit mehreren Russen gesprochen. Die Meinung war einstimmig, die schießen und es ist gefährlich!«

Ich ziehe die Brauen hoch, den Teil des Gespräches hatte ich wohl verschlafen. Ich kann nicht mehr an mich halten: »Von schießen war die Nacht aber keine Rede!«

Karsten, der gerade dabei ist ein Ei am Pfannenrand zu zerschlagen, hält inne. Die gallertartige durchsichtige Flüssigkeit quillt aus dem Riss in der Schale und verwandelt sich am Rand des Bratgerätes in die typische weiße Masse, dann beginnt es zu stinken. Blitzschnell zieht Karsten die Pfanne vom Feuer und dreht der Flamme das Gas ab. Dann schaut er erst mich, dann Heiko fragend an.

»Die Mühe, dir irgendwas auszudenken, kannst du dir sparen!«, fauche ich Heiko an. »Ich hab euch gehört!«

»Dann hast du den ersten Teil wohl verpasst«, gibt Heiko ruhig zurück. »Es scheint wirklich saugefährlich zu sein und die Russen zögern nicht, zu schießen!«, wiederholt er seine Aussage. Er macht eine kurze Pause, schaut mir dann in die Augen: »Und ja, ich denke mit einem Mädchen an der Backe brauchen wir es gar nicht erst zu versuchen.«

»Na dann ist ja alles klar!« Ich knalle das Besteck, das ich ihm gerade für sein Ei reichen wollte, auf den Boden und renne weg.

»Sorry, aber was gesagt werden muss, muss gesagt werden!«, höre ich Heiko noch.

»Und, zieht ihr drei Männer das Ding jetzt alleine durch?«, frage ich schnippisch und lege in meinem Tempo einen Zahn zu. Karsten war mir nachgegangen, hatte mich schließlich eingeholt, versucht nun mit mir Schritt zu halten.

»Jetzt wart doch mal!«, fordert er mich auf. Er erreicht das Gegenteil, ich laufe nur noch schneller, renne erneut los. Karsten holt mich ein, erwischt mich mit der linken Hand an der rechten Schulter und hält mich fest. »Stopp!«, ruft er laut.

Der Handgriff zeigt Wirkung, ich pralle zurück und knalle gegen ihn.

»Was?«, schreie ich.

Mein Blick scheint ihm zu sagen, dass für lange Erklärungen keine Zeit ist: »Du und ich, beide zusammen oder keiner von uns!«, bringt er es auf den Punkt. »Wir ziehen das Ding gemeinsam durch!«

Ich schließe die Augen und atme tief ein, verharre ein paar Sekunden, lasse die Luft langsam aus dem Mund entweichen. Ein paar weitere Atemzüge folgen, dann öffne ich die Augen wieder und schaue Karsten ins Gesicht: »Vielleicht hat er ja recht.« Karsten sieht mich verwirrt an. Ich nehme seine Hände: »Ich denke, wir sollten uns trennen.«

TEIL ZWEI

15. Juli 1989, Budapest, Ungarn

»Hamburger?«, fragt Karsten. Ich nicke nur, und er zieht los, um uns das, worauf wir uns noch vor gut 24 Stunden in Leningrad so gefreut hatten, zu besorgen. Ich setze erschöpft meine Kraxe auf einer Bank ab, realisiere dabei, dass ich stinke. Ich gönne ihm eine kurze Pause, wühle dann in meinem Rucksack nach dem Bac Deo, das mir meine Mutter extra für die Reise im Intershop gekauft hatte. Schnell husche ich damit unter meine Achseln und hoffe, dass die »Duftige Frische« meinen Gestank möglichst lange übertüncht. Als ich das Deo wieder verstaut habe, streichelt der Duft des Hamburgers, den Karsten mir hinhält, meine Nase.

»Du und ich, wir beide zusammen«, hatte Karsten auf dem Zeltplatz bei Leningrad gesagt, mich dann an sich gezogen und eindringlich die Worte: »Wir werden es schaffen!« drangehängt. Es hatte fast wie eine Liebeserklärung geklungen.

»Ungarn?«, hatte er dann gefragt, und ich hatte eingewilligt.

Hand in Hand gingen wir zurück zu Heiko und Martin, um ihnen unseren Entschluss mitzuteilen. Die Stimmung bei den beiden war inzwischen auch wieder entspannter.

»Es ist einfach zu riskant«, sagte Heiko, und ich verstand: Sie würden es nicht auf dem Landweg nach Finnland probieren. Ich war versöhnt, es lag nicht an mir.

»Ungarn«, sagte Martin, »wir werden es in Ungarn probieren.«

Karsten schaute mich fragend an.

»Zimteis. Das Zimteis in Budapest ist der Hammer!«, entgegnete ich und verzog genussvoll das Gesicht.

»Und die Hamburger!«, jubelte Karsten. »Die besten Hamburger der Welt! Zumindest von der Welt, die ich kenne.«

Damit war es besiegelt: Wir würden weiter gemeinsam nach einem Loch im Zaun suchen. Das bedeutete zurück nach Moskau und von dort weiter nach Budapest.

»Dawei dawei[28] Sowjetunion goodbye«, feierten wir unseren Entschluss.

»Forever!«, ergänzte Karsten und verkündete eine Entscheidung: »Nie wieder werde ich freiwillig Russisch sprechen.«

Ich begann meine Sachen zusammenzupacken. Karsten beschloss, einen Kassensturz zu machen. Heiko und Martin taten es ihm gleich. Das Ergebnis war niederschmetternd: Es würde nicht zu Zimteis und Hamburgern mit Heiko und Martin kommen.

»Unsere Kohle reicht nicht«, stellten sie fest, und alles Hin-und-her-Rechnen half nichts: Ihre Finanzen hatten bereits stark abgenommen, sie mussten sparen und beschlossen, von Leningrad nach Moskau zu trampen. Unsere Geldsituation stellte sich als etwas entspannter heraus, trotzdem zogen wir auch in Erwägung zu trampen. Doch es wurde uns schnell klar, dass es schwierig werden würde zu viert per Anhalter wegzukommen. Wir umarmten Heiko und Martin zum Abschied, wünschten uns viel Glück und winkten beim Auseinandergehen.

---

[28] Russisch: Hopp hopp oder schnell schnell

Der Zug rüttelte Karsten und mich noch am selben Abend zurück gen Moskau. Trotz der Vorfreude auf die Leckereien, die wir in Budapest wähnten, kam keine rechte Stimmung auf. Die wiedergewonnene Zweisamkeit fühlte sich irgendwie leer an. Die beiden Dresdner fehlten uns irgendwie. Jeder für sich rollten wir uns auf einer Pritsche zusammen, brauchten wohl eine Atempause, mussten das Geschehene verarbeiten. Ich kuschelte meinen Kopf auf das Plüschtelefon, starrte in die Dunkelheit und überlegte, wie viel Prozent an Chance, es in den Westen zu schaffen, wir bereits eingebüßt hatten, wie viele uns noch blieben: Fifty-fifty? Oder 60 zu 40? Ich landete bei dreißig Prozent, die uns noch blieben, denn Makoto war unsere größte Hoffnung gewesen. Ungarn sollte der Joker sein. Das Visum dafür hatten wir uns vor allem geholt, damit unsere Flucht für die Stasi wie eine Rundreise aussah: Sowjetunion, Ungarn, Tschechien und dann zurück nach Erfurt. Um unseren Rückreisewillen zu untermauern, steckte in unserem Gepäck ein offenes Zugticket vom ungarischen Györ nach Prag. Würden wir es benutzen müssen? Ich schloss die Augen, sah uns – bereits fürs große Abenteuer – vorm Erfurter Bahnhof stehen. Wir waren so siegessicher gewesen, so begeistert ob unserer Schlauheit, mit der wir über ein Jahr Katz und Maus mit der Stasi gespielt, sie an der Nase herumgeführt hatten[29]. Nun sprach eine ziemlich hohe Wahrscheinlichkeit dafür, dass unsere Reise dort en-

[29] Tatsächlich fühlten wir uns in dem Jahr unserer Fluchtvorbereitung beobachtet. Ich wegen meinen Brüdern und meinem Cousin und Karsten wegen seiner Auftritte in einer Leien-Kabarett-Gruppe. Unsere Fluchtpläne hielten wir absolut geheim und weihten niemanden ein. Schmunzeln mussten wir, als Karsten aus seiner Stasi-Akte, die er einige Jahre nach dem Mauerfall bei der Gauck Behörde einsah, erfuhren, dass ihn die Stasi tatsächlich in unserem Vorbereitungsjahr überwachte. Sie wollten ihn als Mitarbeiter gewinnen. Ihre Recherche ergab, dass er dafür ungeeignet war.

den würde, wo sie begonnen hatte: zu Hause. Mutlosigkeit beschlich mich. Ich schüttelte den Kopf: Du bist erschöpft, alles wird gut werden. Ich nahm meine Brille ab, damit die Welt um mich herum in unscharfe Ferne glitt.

Als wir um 13:30 Uhr in Moskau abhoben, blickte ich wieder etwas positiver in die Zukunft. Gut drei Stunden später, als wir in Budapest landeten, hielt mich der Trubel von Flughafen, Bus und U-Bahn-Gewirr in Schach, zum Trübsal blasen war keine Zeit. Auch das Grummeln in meinem Magen hatte ich nicht bemerkt. Unser Frühstück vor dem Start am Flughafen in Moskau war eher schlank gewesen, die Mahlzeit von Aeroflot auch.

Der Duft des Hamburgers in Karstens Hand lässt meinen Magen nun förmlich toben. Gierig reiße ich Karsten die goldbraune untertassengroße Mahlzeit aus der Hand und beiße in die Komposition aus Salat, saurer Gurke, Beef und süßlichem Brötchen.

»Guten Appetit!«, wünscht mir Karsten. »Kostet umgerechnet fünf Mark so ein Ding, genieß ihn, viele davon wird's nicht geben.«

»Ist jeden Pfennig wert!«, bringe ich zwischen zwei Bissen hervor. Drei weitere später kehren meine Lebensgeister langsam zurück. »Was nun?«, frage ich und lecke mir etwas Ketchup, das mir auf den Handrücken getropft war, ab.

»Zurück zum alten Protokoll«, entgegnet Karsten. »Plan C – über den Neusiedler See nach Österreich.«

Ich verschlucke mich, und Karsten klopft mir auf den Rücken. »Schwimmen?«, frage ich, als ich wieder Luft bekomme.

»Ich dachte an einen Helikopter«, gibt Karsten trocken zurück. Für einen winzigen Moment glimmt Hoffnung in mir auf, dass er das ernst meint, doch mein Verstand meldet sich sofort, und Karstens Blick lässt ebenfalls keinen Zweifel daran, dass er Spaß gemacht hatte. »Wir müssen uns Flossen besorgen«, fährt Karsten fort und beißt tatenfreudig in seinen Burger. Mein Entsetzen bemerkt er gar nicht.

»Das wird heute aber nichts mehr«, versuche ich etwas Raum zwischen mich und den Neusiedler See zu bringen. Um meinen Worten Nachdruck zu verleihen, tippe ich mit dem Zeigefinger auf die Uhr an Karstens linkem Handgelenk. Sein Blick folgt meinem Finger. Die Zeiger zeigen kurz vor halb neun, er nickt bestätigend. Dann hellt sich seine Miene auf: »Halb sieben. Es ist halb sieben. In Budapest ist es zwei Stunden früher als in Moskau.« Abenteuerlust blitzt in seinen Augen auf: »Wenn wir es heute noch bis Györ schaffen, könnten wir morgen Nacht im Wasser sein.«

Der Gedanke daran lässt die altbekannte Panik wieder in mir hochkriechen, und mein Hirn rudert wild nach einem Argument, das Unausweichliche nicht abzuwenden, aber doch wenigstens etwas rauszuschieben. »Ich kann nicht mehr, ich brauch eine Pause«, ziehe ich schließlich den Mädchenjoker und schiele ihn über den Rand meiner Brillengläser bettelnd an. Leningrad, Moskau, Budapest, überall durch U-Bahn-Schächte wühlen, ein- und auschecken, stundenlang im Zug durchgerüttelt – ich spüre plötzlich, dass mir das Pensum des letzten Tages tatsächlich in den Knochen steckt. Der Gedanke ans Schwimmen ist zu viel für mich, überfordert mich, und ich spüre, wie mir Tränen in die Augen steigen. Ich zwinkere, um sie daran zu hindern, sich zu sammeln.

»Okay.« Karsten gibt sich geschlagen. »Aber guck mich bitte nicht so an. Und wir brauchen eine Penne!«

Ich straffe meine Schultern und schlage die Hacken

aneinander: »Aye, aye Captain! Bitte folgen Sie mir!« Ich schultere meine Kraxe und schreite weit aus in Richtung U-Bahn. »Vielen Dank für die Blumen«, denke ich, hundertprozentig sicher, dass mein Blick Karsten total abgetörnt hat. Ich taumele innerlich dahin wie Kater Tom – eben noch siegessicher, Jerry, die Maus, zu schnappen – stattdessen eine Bratpfanne von ihr über den Kopf gezogen bekommt. Wie konnte ich nur so dämlich sein und so abloosen[30]? Und das nun schon zum zweiten Mal! Ich bin verwirrt: Als ich am Flughafen in Tallinn das erste Mal aus Versehen mit den Augen über den Brillenrand hinwegrollte, hatte er es »süß« gefunden. Es war mir peinlich gewesen, und ich hatte das Kompliment lieber überhört. Oder war es gar keins gewesen und er hatte mich nur aufgezogen? Wie auch immer, jetzt ist es zu spät, ich hatte die Girly-Karte gespielt und verloren. Aber immerhin: Ich hatte Zeit gewonnen, um mich mit dem Gedanken ans Schwimmen abzufinden. Ich steuere in Richtung Bahnhofseingang.

»Willst du doch schon los?« Karsten sieht mich mit fragendem Blick an. Ich erkläre ihm, dass wir zum Deli-Bahnhof fahren würden und dass ich dort eine ruhige Ecke kenne, in der wir ungestört die Nacht verbringen können. Er meutert, will auf der Margareteninsel übernachten – eine Insel inmitten der Donau, zwischen den Stadtteilen Buda und Pest. Es übernachteten jede Menge Zonis dort, weil sie sich keinen Zeltplatz oder gar eine Jugendherberge leisten konnten. Die Stimmung war deshalb nicht gedrückt, das hatte ich im Vorjahr bei meinem Trip mit Doreen, einer Abi-Freundin, erfahren – Gitarrenklänge, Bier und Party: Wer cool war, übernachtete auf der Margareteninsel.

[30] versagen

Doreen und ich wollten cool sein, auch wenn wir Schiss hatten. Als die Gitarrenklänge langsam verstummten, rollten wir unsere Isomatten vor dichtem Buschwerk als Rückendeckung mit etwas Abstand nebeneinander aus und legten die Schlafsäcke darauf. In den Platz dazwischen schoben wir unsere Rucksäcke, nahmen die Geldbeutel heraus und steckten sie vorne in unsere Hosen. So hofften wir zu verhindern, was einem Freund passiert war, nachdem er mit seiner Freundin den Sternenhimmel über der Margareteninsel genossen hatte und sie eingeschlafen waren: Einer der Brüder oder Schwestern machte lange Finger, durchschnitt ihm das Band der ledernen Geldbörse um seinen Hals und zog sie heraus. Kohle ade, Urlaub beendet.

Doreen und ich waren gerade eingeschlafen, als wir von ein paar Regentropfen wieder geweckt wurden. »Das ist Ungarn, hier regnet es im Sommer nicht«, waren wir uns sicher, ignorierten die Tropfen und zogen die Schlafsäcke über den Kopf. Wenig später goss es in Strömen, und wir soffen regelrecht ab, machten die ganze Nacht kein Auge zu, sehnten den Tag herbei. Als die Sonne endlich die Wolken vom Himmel verbannte, suchten wir nach einem Platz, an dem wir uns waschen und unsere klitschnassen Klamotten trocknen konnten. Wir fanden ein Freibad, warteten auf der Bank davor, bis es öffnete, breiteten unsere Sachen in der Sonne aus, sprangen kurz ins Schwimmbecken und schliefen dann erschöpft auf der Wiese ein. Als wir wach wurden, war bereits später Nachmittag, und wir hatten genug von cool, wollten ein Dach über dem Kopf. Es durfte nichts kosten, denn dann wäre die Urlaubskasse nach wenigen Tagen leer, doch wie alle Ostdeutschen wollten wir eine Jeans, ein modisches T-Shirt und etwas Firlefanz mit nach Hause nehmen. Ich hatte mich in einen hellgelben Stoffrucksack verliebt. Er hing in einem Schaufenster zwischen neongelben und pinkfarbenen Schnürsenkeln, von denen ich unbedingt je ein Paar haben musste. Und ein paar der bunten Stringtangas, wie sie die Schaufensterpuppen auf ihren hervorstehenden Beckenknochen aus Plastik trugen. Solche Teile mussten dringend auch auf meine Hüften. Ich war zwanzig, Zeit, untenrum etwas sexy zu werden. Im Gegensatz zu vielen meiner Freundinnen war ich höschenmäßig zwar gut dran: Ich trug »Liebe ist …« Schlüpfer aus dem Intershop mit Wochentagen drauf. Doch die herzigen Sprüche der untersetzten Pärchen waren mir langsam peinlich. Allein der Gedanke, dass ein Typ sie las, ließ mich rot anlaufen.

Doreen und ich sparten, wo wir konnten: früh, mittags, abends – trockenes Weißbrot, Joghurt und Wasser, das wir uns in öffentlichen Toiletten nachfüllten. Hin und wieder gönnten wir uns eine Kugel Eis oder einen der saftigen Pfirsiche, wie wir sie nur aus Ungarn kannten. Einen Hamburger, wie ich ihn eben verdrückt hatte, durften unsere Mägen nur in großen Abständen empfangen.

Auf der Suche nach einem trockenen Unterschlupf für die Nacht hatten Doreen und ich alle möglichen Ecken Budapests abgeklappert. Wir waren happy, als wir am Deli-Bahnhof eine etwa anderthalb Meter lange Holzkiste und die Nische, die sich dahinter in der Ecke bot, entdeckten. Wir umrundeten die Kiste mehrfach, checkten von allen Seiten, ob das kleine Areal von vorne einsehbar war, und zogen, als wir sicher waren, dass uns niemand dahinter vermuten würde, in der Nische ein, wie andere in ein Haus am See. Morgens schlossen wir unsere Rucksäcke in eines der Schließfächer am Bahnhof, zogen durch die Stadt und bibberten jeden der sieben Abende, die wir zurückkehrten, dass sich jemand anderes in unserem Nest breitgemacht hatte. Wir hatten Glück. Wirklich entspannt schlafen konnten wir allerdings trotzdem nicht, schreckten bei jedem Knistern oder Knacken hoch. Meist stellte sich unsere Angst als unbegründet heraus, und ein Reisender hatte nur eine leere Tüte oder Flasche in einen der nahe gelegenen Mülleimer geschmissen. Doch einmal hockten zwei Typen direkt neben uns, redeten unverständliches Zeug auf uns ein. Wir schnellten aus unseren Schlafsäcken, waren sofort hellwach. Meine Hand schoss ans Kopfende in einen meiner Schuhe, wo ich meine Brille geparkt hatte. Ich war nicht sicher, ob ich wirklich sehen wollte, was die sechseinhalb Dioptrien gleich preisgeben würden. Unsere nächtlichen Besucher schienen zu bemerken, wie sehr sie uns erschrocken hatten und dass wir sie nicht verstanden. »Sorry!«, entschuldigten sie sich. Sie entpuppten sich als ungefähr gleichaltrig und wir quatschten eine Weile mit ihnen, was unser brüchiges Englisch so hergab. Dann luden sie uns zu sich ein. Es wäre sicherer und sie würden uns nicht anfassen, schworen sie. Doch wir lehnten ab und sie trollten sich friedlich. Ein paar Tage später sollten Doreen und ich in die Situation kommen, ein solches Angebot annehmen zu müssen.

Der Gedanke daran will gerade in meinem Kopf Gestalt annehmen, da sagt Karsten: »Margareteninsel mit dem ganzen Gepäck und dem Westgeld, ist vielleicht doch keine so gute Idee.« Ich schaue ihn dankbar an, realisiere es, korrigiere es aber nicht. Ich konnte nicht ewig auf dicke Hose machen und mein wahres Ich verbergen. Früher oder später würde er es eh kennenlernen. Vermutlich eher früher, befürchte ich: Denn in ein paar Stunden würden wir am Ufer des Neusiedler Sees stehen.

Am Deli-Bahnhof angekommen, müssen Karsten und ich feststellen, dass Kiste und Nische, die Doreen und mir Unterschlupf gewährt hatten, nicht mehr da sind. Ein Imbiss und ein Selbstbedienungsrestaurant sind stattdessen eingezogen. Inzwischen ist es draußen dunkel geworden. Wir hatten irgendwann mal aufgeschnappt, dass es irgendwo am Rande von Budapest ein Gelände gab, auf dem Ostdeutsche kostenlos nächtigen durften. Doch weder Karsten noch ich wussten, wo dieser Platz war. Ich bin ready, mich auf die erstbeste Bank zu rollen, so im Eimer bin ich. Doch das kommt wegen unserem Gepäck nicht in Frage. Obwohl ich weiß, dass es keinen Sinn hat, durchstreifen wir den Bahnhof in der Hoffnung auf einen halbwegs ruhigen Schlafplatz. Wie erwartet, finden wir keinen. Karsten checkt schließlich die Fahrpläne. »In zehn Minuten geht einer nach Györ«, stellt er fest. »Wie lange fährt er?«, frage ich matt. »Knapp zwei Stunden«, entgegnet Karsten. Ich willige ein: Sitzen, mit etwas Glück kurz einschlafen, mehr will ich nicht.

Als Karsten mich weckt, ist es fast Mitternacht. Der Bahnhof von Györ wirkt im Dunkeln trostlos, die wenigen Leute, die mit uns im Zug saßen, verlassen ihn eilig. Sich hier in irgendeine Ecke zu rollen, erscheint uns zu auffällig, deshalb schlagen wir uns zu einem Zeltplatz durch. Dort angekommen, pfeffern wir unser Zelt notdürftig auf die erstbeste Wiese, kriechen hinein und schlafen sofort ein. Mein Schlaf ist unruhig, glitschige Hände greifen wieder einmal aus trüber Tiefe nach mir, wie immer begleitet von jammernden Kinderstimmen. Am Morgen erwache ich schweißgebadet. Zunächst bin mir nicht klar, ob das von der knalligen Hitze kommt, die draußen herrscht und das Zelt aufgeheizt hatte wie einen Backofen oder von meinen Alpträumen. Die Sonne steht bereits hoch am Himmel, als wir uns aus dem Zelt quälen. Erschrocken stellen wir fest, dass wir nicht mehr allein sind: Unser mickriger Unterschlupf ist umzingelt von Wohnmobilen und Wohnwagen. Ihre Ankunft mussten wir wohl verschlafen haben. »Flossen, wir müssen uns um Flossen kümmern«, raunt Karsten mir zu.

Juli 1989, Ungarn – Grenzgebiet Neusiedler See

Nervös fahre ich immer wieder mit dem Zeigefinger auf der schmalen Gummikante der Schwimmflosse auf meinem Schoß hin und her. Ich kann nicht damit aufhören, mein Finger bewegt sich wie von selbst, so als würde er hoffen, die Flosse würde sich unter der Reibung irgendwann in Luft auflösen. Nun ist es also so weit, denke ich. Die Stunde der Wahrheit ist gekommen. Ich versuche dem Unausweichlichen ins Auge zu blicken: Ich werde gleich in diesen See steigen müssen. Ein kalter Schauer flutet meinen Körper vom Scheitel bis zur Sohle, die Härchen auf meinen Armen stellen sich senkrecht auf. Ich schaue aus dem Fenster, um mich abzulenken. »So nah an der Grenze waren wir bisher noch nie«, flüstert Karsten mir von der Seite zu. Ich blicke ihn an, er wirkt aufgeregt, fast elektrisiert. Das ganze Gegenteil von mir, denke ich. Mein Cousin Falk kommt mir in den Sinn – wie mag er sich gefühlt haben, als er in Erfurt in den Zug stieg, um einfach Richtung Westen zu fahren, frage ich mich. Er hatte seine Flucht mit Kalkül geplant, wusste, dass er mit der Nummer nicht durchkommen würde, dass er nicht einfach so mit dem Zug in den Westen fahren konnte. Er hatte sich dafür entschieden, weil es für Grenzverletzungen innerhalb der DDR die geringste Strafe gab, maximal zwei Jahre. Die Wahrscheinlichkeit, dass er die nicht absitzen musste, war recht hoch, weil viele Flüchtlinge vor Ablauf ihrer Haftzeit von der BRD freigekauft[31] wurden. Falk hatte 18 Monate bekommen, war nach acht rausgekauft worden. Damit würden wir nicht davonkommen, wenn uns die Ungarn erwischten und an die

---

[31] Ca. 35 000 Menschen wurden von der BRD aus der DDR-Gefangenschaft freigekauft; etwa 3,5 Milliarden D-Mark flossen dafür in die DDR

DDR auslieferten. Wir hatten uns vor unserer Abreise informiert: Laut DDR-Gesetzbuch war eine Flucht im Ausland eine schwere Straftat, wurde wesentlich strenger geahndet als im Inland. Weil wir zu zweit unterwegs waren, als Gruppe galten, drohte uns laut Karstens Informationen die Maximalstrafe von acht Jahren. Acht Jahre. Zuhause auf dem Sofa war es nur eine Zahl, jetzt, im Angesicht der Grenze, füllt sie sich mit Schrecken: Ich sehe Falks Gesicht auf dem Passfoto, das er kurz nach seiner Entlassung geschickt hatte, vor mir, die Schürfwunden, seine leeren Augen. Ich rechne seine acht Monate auf acht Jahre hoch. Ich würde als alte Frau rauskommen, ohne Ausbildung, ohne Zukunft. Du wirst freigekauft, versuche ich abzuwiegeln. Doch es nützt nichts, ich bin auf einen Schlag wie gelähmt.

»Stopp!« Karstens Stimme reißt mich aus meiner Starre. Sofort verkrampfen sich meine Finger an der Gummikante meiner Flosse. »Stopp! Please!«, wiederholt Karsten. Ich wundere mich: Seit wann sprachen wir Englisch miteinander?

»Yes?«, fragt eine unsichere Männerstimme von vorn, und mir wird wieder bewusst, wo ich bin: in einem braunen Lada.

»Yes«, antwortet Karsten in Richtung des Fahrers, und zu mir sagt er: »Wir steigen aus.« Das Auto kommt zum Stehen. Meine Finger suchen mechanisch in der Tür nach dem Öffner, finden schließlich den kleinen Metallgriff. Ich schiebe mir die Plastiktüte, in der meine Flossen sind, unter den Arm, öffne die Tür und steige mit wackeligen Beinen aus. Auch Karsten hat außer einer Plastiktüte, in der neben Flossen noch Maske und Schnorchel sind, sonst nichts dabei – Zelt samt Kraxen haben wir auf dem Zeltplatz zurückgelassen, denn damit zu schwimmen wäre unmöglich.

Ich war zum Abschied im Zelt mit der flachen Hand

über das Plüschtelefon gestrichen, hätte es am liebsten ausgeschnitten, um es mitzunehmen.

»Thank you!«, danke ich dem Mann, der allein im Wagen zurückbleibt, und werfe die Tür zu. Der Fahrer nickt kurz, dann gibt er Gas und fährt ohne Abschiedsgruß davon. Ich sehe dem Auto nach, sehe, wie es die schmale Straße entlang weiterzieht, wie es sich durch die Allee aus Bäumen Richtung Niemandsland schlängelt. Als der Lada hinter einer Kurve verschwunden ist, zieht Karsten ein sorgfältig zusammengefaltetes Stück Papier aus seiner Hosentasche und klappt es auseinander. Es ist die Ungarn-Karte aus dem Schulatlas. Er streicht so vorsichtig darüber, als ob es eine hundert Jahre alte Schatzkarte wäre. »Wir müssten etwa hier sein«, sagt er und zeigt auf eine Stelle auf der Karte. Ich weiß, dass sie, genau wie die Karten für den Pamir, Leningrad und Tallinn, nur grob als Orientierung dienen kann, und spare mir den Anblick. Selbst wenn sie millimetergenau wäre, sie würde mir nichts nützen: Ich bin orientierungsmäßig eine Null.

»Ist die Fliege flach oder sieht sie wie eine echte aus? Sitzt der Papagei im Käfig oder daneben?« Seit meinem zweiten Lebensjahr waren es immer die gleichen Fragen der Augenärztin gewesen, genau wie meine Antworten: »Die Fliege ist flach. Der Papagei sitzt neben dem Käfig. Ich habe kein 3D-Sehen, kann meine Umwelt nicht wie andere Menschen dreidimensional, sondern nur in zwei Dimensionen erfassen. Ich komme damit gut klar, kenne es ja nicht anders. Lediglich mit Dingen, die etwas mit räumlicher Vorstellungskraft zu tun haben, tue ich mich schwer. So passierte es mir immer wieder, dass ich Tee, Kaffee oder schlimmstenfalls Rotwein neben Tasse oder Glas goss anstatt hinein, besonders peinlich bei Familienfesten, wenn ich fiese Flecken auf feinen weißen Tischtüchern verursachte.

Entfernungen zu schätzen oder mich im Gelände orientieren grenzt für mich an Höchstleistung. Es ist nicht so, dass ich es nicht kann, aber es fordert mir hohe Konzentration ab. Und ich benötige ein Mindestmaß an markanten Punkten, wie beispielsweise eine Kirche oder einen Strommast.

Ich versuche etwas zu entdecken, das mir als Anhaltspunkt dienen kann: Bäume, Wiese, Wiese, Bäume, dazwischen die Straße. Nach zwei Minuten kann ich bereits nicht mehr sagen, aus welcher Richtung wir gekommen sind.

»Da lang«, sagt Karsten und zeigt mit der flachen Hand irgendwo ins Grün.

»Ja genau«, bestätige ich und behalte für mich, dass ich keinen blassen Schimmer habe, wo wir sind, geschweige denn, wo der Neusiedler See ist. Was uns dort erwartet, davon haben wir beide keine Ahnung. Alles, was wir wissen ist, dass der See zwischen Ungarn und Österreich liegt, der größte Teil davon in Österreich. Das hatte die Recherche im Schulatlas ergeben. Dank ihm vermuten wir, dass wir lediglich ein paar Kilometer schwimmen müssen, dann wären wir frei. Vorausgesetzt, wir steigen an der richtigen Stelle ins Wasser. Karsten ist sicher, dass er sie findet. Unser Plan ist, bei Tageslicht dort auszuharren und das Geschehen zu beobachten, um dann in der Nacht unbemerkt ins Wasser gleiten zu können.

Wir wandern querfeldein durchs hohe Gras. Karsten läuft vorneweg, ich folge ihm in der Spur, die er im Gras niedergetreten hat. »Wie das Schaf, das vom Leithammel zur Schlachtbank geführt wird«, stöhne ich innerlich. Ich versuche mich abzulenken, versuche mir vorzustellen, was hinter dem See liegt, mir mein Leben im ersehnten Westen auszumalen. Ich hatte den Westen bei Nachrichtensendungen und Vorabendserien wie *Drei sind einer zu viel* oder *Diese Drombuschs* studiert, so gut ich konnte, war fast in den Fernseher gekrochen, um eine Vorstellung davon zu bekommen, wie die Menschen dort lebten, wie ihre Wohnungen, Häuser, Straßen aussahen, wie sich ihr Leben gestaltete. Doch es waren alles nur Ausrisse gewesen, Szenen, die viel zu schnell wechselten, die kein Bild vom Ganzen gaben.

Ich spüre, wie die Tüte mit den Flossen unter meinem linken Arm immer schwerer wird, greife danach, um sie auf die andere Seite zu wechseln. Sie gibt nur widerwillig nach, hat sich an der Haut meines Oberarms festgesaugt wie eine Nacktschnecke. Ich versuche den kurzen Ärmel meines Poloshirts soweit es geht herunterzuziehen, bevor ich mir die Tüte unter die andere Seite klemme. »Scheiß schwer diese Gummidinger«, klage ich in mich hinein. Und hässlich. Ich hatte auf durchscheinend neongelbe gehofft, wie ich sie in Budapester Schaufenstern schon gesehen hatte. Doch das Angebot in Györ war bescheiden gewesen, die dunkelgrünen Flossen mit weißen Tupfern drin die einzigen, die wir auf die Schnelle hatten auftreiben können.

»Sieh es doch mal so: Mit denen sind wir viel besser getarnt als mit so quietschgelben oder pinkfarbenen!«, hatte Karsten mich überzeugt.

»Da vorn ist ein Zaun!«, flüstert Karsten.

Augenblicklich bin ich wie angeknipst, hocke mich ins Gras. Karsten geht ebenfalls sofort auf die Knie, macht sich so klein wie möglich. Ich krabble neben ihn. Wir spähen angestrengt in Richtung des Maschendrahtzaunes, versuchen die Lage zu erkunden.

»Wir müssen näher ran!« Ich pirsche mich weiter nach vorn. Karsten folgt mir. Meter für Meter schleichen wir uns vorwärts. Die Sonne knallt vom Himmel, mein Mund ist völlig ausgetrocknet, ich habe höllischen Durst. Jetzt nicht, dränge ich das Bedürfnis zurück und bewege mich vorsichtig weiter vorwärts. Kurz vorm Zaun stoßen wir auf einen schmalen staubigen Weg. Wir inspizieren ihn aus unserer Deckung heraus – keine Fußspuren, keine Abdrücke von Hundepfoten. »Sieht irgendwie unbenutzt aus«, stellt Karsten fest. Ich kann nicht genau sagen, was ich erwartet habe, vielleicht Soldaten mit Schäferhunden, die »bei Fuß« wachsam neben ihren Gebietern her patrouillierten? Eine Dienstreise meiner Mutter fällt mir ein: Sie war ins sogenannte Sperrgebiet gefahren, um dort eine Schweinemastanlage zu planen. In den Bereich nahe der Grenze zur BRD kam sie nur mittels eines Passierscheines und unter strenger Bewachung. Die Dienstreise hatte sie erschüttert, steckte ihr lange in den Knochen: An Drahtseilen seien Hunde an langen Leinen bellend hin und her gerannt. Kilometerlang seien die Seile gewesen, die Hunde regelrecht blutrünstig. Laut einem ihrer Kollegen bekamen sie extra wenig Futter, damit sie »scharf« sind. Und das war wohl nur der erste Bereich gewesen, den Fluchtwillige hätten überwinden müssen. Dahinter sollte es noch mehrere Zaunreihen geben, bevor die eigentliche Grenze kam. Und Selbstschussanlagen sowie Splitterminen, die Menschen zerfetzten. Ob es hier in Ungarn genauso ist? Und was ist mit Bluthunden? Ich schlucke schwer. Die Bilder von Draht, der zerschnitten wird, die ich kurz vor unserer Abreise in der Tagesschau im Westfernsehen gesehen hatte, kommen mir in den Sinn. Hier wurde jedenfalls nichts zerschnitten oder abgebaut, stelle ich fest. Dann wären hier Spuren von LKWs oder Arbeitern. Ich spähe angestrengt in das unberührte Gebiet hinter dem Zaun. Laut Optiker habe ich mit Brille eine Sehkraft von 120 Prozent, und meine

»Mitropa-Aschenbecher« wirken wie Lupen. Ich kneife die Augen zusammen, um meinen Blick zu fokussieren, und drehe den Kopf langsam nach links und dann nach rechts. Tatsächlich schält sich nach einiger Zeit rechts von uns eine Art Holzturm aus dem Grün in der Ferne. Auch Karsten entdeckt das Gestell. »Ein Wachturm!«, flüstern wir fast gleichzeitig und ziehen uns schnell vom Weg zurück. Ich spüre, wie der Puls in meinem Körper Fahrt aufnimmt.

»Bleib hinter mir!« Karsten übernimmt wieder die Führung. So leise wie irgend möglich arbeiten wir uns parallel zum Zaun in Richtung Turm vor. Als wir auf etwa fünfzig Meter heran sind, bleiben wir stehen, um ihn näher ins Visier zu nehmen: Er besteht aus einer Holzplattform, in deren Mitte ein kleines Häuschen thront. Wir versuchen hinein zu spähen, können aber nichts erkennen. »Vielleicht ist niemand drin«, hoffe ich.

»Bestimmt läuft er irgendwo im Gestrüpp Patrouille«, entgegnet Karsten. Wir kriechen tiefer ins hohe Gras zurück und hocken uns wieder hin, um den Turm im Auge zu behalten. Nichts geschieht. Wir lauschen in die Stille. Eine Biene summt, irgendwo in der Ferne zwitschern Vögel. Kein Autogeräusch, keine Befehle oder gar ein Hundebellen. Wir können nichts ausmachen, das auf die Anwesenheit anderer Menschen hindeutet. Leise schleichen wir weiter, erforschen mit den Augen das Gebiet hinter dem Zaun. Nach einiger Zeit passieren wir einen weiteren Wachturm. Auch er wirkt unbesetzt. Und auch der nächste. Wir halten in unserer Wanderung inne.

»Vielleicht sind das nur Attrappen?«, vermutet Karsten. »Damit Flüchtlinge sich sicher wähnen und weitergehen, und dann schnappt die Falle irgendwo auf dem See zu.«

Sofort wird mir mulmig zumute, das Schwimmen habe

ich total vergessen. Wir beschließen, den Turm vor uns eine Stunde lang zu beobachten, ihn ganz fest im Blick zu behalten. Wenn jemand drin war, würde er sich irgendwann bewegen. Doch nichts geschieht. »Vielleicht ist kein Durchkommen, und die bewachen den See gar nicht erst?«, stelle ich nach einer Weile in den Raum, löse meinen Blick vom Turm und richte ihn gen Horizont. »Apropos See. Ich sehe gar kein Wasser.«

Karsten folgt meinem Blick: Schilf, nichts als Schilf, soweit wir blicken können. Ich stelle mich suchend auf die Zehenspitzen. Mit einem Ruck am Handgelenk zerrt Karsten mich wieder runter und zischt mich an: »Bleib in Deckung!«

Wir verharren, als hätte uns die Schneekönigin zu Eis erstarren lassen. Doch nichts geschieht, niemand stürmt aus dem Wachturm, um Alarm zu schlagen. Geduckt laufen wir weiter durchs Gras, passieren mehrere Wachtürme. Alles bleibt ruhig und wir werden mutiger, richten uns auf. Es scheint niemanden zu interessieren. Die Grenze ist entweder unbewacht oder die Soldaten in den Türmen haben keine Lust, uns zu verjagen. Wir laufen eine weitere halbe Stunde durch Gebüsch, ohne dass sich jemand daran stört. Irgendwann trauen wir uns auf den Weg, um besser sehen zu können.

»Sollen wir es wagen?«, fragt Karsten.

Ich schaue erst ihn, dann den Zaun an. An seinem oberen Ende ringelt sich Stacheldraht entlang. »Vielleicht sollten wir erst drüber, wenn wir Wasser sehen?«, gebe ich zu bedenken. Karsten stimmt mir zu, und wir pilgern weiter von Wachturm zu Wachturm. Doch vom See keine Spur. Karsten studiert immer wieder die kleine Landkarte in seiner Hand: »Ich versteh das nicht, hier müsste überall Wasser sein!«

»Vielleicht ist es nur ganz flach, und man sieht es unter dem Schilf nicht?«, frage ich in die Stille und male mir aus, was uns dann wohl erwarten würde: »Mir müssten durch die reine Schlammpampe waten.« Der Gedanke gefällt mir irgendwie: Es war zwar eklig, aber immer noch besser als schwimmen.

»Vielleicht ist es aber auch morastig, und wir bleiben stecken«, bringt Karsten wieder Grusel ins Geschehen. Wir setzen uns ins Gebüsch vor dem Zaun und wägen das Für und Wider ab. Dann laufen wir, in der Hoffnung, doch noch irgendwo Wasser zu erspähen, weitere zwei Stunden am Zaun entlang, geben schließlich auf. Das Risiko, irgendwo im Sumpf zu versacken, ist uns zu hoch. Auch befürchten wir, dass wir bereits nach fünfzig Metern in dem scharfen Schilfgras völlig zerschnitten wären. Wir sehen uns an und sind uns einig: Dieser Teil der Grenze ist nicht bewacht, weil er unpassierbar ist.

Gegen Mitternacht sinke ich erschöpft und deprimiert auf mein Plüschtelefon, mache gedanklich einen Haken hinter Plan C.

19. Juli 1989, Budapest, Ungarn – Bundesdeutsche Botschaft

»In einer Woche«, gebetsmühlenartig wiederholt der Mann hinter dem grünen Eisengitter den Satz. Wir hören ihn zum dritten Mal, mit jedem Zentimeter, den wir vorwärtsrücken, ein klein wenig lauter. Seit zwei Stunden schiebt uns die Schlange, in der wir stehen, langsam in Richtung Guckloch im Gitter vorwärts. Um uns herum unterhalten sich Menschen im Flüsterton. Die meisten von ihnen haben Jesuslatschen an. Wir sind erstaunt über die vielen Zonis, die anscheinend aus dem gleichen Grund wie wir nach Ungarn gekommen sind. Manche von ihnen rollen nervös Zettel zwischen ihren Fingern.

Der Morgen nach unserer vergeblichen See-Suche war ernüchternd gewesen: Wir blafften uns genervt an, gerieten wegen Kleinigkeiten in Streit. Ich meckerte, weil in der Bratpfanne noch Eierreste vom Vortag klebten.

Karsten hatte sie zuletzt benutzt, und ich fand, er hätte sie säubern können – bei einer Pfanne mit dem Fassungsvermögen eines Spiegeleis in meinen Augen eine Kleinigkeit.

»Dann wäre es ja sicher kein Problem, wenn ich husch mit dem Lappen durchgehen würde und fertig«, reizte Karsten mich, rechtfertigte seine Faulheit dann noch mit der Begründung, dass wir ja nicht vorgehabt hatten, zurückzukommen. In seinen Worten schwang ein Unterton mit, der mich dafür verantwortlich machte. Der Appetit war mir schlagartig vergangen, ich knallte die Pfanne in die Ecke und beschloss, dass es Zeit für »große Wäsche« sei. Wütend sortierte ich das, was von meinen T-Shirts und Socken noch halbwegs sauber war, in eine Ecke des Zeltes. Karsten steckte sich derweil die Kopfhörer seines Walkmans in die Ohren und drehte sich demonstrativ auf die Seite, zeigte mir die kalte Schulter. Er wusste inzwischen genau, dass er mich damit auf die Palme brachte. Ich stopfte mir die schmutzigen Klamotten unter den Arm, schnappte meine Seifendose und stapfte stinkesauer in die Damentoilette. Dort ließ ich ordentlich Dampf ab, schrubbte, was der Stoff hergab. Anschließend drapierte ich Schlüpfer und Co auf die Zeltwände, damit sie in der Sonne trockneten. Als ich ins Zelt kroch, um meine Seifendose an ihren Ort zurückzubugsieren, zog Karsten die Ohrstöpsel heraus und fragte: »Frieden?« Ich nickte. Er streckte seinen Arm

Aufbruch ins Abenteuer, wir sind guten Mutes, dass wir schon bald frei sein werden, dass unser Plan A – uns mit einem falschen Visum aus der Sowjetunion raus und nach Japan rein zu mogeln, aufgehen wird.

Karstens Zimmer in Erfurt – auf dem Bett wurden die Fluchtpläne geschmiedet.

Plan B

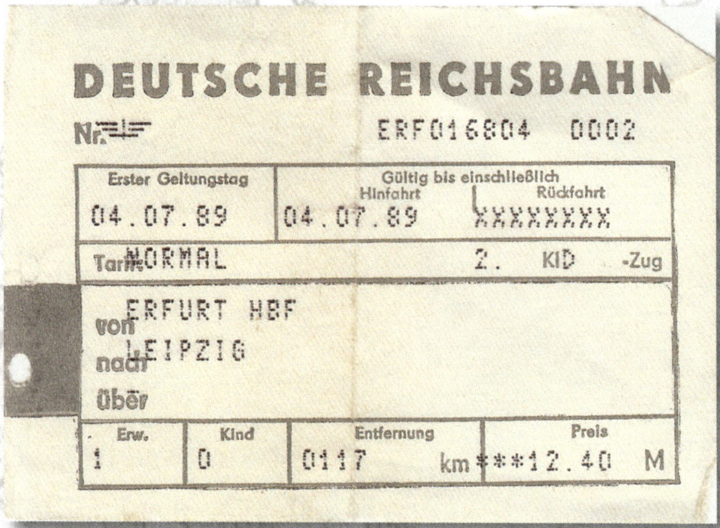

DEUTSCHE REICHSBAHN

Nr. ERF016804 0002

Erster Geltungstag	Gültig bis einschließlich Hinfahrt	Rückfahrt
04.07.89	04.07.89	XXXXXXXX

Tarif NORMAL 2. KID -Zug

von ERFURT HBF

nach LEIPZIG

über

Erw.	Kind	Entfernung	Preis
1	0	0117 km	***12.40 M

Mit der Deutschen Reichsbahn geht's per One-Way-Ticket von Erfurt nach Leipzig.

Der erste Schritt ist geschafft: Wir sitzen im Flugzeug. Am Flughafen Leipzig werden wir gleich in die Freiheit abheben und unser altes Leben hinter uns lassen.

Plan A

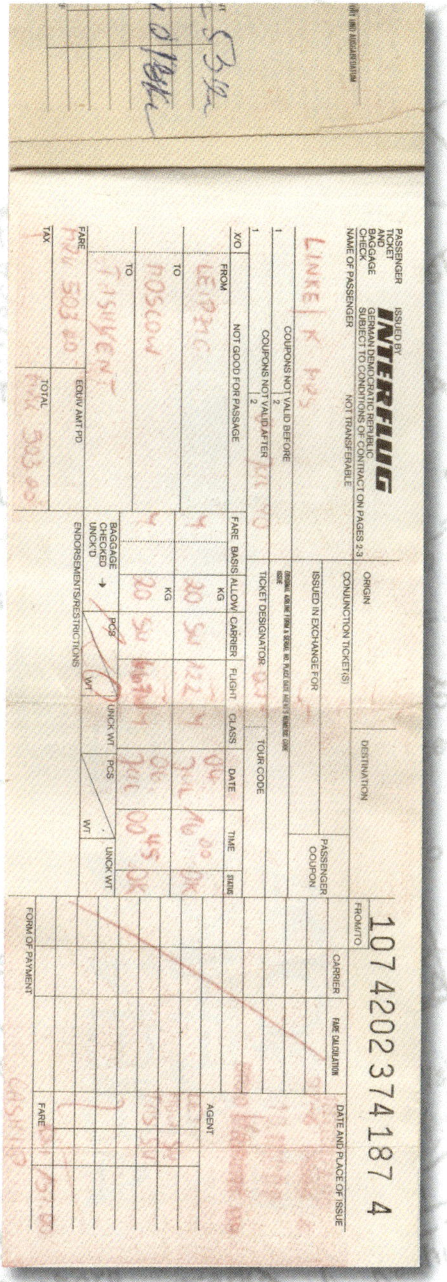

PASSENGER TICKET AND BAGGAGE CHECK

ISSUED BY INTERFLUG

GERMAN DEMOCRATIC REPUBLIC

SUBJECT TO CONDITIONS OF CONTRACT ON PAGES 2-3

NAME OF PASSENGER: LINKE/K MRS

NOT TRANSFERABLE

FROM: LEIPZIG

TO: MOSCOW

TO: TASHKENT

FARE: M 503.00

TOTAL: M 503.00

107 4202 374 187 4

Über einen Zwischenstopp in Moskau geht es nach Taschkent, wo wir mit unserem japanischen Freund Mokoto verabredet sind.

Plan B

Unser Schlafplatz auf dem Flughafen von Taschkent, wo wir mehrere Tage auf Mokoto warten.

Flughafen Taschkent – wir haben in Heiko und Martin aus Dresden Verbündete gefunden. Sie kommen aus dem Pamir und machen unseren Plan B – über den Pamir nach Indien – zunichte. Wir beschließen gemeinsam in der Sowjetunion nach einem Loch im Zaun zu suchen.

In Moskau auf dem Weg zum Mausoleum, um Lenin »Goodbye« zu sagen.

Plan D

Mit dem Schlafwagen geht es von Moskau nach Tallin, Sowjetunion. Wir spinnen Plan C: einen Fischer mit D-Mark bestechen, damit er uns über die Ostsee bringt.

Hafen von Tallin an Bord des Hamburger Segelschiffes »Relax« – einen Fischer haben wir nicht gefunden, aber ein westdeutsches Segelboot.

Grashügel in Tallin, auf dem uns Heimweh plagte und auf dem wir Fluchtplan D beschlossen – auf dem Landweg oberhalb von Leningrad nach Finnland.

Schaufensterbild in Tallin, das mich damals zum Lachen brachte und bei dem ich mir vornahm, niemals im Leben den Humor zu verlieren.

U-Bahn Leningrad auf dem Weg zum Bahnhof: Der Landweg nach Finnland erwies sich als zu gefährlich. Wir geben es auf, weiter in der Sowjetunion nach einem Loch im Zaun zu suchen, trennen uns von Heiko und Martin. Nächstes Ziel: Ungarn, Neusiedler See. Ich bin erschöpft und deprimiert.

Plan B

Nach unserer Ankunft in Budapest fahren wir weiter in die grenznahe Stadt Györ, schlagen dort nachts unser Zelt auf und staunen am Morgen nicht schlecht: Wir sind umzingelt.

Mit neuer Hoffnung fliegen wir von Moskau nach Budapest.

Plan D

Eine U-Bahn Station in Budapest. An der Wand steht: Deutschland ist größer als die Bundesrepublik. Der Plan durch den Neusiedler See zu schwimmen ist gescheitert, wir vertreiben uns eine Woche lang die Zeit in Budapest, warten auf einen Termin in der bundesdeutschen Botschaft.

Auf dem Gellertberg in Budapest bestaunen wir die Statuen von Prinz Buda und Prinzessin Pest, die sich nach jahrhundertelangem Kampf die Hände reichen, um die geteilte Stadt zu vereinen. Ich wünsche mir, dass die Oberhäupter Deutschlands es ihnen gleich tun.

Plan D

Auf dieser Brücke in Budapest berechnen wir die Fließgeschwindigkeit der Donau, schmieden den Plan durch den Fluss von Ungarn nach Jugoslawien zu schwimmen.

Nach zwei gescheiterten Fluchtversuchen an der ungarischen Grenze haben wir das Planen aufgegeben, hoffen am Balaton, das zwei Stuttgarterinnen mich in ihrem Auto nach Österreich schmuggeln.

Plan B

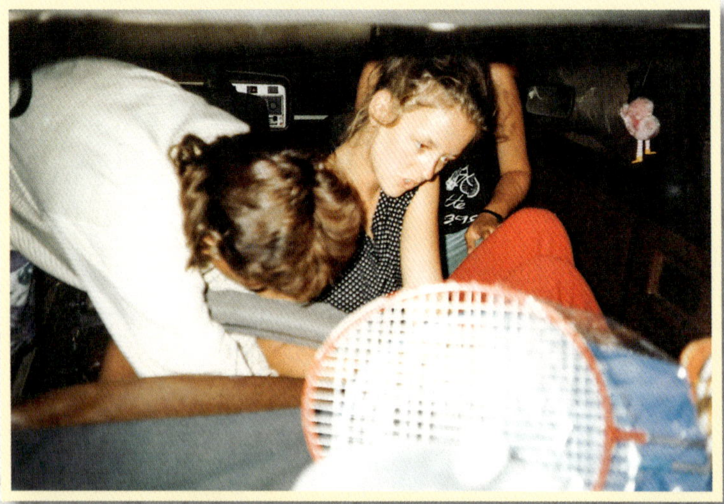

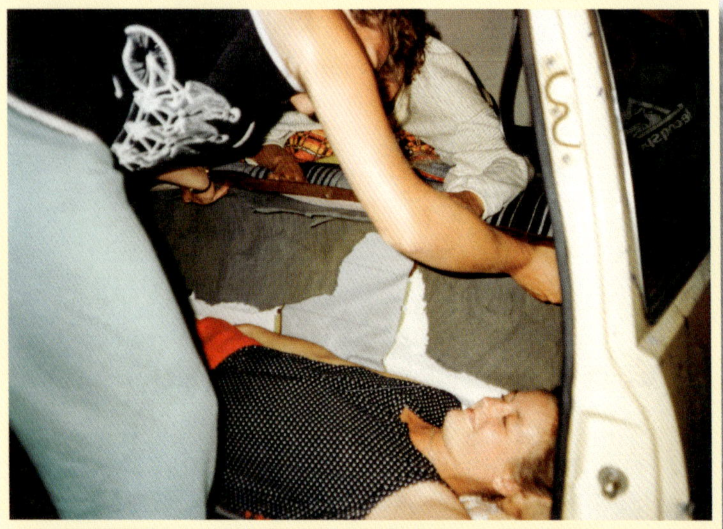

Die Mädels aus Stuttgart lassen uns nicht im Stich, nehmen ihren Polo für mich auseinander, Balatonfüzfö, Ungarn.

einladend aus, und ich schob meinen Kopf in die entstandene Kuhle. Eine Weile sagten wir nichts, starrten an die orangefarbene Zeltdecke und die Schatten, die meine Anziehsachen darauf bildeten.

»Noch mal See-Suche?«, brach ich schließlich das Schweigen.

Es dauerte ein paar Sekunden, ehe Karsten antwortete: »Nein. Wenn wir da irgendwo im Morast stecken bleiben, war's das. Das ist zu riskant.«

Er hielt inne, aber es kam mir so vor, als ob er noch etwas sagen wollte. Ich drehte mich auf den Bauch, stützte mich auf meine Unterarme und schielte ihn fragend über die Brille hinweg an. »Oh Shit«, entfuhr es mir, ich hatte wiedermal meinen »Karsten-Abtörn-Blick« gesendet. Ich drehte den Kopf schnell zur Seite.

»Tut mir leid, dass ich dir die Schuld zugeschoben habe!«, vollendete Karsten. »Und übrigens«, setzte er nochmals an: »Sieht voll süß aus, wenn du so über die Brille kullerst!«

Als ob das nicht schon gereicht hätte, legte er auch noch nach: »Macht mich echt schwach!«

Ich verharrte ein paar Sekunden, um das Gehörte zu verarbeiten, drehte mich dann zu ihm zurück, nahm die Brille ab, und in den folgenden Stunden trieben wir die Temperatur im Zelt um ein paar Grad nach oben.

Als wir unsere Köpfe wieder aus unserem Liebesnest steckten, war es bereits dunkel, und wir stellten erleichtert fest, dass die Karawanenkolonne, die sich um uns herum aufgebaut hatte, verschwunden war. Wir verspürten mordsmäßigen Hunger und checkten unsere Vorräte: drei Eier, eine Paprika, etwas Schafskäse und ein halbes, einigermaßen vertrocknetes Weißbrot.

»Ich zauber uns ein Omelette!«, beschloss Karsten,

schnappte Vorräte und Pfanne und verschwand im Dunkeln Richtung »Zeltplatzküche«. Mir war plötzlich völlig einerlei, ob er die Pfanne säuberte, bevor er die nächsten Eier reinhaute. Ich räumte unsere Isomatten aus dem Zelt und legte sie nebeneinander unter den freien Sternenhimmel. Dann erinnerte ich mich, dass wir noch eine halbe Flasche Rotwein besaßen. Ich kramte im Zelt herum, wurde schließlich in einer Ecke fündig. »Wäre doch wirklich schade um dich gewesen!«, redete ich auf die Flasche ein und fummelte den Korken, der bis zur Hälfte in ihr steckte, heraus. Ich nippte an der Flasche, behielt den Wein aber im Mund und legte mich rücklings auf meine Isomatte. Wie sollte es weitergehen? Nachdenklich schob ich das dunkelrote Getränk in meinen Wangen hin und her, suchte mit den Augen den Himmel nach dem Großen Wagen ab, verlängerte in Gedanken sein Ende fünf Mal und landete beim Polarstern und dem Kleinen Wagen. Der Wein in meinem Mund hatte sich inzwischen mit meiner Spucke zu einem großen Schluck verdünnt. Ich schickte ihn auf Reisen in mein Körperinneres. Der Geschmack, den er auf meiner Zunge hinterließ, katapultierte eine Erinnerung aus meinem Gehirn in die Gegenwart. Ich war etwa zehn, saß zuhause im Sessel der goldbraun gemusterten Couchgarnitur. Meine Mutter portionierte eine Dose Ananas samt Saft in vier Weingläser, die auf dem Couchtisch standen, und goss anschließend vorsichtig einen winzigen Schluck Wein in jedes Glas. Im Fernseher lief *Wetten, dass…?*. Mein Cousin war zu Besuch, und wir fieberten mit meiner Schwester und meiner Mutter gerade der Saalwette entgegen, da klingelte es, und meine Brüder Peter und Agga standen vor der Tür. Es war das einzige Wochenende, an denen sie beide gleichzeitig Heimaturlaub von der Armee bekommen hatten. Sie packten ihre Gitarren aus, improvisierten zweistimmig verschiedene Bluesstücke, spielten sich dabei die Bälle zu. Ein Kopfnicken genügte, und der andere wusste, was er zu tun hatte. Wir »Kleinen« hatten staunend die Münder geöffnet und nur ein Ziel: Wir wollten genauso werden wie sie.

Meine Mutter flitzte überglücklich in die ca. fünf Quadratmeter große, fensterlose Küche, rührte im Affenzahn einen Sandkuchen ein, schob ihn in den Ofen. Sie wusste, dass der langsam intensiver werdende Duft Agga und Peter verführen würde, zu bleiben, bis sie ein Stück vom Kuchen essen konnten.

Ich summte in Gedanken den Rhythmus von *House of the rising sun*, wippte mit den Füßen dazu. Musikerfüllte Kuchenabende – sie schienen eine Ewigkeit her zu sein, in einem anderen Leben. Inzwischen saß meine Mutter im Osten in einer leeren Wohnung, Agga und Peter schlürften gemeinsam mit Falk im Westen Wiedersehensbierchen, und ich saß irgendwie dazwischen fest. Ich versuchte abzuwägen, auf wen von den vieren ich leichter verzichten konnte – auf Brüder und Cousin oder auf meine Mutter. Ich hatte Sehnsucht nach allen, wollte keinen missen. Doch alle gleichzeitig konnte ich nicht haben. Und es schien, als würde ich mich auch nicht mehr entscheiden müssen, sondern meine Mutter würde mich bald wieder in ihre Arme schließen. Denn die letzten dreißig Prozent meiner geschätzten Fluchtchancen waren gescheitert. Resigniert richtete ich mich in Gedanken darauf ein, bald wieder zuhause zu sein, da nahm eine Zeichnung von Peter Gestalt vor mir an: ein Loch in einer Mauer. Ein nackter Mann mit schwarzem Zopf, mit dem er wohl selbst gemeint war, schritt hindurch. Darunter nur ein Wort: »Komm!« Peter hatte es für Agga gemalt, kurz bevor er ausgereist war.

»Komm!«, formten meine Lippen, und plötzlich machte etwas in meinem Kopf klick: Wir fahren nach Budapest, bitten dort in der bundesdeutschen Botschaft um Asyl.

»Ihr seid dran!«, sagt jemand hinter mir und schiebt Karsten und mich vorwärts. Ich stolpere, fange mich aber wieder. Karsten motzt über seine Schulter den Verursacher an, das sei nicht die feine englische Art. Ein »Entschuldigung« kommt zurück, und Karsten erwidert etwas, das ich nicht verstehe. Ich habe keine Zeit, dem Geplänkel der beiden zu folgen, denn ich bin vor der Öffnung des eisernen Tores gelandet und schaue dem Mann dahinter direkt in die Augen. Sie sind irgendwie undurchdringlich, so als hätte er eine Art inneren Vorhang heruntergelassen.

»Ausweise bitte!«, fordert er.

Ich stoße Karsten mit dem Ellenbogen in die Seite, und er fängt an, in seinem Brustbeutel herumzukramen, in dem unsere Dokumente stecken, zieht schließlich unsere Papiere heraus und reicht sie dem Beamten. Ich öffne den Mund, um unser Anliegen vorzutragen. Der Mann hinterm Guckloch schüttelt den Kopf: »In einer Woche!« Dann wirft er einen kurzen Blick in unsere Unterlagen, klappt sie zusammen und gibt sie Karsten mit den Worten: »In einer Woche. Zehn Uhr«, zurück. »Dann wird ein Beamter aus Bonn da sein und all Ihre Fragen beantworten«, ergänzt er auf unsere fragenden Blicke.

»Aber«, setze ich an, will wissen, wo wir solange bleiben sollen.

»In einer Woche!«, unterbricht mich der Beamte, senkt den Blick und notiert irgendetwas. Die Menge hinter uns drückt sachte, und wir gehen ein paar Schritte weiter, finden uns in einer kleinen Traube Menschen wieder. Sie wirken alle genauso ratlos wie wir.

»Da verteilen sie diese Zettel hier ...« schallt es aus der Menge. Ich stelle mich auf Zehenspitzen, um besser zu sehen. Der Mann winkt mit einem Blatt in der Hand. Ich hatte es vorher schon bei anderen wahrgenommen.

»Und man denkt, hier wird einem geholfen«, greift ein anderer den Satz des ersten auf, fuchtelt ebenfalls mit seinem Zettel in der Luft herum. Ich versuche einen Blick auf eines der Papiere zu erhaschen, kann aber nichts Genaues erkennen, vermute, dass die Adresse der Botschaft darauf steht. Karsten und ich schweigen in stillem Einvernehmen: Vielleicht sind die Meckerer von der Stasi oder werden von ihr bezahlt, um fluchtwillige DDR-Bürger zu entlarven. Wie von selbst treffen sich unsere Hände, und wir kehren der Menge den Rücken.

Wir gehen in einen nahe gelegenen Park und setzen uns in die Mitte einer Wiese. »Eine Woche, wo sollen wir solange bleiben!«, seufzt Karsten, als wir sicher sind, dass niemand uns hören kann, und vollendet damit die Frage, die ich vor ein paar Minuten vor dem Konsularbeamten auf der Zunge hatte. »Hast du den gesehen, dieses junge karrieregeile, beschlipste Typchen?«, ereifert Karsten sich plötzlich. »Spult seine Sätze runter wie geschmiert, der Lackaffe.«

Ich schaue ihn entsetzt an. So kenne ich ihn gar nicht. Er verstand immer alle, hatte für alles und jeden eine Entschuldigung. Seine Stimme war so sanft und geschmeidig, dass die Gäste auf einer seiner Partys eingeschlafen waren, als er sie mit Autogenem Training bereichern wollte.

Die letzte Nacht steckt ihm vermutlich noch in den Knochen, entschuldige ich Karstens Entgleisung. Er hatte im Straßengraben eine Migräne-Attacke gehabt.

Nachdem wir Karstens Omelette auf dem Zeltplatz von Györ verputzt hatten, erzählte ich ihm von meiner Idee, in der Botschaft um Asyl zu bitten. Er war nicht begeistert gewesen, Spielball zwischen Ost und West zu sein. Er wollte sein Schicksal lieber selbst in die Hand nehmen.

Wir hatten bis in die Morgenstunden diskutiert, festgestellt, dass unsere Lage aussichtslos war. In der Botschaft unterzuschlüpfen und zu hoffen, dass der Westen uns rausholen würde, war schließlich auch für Karsten ein verlockender Gedanke gewesen. Bei anderen hatte es schließlich auch geklappt.

Am nächsten Nachmittag hatten wir unsere Sachen gepackt und einen Kassensturz gemacht: Zugfahrt, Flossen, Tauchermasken, Zeltplatzgebühren, Essen – unser Vorrat an Forint war bereits extrem geschrumpft, deshalb beschlossen wir nach Budapest zu trampen.

Obwohl wir unser nettestes Lächeln aufsetzten, ging die Reise nur schleppend voran. Als es dunkel wurde, gaben wir auf, stellten unser Zelt im Schutz einiger Sträucher neben der Straße auf. In der Nacht wurde ich von Donnergrollen geweckt. Ich setzte mich in meinem Schlafsack auf und sah im Zelteingang die Silhouette von Karsten.

»Was ist los?«, fragte ich schlaftrunken.

»Migräne«, stöhnte er und massierte sich die Schläfen. »Krieg ich oft bei Gewitter.«

Ich kramte in meinem Rucksack, suchte das rote Döschen, das eine Art Pfefferminzcreme enthielt, die bei Kopfschmerzen wahre Wunder bewirkte. Meine Oma hatte sie mir geschenkt, und ich hütete sie wie meinen Augapfel. Das Döschen hatte die Größe eines Zehn-Pfennig-Stückes, und es dauerte, bis ich es gefunden hatte. Als ich es Karsten reichte, sprang er auf und rannte weg. Wenig später hörte ich, wie er sich im wahrsten Sinne des Wortes die Seele aus dem Leib kotzte. Als er sich schwer atmend wieder neben mich legte, rieb ich ihm sanft je eine Fingerspitze der gelben Salbe rechts und links auf die Schläfen. Sie schien schnell zu wirken, denn sein Atem entspannte sich, und er schlief ein. Ich lag wach da, wartete auf den Regen zum Krachen und Blitzen. Doch nichts geschah, da oben meinte es jemand gut mit uns.

Am nächsten Tag schafften wir es nach Budapest, zogen abends auf der Margareteninsel ein. Heute Morgen hatten wir uns in der Bahnhofstoilette einigermaßen ansehnlich hergerichtet, waren zur Botschaft gefahren, um dort zu bleiben.

Nun sitzen wir, übermüdet mit einem Termin erst in einer Woche, haben keine Ahnung, wo wir so lange bleiben sollen.

»Die Donau!«, platzt Karsten plötzlich heraus. »Wir werden in die Freiheit fließen!« »Donau plus fließen«, setze ich die zwei Wörter zusammen. Die Gleichung ergibt: Wasser. Die Alarmanlage in meinem Körper will gerade losheulen, da wird mir klar, wie absurd Karstens Idee ist, und ich ziehe sie ins Lächerliche: »Ich zerfließe förmlich in Vorfreude!«

Karsten erwidert nichts. Er hat bereits seinen Schulatlas beim Wickel und sucht nach der Seite, die ihm preisgeben würde, wohin die Reise gehen musste, wenn wir durch die Donau in die Freiheit schwimmen wollten. Karsten fährt mit dem Zeigefinger eine schmale blaue Linie nach, ein paar Zentimeter später wird sie von einer fetten roten Grenzlinie gequert.

»Jugoslawien«, stellt er fest. Die Donau fließt von Ungarn nach Jugoslawien. »Donau bedeutet Strömung und vermutlich auch Schiffsverkehr«, überlegt Karsten und schaut mich an: »Traust du dir das zu?«

Zwangsurlaub

20.–26. Juli 1989 Budapest, Ungarn

»Zwanzig Sekunden!«, notiert Karsten auf einen Zettel, dem die vierte Ecke fehlt, reißt eine weitere von ihm ab und rennt auf die andere Seite der Brücke. Dort beugt er sich über die Brüstung, so weit er kann, und lässt das Papierstück ins Wasser segeln. Als es darin eintaucht, flitzt er an seinen Ausgangspunkt neben mir zurück.

»Da ist es!«, rufe ich und zeige in Richtung des kleinen Schnipsels, der in der Strömung hin und her tanzt.

»Wie lange?«, will Karsten wissen.

Ich schaue auf den Sekundenzeiger seiner Armbanduhr, die er mir gegeben hatte: »Zweiundzwanzig Sekunden.«

»Zwei Sekunden Unterschied«, erwidert Karsten und schließt die Augen.

Ich lasse die meinigen durch das Brückengeländer hindurch in das braune Wasser, das unter mir dahinfließt gleiten, tauche in das Rauschen ein. Da stehen wir nun – auf dieser Brücke über der Donau mitten in Budapest, sind zum Nichtstun, zu einer Art Zwangsurlaub verdonnert. Das schlimmste daran für mich: die Ungewissheit, wie es danach weitergehen wird.

Zwei Tage lag unser Flop vor der westdeutschen Botschaft inzwischen zurück. Nachdem ich den ersten Schock von Karstens Idee, durch die Donau zu schwimmen, verdaut hatte, nahm ich mir vor, erst mal einen kühlen Kopf zu bewahren, war halbwegs optimistisch, dass Karsten sich dieses »Hirngespinst« schon wieder aus dem Kopf schlagen würde.

Noch auf der Wiese vor der Botschaft hatten wir beschlossen, dass wir den Termin nächste Woche auf alle Fälle abwarten wollten, bevor wir uns auf den Weg Richtung Donau machten. Wir brauchen eine Penne[32], waren wir uns einig gewesen. Wir hatten Glück, fanden an einer Litfaßsäule einen Zettel, der mit »Cheap prices« für ein »Youth Hostel« unweit des Keleti-Bahnhofes warb. Mit »cheap« waren 575 Forint gemeint. Karsten rechnete um: »Fast neunzig Ost-Mark pro Nacht!« Ich verdrehte die Augen und mimte ein Taumeln, als ob mir schwindlig wäre. »Wenn das billig ist, möchte ich nicht wissen, was ein richtiges Hotel kostet!« Wir fuhren trotzdem hin, weil das Hostel laut Zettel an der Litfaßsäule auf einem Uni-Campus lag und wir hofften, dort vielleicht eine Schlafnische zu finden, die wir kostenlos beziehen konnten. Es fand sich keine, und das Hostel entpuppte sich als Studentenwohnheim, dessen Bewohner während der Semesterferien ihre Zimmer vermieteten, ein beneidenswert fettes Zubrot, wie wir fanden.

Mehr aus Interesse, wie die Studenten in Budapest so leben, traten wir ein, kamen ins Gespräch und schafften es trotz unseres spärlichen Englisch, ein Zimmer auf 345 Forint runterzuhandeln, vorausgesetzt wir zogen für eine Woche ein. Der Service: zwei Betten, ein Waschbecken mit warmem Wasser und für jeden von uns eine einmalige Portion Toilettenpapier. »Wie großzügig«, freute sich Karsten, »die erste Runde Stuhlgang geht auf Kosten des Hauses.« Für die Erledigung der Geschäfte waren Gemeinschaftstoiletten auf jedem Flur. Dort gab es auch eine Küche und einen Kühlschrank, den sich etwa zehn Zimmer teilten. Wir schauten uns an und nickten: Eine Woche lang ein rich-

[32] Ostdeutscher Jugendjargon für Unterkunft

tiges Zimmer mit allem drum und dran, das wäre einfach ein Traum! Wenig später stellten wir unsere Kraxen auf den hellgrauen Linoleumboden des Zimmers und setzten uns auf eines der beiden Betten, die Fuß an Fuß voreinander unter einem breiten Fenster standen. Decke und Kissen waren mit weißer, gestärkter Baumwollbettwäsche bezogen. Ich strich andächtig mit der Hand darüber, genoss den Duft des frischen Stoffes.

»2415 Forint.« Karsten riss mich etwas unsanft aus meinem blütenreinen Betten-Paradies. Ich verstand nicht sofort, was er meinte.

»345 Forint pro Nacht mal sieben Nächte«, klärte er mich auf und stellte ernüchtert fest: »Damit ist die gesamte Kohle von einem von uns weg!« Wir hatten beide den Höchstbetrag von 2650 Forint, der für uns als DDR-Bürger für vierzehn Tage Ungarn-Urlaub erlaubt war, umgetauscht. Machte dreißig Mark, die uns täglich zur Verfügung standen. Die Genossen waren wohl der Meinung, dass diese Summe ausreichte, um sich von einem Jahr Maloche für Hammer, Zirkel und Ährenkranz zu erholen. Ich fragte mich, ob sie ihren Urlaub zum gleichen Tagessatz genossen.

»Okay, Kassensturz!«, sagte Karsten, zog seine Jesuslatschen aus und schickte sich an, seine schmutzigen Füße auf die weiße Decke zu betten. Ich schaffte es gerade noch rechtzeitig, seine Beine vom Bett zu schubsen: »Nichts da! Erst duschen!« Er gehorchte, wühlte Handtuch und Seife aus seinem Rucksack und trollte sich in Richtung Herrenduschen. Ich ging gleichzeitig zu den Damen, und kurze Zeit später saßen wir uns porentief gereinigt im Schneidersitz gegenüber. Wir leerten unsere Portemonnaies, Geldbeutel und Hosentaschen, sortierten die verschiedenen Währungen auf getrennte Stapel nebeneinander: Forint,

Ostgeld, D-Mark-Scheine. Dann zogen wir von den Forint das Geld für die Miete ab, legten es beiseite und checkten den Rest: Vor uns lagen 600 Forint, 100 DDR- und 200 Westmark. »Könnten uns eine schöne Woche von machen!«, schmachteten wir das Geld vor uns an: Essen gehen, im Abendrot ein Weinchen irgendwo am Ufer der Donau schlürfen, Budapest vom Schiff aus an uns vorbeigleiten lassen, es könnte sein wie im Schlaraffenland. Doch es war klar, dass wir unseren Sparkurs beibehalten mussten. Wir versuchten zu entspannen – wir hatten ein Dach über dem Kopf, ein Kühlschrankfach, weswegen wir nicht mehr von der Hand in den Mund leben mussten, sondern ein paar Vorräte bunkern konnten, und in der Gemeinschaftsküche gab es einen Herd. Unsere Versorgung würde sich einigermaßen preiswert gestalten lassen. Es gab keinen Grund rumzujammern. »Dann also Urlaub!«, ergaben wir uns einstimmig in unser Los. Wir schoben die verschiedenen Geldscheine und Münzen in ihre Unterschlüpfe zurück und sorgten dafür, dass die gestärkte Bettwäsche geschmeidig wurde. Danach fielen wir in einen komatösen Tiefschlaf.

Am nächsten Morgen stopften wir zehn Eier, eine Margarine, ein paar Tomaten, sechs Danone-Joghurt und zwei Packungen Scheibletten in das Kühlschrankfach. Die in Plastikfolie gepressten Käsescheiben empfand ich als ultimativen Hammer! Ich liebte die Dinger! Sie schmeckten einfach nach Westen. Für ein paar Tütensuppen, Pfirsiche und Bananen hatten die Forint auch noch gereicht, wir hatten sogar noch ein bisschen Taschengeld übrig. Wir verdrückten das Obst noch vor dem Kühlschrank, deponierten die Suppen in unserem Zimmer. Dann ließen wir uns durch die Stadt treiben, spazierten über die Margareteninsel, genossen unser Touristendasein. Die kommenden

Tage verbrachten wir damit Fischerbastei, Heldenplatz und andere Sehenswürdigkeiten zu besuchen, und zwischendurch tankten wir in unserem Zimmer neue Energie. Es war nicht schlimm, dass wir beide schon in Budapest gewesen waren, die Stadt strahlte einen Zauber aus, dem wir gern zum zweiten Mal erlagen. Wir fühlten uns schon fast wie »normale Menschen«, als wir am Morgen des dritten Tages daran erinnert wurden, woher wir kamen. Im Schaufenster von Ibusz, einem ungarischen Reisebüro, hatten wir am Abend zuvor Angebote für Stadtrundfahrten gesehen – 700 Forint oder 10 D-Mark pro Person. 1400 Forint, fast 200 Ostmark für uns beide, waren nicht drin. Das bedeutete, wir würden D-Mark lockermachen müssen. Wir wogen den ganzen Abend ab, ob Budapest uns das wert war und kamen überein: War es. Am nächsten Morgen wanderten wir zum Ibusz. Als Karsten die uns heiligen Scheine schon fast über den Tresen gereicht hatte, machte uns die nette Dame dahinter darauf aufmerksam, dass wir für das Geld lediglich eine Rundfahrt auf Ungarisch bekommen würden und dass eine »richtige« Stadtrundfahrt 42 D-Mark kostete. Sie zeigte auf ein Werbeprospekt, und wir lasen: »Den Besten unser Bestes!« Wir zogen wütend von dannen, fühlten uns wie der letzte Dreck und sahen das Vorurteil, das wir schon oft als Ostdeutsche zu spüren bekommen hatten, bestätigt: Zonis waren Menschen zweiter Klasse[33]. Wir suhlten uns in Selbstmitleid, erstickten unseren Ärger schließlich in Eiscreme. Bei der zweiten Kugel – ich gönnte mir endlich das lang ersehnte Zimteis – ebbte die Wut langsam ab. Wir legten eine dritte nach. Es war

[33] Der Gedanke, dass 42 D-Mark für eine Stadtrundfahrt auch die Urlaubskasse von manchem Bundesdeutschen sprengen könnte, dass sie sicher auch nicht den ganzen Tag lang Nutella aßen, Schaumwein mit Ananas schlürften und überlegten, in welche Ferne sie als nächstes schweifen könnten, kam uns nicht.

uns egal, dass unsere letzten Forint dabei draufgingen. Bei der vierten Kugel ermutigten wir uns mit unserem »Abflug« und damit, dass unsere Tage als Zonis gezählt seien und wir bald zu Menschen erster Klasse aufsteigen würden.

Rücken und Nerven gestärkt, erinnerten wir uns daran, dass wir lediglich zweiundzwanzig Lenze zählten, und erklärten den Gellertberg zum Ziel des Tages. Oben angekommen, bestaunten wir die Freiheitsstatue, fragten uns, warum sie einen Palmenzweig in die Höhe reckte. Wir sprachen einen Ungarn an, doch er konnte uns nicht aufklären, erzählte uns stattdessen, dass die Statue nach dem Zweiten Weltkrieg von den Sowjets errichtet worden war und eigentlich dazu diente, das ungarische Volk zu verhöhnen, ihm weithin sichtbar klarzumachen, dass es seine Freiheit nie wiedererlangen würde.

Wir verloren augenblicklich das Interesse an dem Palmenzweig, fragten uns nun, ob eine Flucht aus Ungarn nicht vollkommen illusorisch war. Gedankenversunken schauten wir über die Stadt zu unseren Füßen, geteilt durch die Donau. Die Brücken, die Buda und Pest miteinander verbanden, wirkten aus der Ferne wie zarte Bänder. Vor ihrer Existenz hatten sich Menschen hier jahrhundertelang gegenseitig bekämpft, waren erobert und beherrscht worden. Doch letztendlich hatten sich ihre Herrscher die Hände gereicht, Brücken gebaut, die zwei Seiten verbunden. Als wir vor der Skulptur von Buda und Pest standen, das Königspaar sahen, das im Begriff war, sich die Hände zu reichen, wünschten wir uns, dass die Oberhäupter Deutschlands es ihnen gleichtaten.

»Hast du unsere Vorräte umgeparkt?«, fragte Karsten am Morgen des vierten Tages. Er hatte unsere Höhle verlassen, um Frühstück zu machen, steckte nun den Kopf durch die geöffnete Zimmertür.

»Nö«, schnurrte ich knapp und räkelte mich in Erwartung eines weich gekochten Eies, Brot und einer Tasse Kaffee gemütlich im Bett.

»Unser Fach ist aber leer.«

»Das macht hier garantiert keiner.« Ich war mir sicher, dass in einem Studentenwohnheim niemand Eier und Margarine klaute. »Du hast bestimmt ins falsche Fach geguckt.«

Die Tür schloss sich wieder, und ich zog mir wohlig die Decke über die Schultern. Es dauerte keine Minute, da stand Karsten wieder in der Tür: »Ich finde nichts.«

Ich stöhnte genervt, setzte mich im Bett auf, schob meine Füße in die schwarz-weiß gestreiften Stoffballerinas davor und schlurfte in meinem Schlafshirt, auf dem vorne Micky Maus lachte und hinten mit dem Po wackelte, in Richtung Tür. Das T-Shirt hatte es in Erfurt in die Kraxe geschafft, meine Oma hatte es mir aus dem Westen mitgebracht und ich war nicht bereit gewesen, mich davon zu trennen. Es war mir egal, dass Karsten es »peinlich« fand.

»Danke fürs Frühstück!«, morgenmuffelte ich und stapfte an ihm vorbei in den Flur Richtung Küche. Dort angekommen, zog ich mit einem siegessicheren Ruck an der Kühlschranktür. Ich scrollte die Fächer von oben nach unten ab, stoppte bei Nummer vier. Es war tatsächlich leer. Wir suchten in allen Kühlschränken der verschiedenen Etagen des mehrstöckigen Hauses, doch unsere Sachen blieben verschwunden. Als wir zurück in »unsere« Küche kamen, stellten wir fest, dass auch unsere Pfanne, die wir am Abend zuvor noch benutzt und nach dem Abwaschen zum Trocknen neben das Spülbecken gestellt hatten, weg war.

Karsten schaute sich suchend in der Küche um und meinte schließlich: »Wir brauchen eine neue Pfanne.«

Eine Stunde später standen wir an einer belebten Straße und versuchten, unser Ostgeld an den Mann zu bringen. Doch alle, die wir ansprachen, winkten ab. »Deutsch Mark?«, fragte einer nach dem anderen, und vor unseren Nasen erhoben sich Hände, die geschäftsfreudig Daumen und Zeigefinger aneinanderrieben. »Ich machen guten Preis!«, sprach uns ein Mann in schwarzer Lederjacke an. Er hatte ein dunkelbraunes Portemonnaie in der Hand, obendrauf ein dickes Bündel Geld. Er klappte es auseinander und breitete fächerartig 100er-, 50er- und 20er-Forintscheine vor uns aus. »Eins zu vierzig«, sagte er. »Gutes Geschäft, in Wechselstube ihr kriegt nur dreißig!« Wir zögerten. »Ich tauschen so viel ihr wollt!«, ermunterte er uns, zog kurz weitere Scheine aus seiner Jackentasche und ließ sie gleich wieder darin abtauchen. Wir zögerten noch immer. »Kein Problem«, sagte der Lederjackenmann, steckte das Geld ein und setzte sich in Bewegung.

»Stopp«, rief Karsten und begann in der Tasche an seinem Gürtel zu kramen, zog schließlich zwei Scheine heraus. Der Mann sah auf das Geld in Karstens Hand: »Dreißig?« Der Händler zählte das Geld ab. Unsere Augen folgten konzentriert seinen Händen. Als er bei 1200 angekommen war, klopfte er die Scheine zu einem Stapel und klappte ihn in der Mitte zusammen. »Vorsicht!«, rief er plötzlich, drehte hektisch den Kopf nach links. Wir folgtem seinen Blick, konnten aber keine Polizei oder sonst irgendwie Gefährliches entdecken. Der Mann atmete sichtlich erleichtert aus, drückte Karsten das Bündel Geldscheine in die eine Hand, zog gleichzeitig die D-Mark aus der anderen heraus. Dann war er weg. Verwirrt schauten wir in die Menschenmenge, suchten nach der schwarzen Lederjacke. Nichts. Immer noch verdutzt, setzten wir uns auf die Kante des Bürgersteigs vor uns, und Karsten öffnete das Geldbündel, um es in seinem Gürtel zu verstauen. Er schaute die Scheine in seiner Hand ungläubig an: »Das sind nur Zehner.«

Wir zählten nach, kamen auf 700 Forint.

»Wie kann man nur so blöd sein!«, Karsten war dem Betrüger sofort hinterher gerannt, um ihn noch zu erwischen. Nach einiger Zeit kam er unverrichteter Dinge zurück.

»Ich hab aus dem Augenwinkel gesehen, wie er die Hand gedreht hat, ich könnte mich ohrfeigen!«, regte er sich auf und wiederholte: »Wie kann man nur so blöd sein!«

Ich wusste, dass es an seinem Ego knabberte, dass er auf so einen billigen Trick reingefallen war, und ich kannte ihn inzwischen so gut, dass mir klar war, dass er nun das Gefühl brauchte, dass sich etwas bewegte, dass wir unsere Fluchtpläne vorantrieben. Er war kein Mensch, der sich vom Schicksal dahintreiben ließ, er wollte es selbst in die Hand nehmen. Mir ging es ähnlich, ich fühlte mich ausgeliefert. Die Warterei auf den Termin in der Botschaft und die Ungewissheit, wie es weitergehen würde, ob es überhaupt weiterging, zehrten zunehmend an meinen Nerven. Die Tage des Müßiggangs waren schön gewesen, doch inzwischen waren wir müde vom ewigen Laufen, die Füße taten uns weh, wir hatten genug vom Trubel. Der Verlust des Geldes war das Tüpfelchen aufs i – wir brauchten wieder ein Ziel.

»Fünf Kilometer pro Stunde«, resümiert Karsten neben mir über die Fließgeschwindigkeit der Donau. »Das ist gut!« Ich tauche aus dem braunen Wasser der Donau an die Oberfläche zurück, richte meinen Blick auf die Pfeiler im Wasser, die uns und die Brücke halten. Der Fluss schäumt kraftvoll darum herum. Ich versuche mir vorzustellen, was ich tun würde, wenn ich dort unten wäre. »Wenn man an so was rangetrieben wird, kommt man davon wieder weg?«, frage ich wie beiläufig, wähle bewusst die neutrale Form.

»Von so einer Mauer kommst du nicht wieder weg«, sagt Karsten. »Da klebst du dran wie eine Fliege am Spinnennetz.«

Ich schaue ihm forschend in die Augen: Hat er bewusst das »Du« benutzt?

»Ein durchschnittlich trainierter Mensch schwimmt vielleicht zwei Kilometer pro Stunde, mit Flossen vielleicht drei«, erklärt Karsten beschwingt in schwimmmeisterlichem Ton weiter. »Wenn der dich also mit fünf Stundenkilometern dadran drückt und du mit zweien…«

»Schon gut«, unterbreche ich ihn. Ich kann mir meine Chancen selbst ausrechnen.

In der Nacht träume ich von einem schwarzen Eisengitter. Seine Stäbe stehen dicht an dicht in dunklem Wasser. Sie reichen weit in den klaren Nachthimmel hinauf, die Mondsichel scheint an ihren Enden aufgespießt zu sein. Wie weit die Stäbe in die Tiefe ragen, kann ich nicht ausmachen. Ich treibe auf das Gitter zu, versuche kraulend meinen Abstand zu vergrößern. Doch die Strömung treibt mich immer näher heran. Ich versuche dagegen anzukämpfen, doch so sehr ich mich auch bemühe, ich schaffe es nicht, die Stäbe rücken unaufhaltsam näher. Ich knalle mit voller Wucht dagegen, kralle mich mit den Fingern an zweien fest, versuche mich abzudrücken, schlucke Wasser, verliere Halt und knalle wieder gegen das Metall. Ich kämpfe weiter, doch meine Kräfte lassen nach, ich schlucke mehr Wasser. Ein Schuss fällt, Metall trifft auf Metall. Ich erstarre. Schließlich driftet mein Körper willenlos vor dem Gitter, versinkt langsam in der Tiefe.

Irgendein Teil von mir taucht aus dem Alptraum auf, registriert, dass meine Blase drückt. Ich verdränge das Gefühl, falle in einen unruhigen Schlaf, der mich zurück in die Vergangenheit bringt.

Ich bin fünf, liege auf meinem Klappsofa im Kinderzimmer, muss dringend Pippi. Es ist stockfinster. Ich liege stocksteif da, um mich herum die Puppen- und Plüschtierfamilie, die mich vor dem bösen Mann mit Hut – ein Gummibaum, der auf dem Kinderzimmerschrank steht, den ich aber ohne Brille nicht als solchen erkennen kann – beschützt. Ich will nicht aufstehen, will nicht an ihm vorbei, doch ich muss aufs Klo. Ich nehme all meinen Mut zusammen, schiebe die Puppen beiseite, krabbel so leise wie möglich aus meinem Bett, hoffe, dass meine Schwester und mein Bruder nicht wach werden. Meine nackten Füße landen auf den Holzdielen. Sie sind kalt, die Kohlen im Ofen, die meine Mutter nachgelegt hatte, bevor sie uns ins Bett brachte, inzwischen erloschen. Ich stehe auf, nehme die Arme nach vorn und taste mich Schritt für Schritt in die Richtung, in der ich die Kinderzimmertür wähne. Endlich werden meine Hände fündig. Ich schleiche am Wohnzimmer vorbei. Die Tür steht einen Spalt offen, meine Eltern schlafen. Sie haben die dunkelroten Sofas, die am Tage über Eck standen, weil sie unserer sechsköpfigen Familie als Sitzfläche dienten und auf denen uns vorm Schlafengehen das Sandmännchen eine »Gute Nacht Geschichte« erzählte, zum Ehebett umgebaut.

Das Badezimmer empfängt mich mit eisiger Kälte – der Ofen darin ist aus. Er würde erst morgen wieder angeheizt werden, da war Sonntag und Badetag.

Ich schlottere bis zur Toilette. Sie empfängt mich so kalt, wie zuvor der Boden meine Füße. Es dauert eine Weile, bis sich meine verkrampften Muskeln entspannen und ich auf die Toilette kann.

Plötzlich bin ich hellwach, checke, wo ich bin, greife fassungslos unter die Decke und stelle fest, dass der Toilettengang nur ein Traum war. In Panik drehe ich meinen Kopf zur Seite: Karsten liegt ruhig neben mir, atmet tief und gleichmäßig. »Bitte schlaf weiter!«, schicke ich ein Stoßgebet in seine Richtung, halte die Luft an, würde mich am liebsten auf der Stelle in Luft auflösen. Mein Kopf wühlt nach einer Begründung, warum das Bett so nass sein könnte, aber mir fällt nichts ein. »Das muss morgen früh trocken sein, trocken sein, trocken sein! Als Karsten am nächsten Morgen erwacht, treibt ihn der Hunger zum Frühstückmachen. Im Handumdrehen klaue ich dem unbenutzten Bett das Laken und versöhne unsere Matratze damit. »Geschafft«, atme ich auf, merke, dass das Wort nicht nur den Zustand des wiederhergestellten Bettes widerspiegelt, sondern auch meinen: Ich bin erschöpft und völlig übermüdet. Ich lasse mich rücklings aufs Bett fallen, schließe die Augen und versuche, meine Träume zu rekonstruieren. Fluss und Eisenstäbe nehmen wieder Gestalt an, die brodelnde Strömung droht, mich in die Tiefe zu reißen. Mein Puls wird schneller, ich merke, wie ich die Schultern hochziehe, meine Nackenmuskeln sich verspannen. Ich muss daran denken, was Karsten über den »Donau-Fluchtplan« bereits gesagt hat, packe es zu meinem Alptraum, versuche mir die reale Situation auszumalen: Ich müsste Karsten ohne Brille an den Fersen bleiben. Mit Brille geht nicht, da sonst Wasser in die Maske laufen würde. Angst kriecht in mir hoch: Was, wenn ich ihn in der Dunkelheit verliere? Auch wenn nur unsere Schnorchel aus dem Wasser schauten – hin und wieder würden wir vermutlich abtauchen müssen, um den Blicken von Grenzposten oder anderen Menschen zu entgehen. Wie wusste ich, wo Karsten unter Wasser hinschwamm? Wir könnten uns mit einer Leine verbinden, überlege ich. Doch was, wenn sie sich irgendwo verheddert? Oder wenn ich keine Luft mehr habe und auftauchen muss, Karsten mich aber mit sich in die Tiefe zieht? Die Panik des Alptraumes kehrt mit Wucht zurück. »Die Strecke ist es nicht, vor ihr habe ich keine Angst«, beruhige ich mich selbst. Ich weiß, dass ich eine gute Schwimmerin bin. Die Strömung würde uns unterstützen und vorantreiben, das haben Karstens Berechnungen auf der Brücke ergeben, analysiere ich weiter und mein Körper entspannt sich etwas. Aber was erwartet uns an der Grenze? Ich versuche mir ein Bild von der Situation dort zu machen, doch es klappt nicht. Die Gitterstäbe in der Strömung kehren wieder zurück und mit ihnen die Panik. »Es ist die Unberechenbarkeit«, wird mir klar. Der Neusiedler See hatte mir auch Angst gemacht, aber ich war mir sicher gewesen, wenn wir es ins Wasser geschafft hätten, wäre die Sache geritzt: Es gab keine Strömung und durch einen riesigen See einen Zaun ziehen, die Mühe machte sich – Kalter Krieg hin oder her – sicher doch keiner. Und ich hatte es auch ohne Brille für möglich gehalten, Karsten zu folgen. Beim Fluss war das anders: die Vorstellung durch die Strömung an ein Gitter gepresst zu werden jagt mir Angst ein. »Du kannst es nicht«, höre ich eine Stimme tief in meinem Inneren. »Das ist deine Grenze!« Ich gestehe mir schließlich ein: Nachts ohne Brille in die Ungewissheit steigen – das kann ich nicht. Da ist meine ganz persönliche Grenze erreicht. Ich fasse einen Entschluss: Ich werde sie nicht überschreiten.

In den folgenden Tagen lassen wir uns ziellos durch die Stadt treiben, lassen uns überraschen, wohin sie uns spült. Einmal landen wir vorm Ethnografischen Museum, gönnen uns den Eintritt, denn unsere Gehirne lechzen nach Futter. Ein anderes Mal geraten wir in einem Schlosspark auf einen riesigen Trödelmarkt. Am Vormittag des sechsten Tages landen wir zufällig auf einem Friedhof, streunen dort herum, schlagen uns irgendwann durch Gebüsch und Gestrüpp, treffen auf einen völlig verwaisten Teil. Dessen Gräber sind groß und überwuchert. Wir entdecken Grabplatten, die beiseitegeschoben sind, geben dem gruseligen Bedürfnis nach und schauen hinein: zerfallene Särge, wir vermuten aus Zinn, Knochen, sogar ein Totenschädel. Alles wirkt, als wenn hier geplündert und mutwillig zerstört wurde. Stundenlang verlieren wir uns in dieser vergessenen Welt, fragen uns, ob noch irgendjemand dieser Toten gedenkt und wer Gräber so schändet. Wir wischen vertrocknete Blätter und Staub von einer Grabplatte, sehen die Inschrift. »Hebräisch«, stelle ich fest. »Es ist ein jüdischer Friedhof.« Die Feststellung setzt sofort eine Kaskade von Bildern in mir frei: Berge von Schuhen, leere Koffer, marode Duschköpfe, gusseiserne Türen in roten Backsteinmauern. Eine Gänsehaut überzieht mit einem Schlag meinen gesamten Körper, meine Haare stellen sich auf, und mir ist kalt.

»Gruselig, diese Verbrennungsöfen!« Karstens Bemerkung verstärkt meine Reaktion. Er hat die gleichen Assoziationen wie ich. Ohne uns abzusprechen, setzen wir uns auf den Rand eines Grabes. Keiner sagt etwas, brauchen wir auch nicht, denn wir wissen, wo unsere Gedanken hinspringen: Ins Konzentrationslager Buchenwald in der Nähe von Weimar. Nur einen Steinwurf von dort, wo Goethe zu seiner Zeit Meisterwerke der Weltliteratur verfasste und damit in die Geschichte einging, sorgten andere später dafür, dass auch sie niemand vergessen sollte: Sie erhoben sich zu Herrschern über Leben und Tod, vergasten Millionen, schoben Männer, Frauen und Kinder in Verbrennungsöfen. Ihr Wahn hatte letztendlich dazu geführt, dass wir in einem geteilten Land aufgewachsen waren, heute hier saßen.

»Warum haben unsere Großeltern das geschehen lassen?«, flüstert Karsten in die Stille, die schwer über uns hängt. Die gleiche Frage hatte ich meiner Großmutter schon vor Jahren gestellt, nachdem ich von einem Klassenausflug nach Buchenwald zurückgekommen war. Er war Teil des Lehrplans gewesen, und jeder Schüler musste mit in das Lager, musste eintauchen in die Schrecken der Nazizeit. Das sozialistische Regime wollte sie damit lebendig halten, wollte, dass sie sich in unsere Gehirne einbrannten, damit wir alles dafür taten, dass so etwas nie wieder geschehen würde. Der Ausflug hatte mich zutiefst erschüttert, die Nacht danach quälten mich Alpträume. Trotzdem: Die Genossen hatten recht – so etwas durfte niemals wieder geschehen! Eins war mir allerdings ein Rätsel geblieben: Wie konnten unsere Genossen, die Freiheit, Gleichheit und Brüderlichkeit predigten, gleichzeitig Menschen erschießen, die einfach nur woanders leben wollten?

»Wir hatten keine Ahnung«, gebe ich Karsten die Antwort meiner Oma sowie ihre Erklärungen weiter: »Man wusste, da wurde irgendwas gemacht, aber was? Uns hat niemand was gesagt. Und wir hatten Angst!«

Karsten nickt: »So ähnlich klang es bei meiner auch.«

Sachte entwickelt sich ein Gespräch zwischen uns. Wir stellen fest, dass wir unsere Opas väterlicherseits nie kennengelernt haben, weil sie im Krieg gefallen sind. »Zwei Tage vor Kriegsende«, sagt Karsten und schüttelt ratlos den Kopf. »Irgendwo bei Berlin.«

Wo mein Opa gefallen ist, kann ich Karsten nicht sagen, mein Vater, Jahrgang 1934, hatte mir nichts über ihn erzählen können, weil er sich nicht erinnern konnte, lediglich ein Foto von ihm besaß. Ich versuche die Fragmente der Kindheit meines Vaters, die er mir erzählt hatte, zusammenzusetzen, ärgere mich, dass ich immer nur mit halbem Ohr zugehört hatte: Er verbrachte seine ersten Jahre in einer Pflegefamilie. Kurz bevor er eingeschult wurde, holte seine Mutter ihn zu sich. Es herrschte Krieg. Sie waren arm. Sehr arm, litten Hunger. Sein Onkel nahm ihn mit, um Kartoffeln und Kohlen zu klauen. Besonders die Winter hatten sich in sein Gedächtnis eingebrannt: Bei Eiseskälte musste er dann quer durch die Stadt bis über ihre Grenze hinaus laufen, um die Karnickel im Garten des Onkels zu füttern, die für kulinarische Höhepunkte an Weihnachten oder Geburtstagen aufgespart wurden. Sie waren mit einer Selbstschussanlage Marke Eigenbau gesichert – abgeschnittene Gewehrläufe, deren Abzüge von einem S-förmigen Haken zurückgehalten wurden. Die Waffen stammten aus der Gewehrfabrik, in welcher der Großvater meines Vaters arbeitete. Wer auf die ausgelegten Drähte an den Abzügen trat, riskierte seine Beine. Wenn er darüber erzählte, versagte meinem Vater jedes Mal an der gleichen Stelle die Stimme: »Ich hatte keine Handschuhe, meine Finger waren gefroren. Ich hab jedes Mal am ganzen Körper gezittert und fast in die Hose gemacht vor Angst, dass sich ein Schuss löst…«

»Söhne ohne Väter, Enkelsöhne ohne Großväter, Krieg ist sowas von sinnlos!«, resümiert Karsten.

Er legt seinen Arm um meine Schulter, und ich spüre, dass sein Mitgefühl Müttern und Mädchen gleichermaßen gilt, nehme seine Hand und kuschel mich näher an ihn heran. Wir sitzen eine Weile andächtig da, schauen zu, wie die Blätter der Bäume und Sträucher in der untergehenden Sonne ihren Glanz verlieren und matt werden.

»Lass uns verschwinden«, sagt Karsten nach einer Weile, zieht im Aufstehen seinen Arm von meiner Schulter. Noch ehe ich es bedauern kann, reicht er mir seine Hand, um mir aufzuhelfen. Bevor wir den Friedhof endgültig verlassen, blicken wir zurück: Wie kurz so ein Menschenleben ist, ein Wimpernschlag gemessen an der Erdgeschichte. Wiedergeburt, Auferstehung, Himmel – egal woran wir glauben, es ist Ausdruck der Hoffnung auf ein Leben nach dem Tod. Doch sicher ist nur, dass jeder eine Runde auf diesem Planeten hat. Wollten wir unsere wirklich riskieren, unser Leben aufs Spiel setzen?

26. Juli 1989, Budapest, Ungarn – Bundesdeutsches Botschaft

»Bitte keine Namen!«, fordert der Mann hinterm Schreibtisch. Er wirkt aufgeräumt und ruhig – das ganze Gegenteil von uns. Ich versuche zwar, es mir nicht anmerken zu lassen, doch ich knisple nervös an meinen Fingernägeln im Schoß. Aus dem Augenwinkel sehe ich Karstens rechtes Auge zucken – auch er ist angespannt. Der Beamte nickt in Richtung Fenster: »Sie hören mit und machen Fotos.« Ich folge seinem Blick, sehe schemenhaft Umrisse eines Hauses auf der anderen Straßenseite. Ich brauche keine weitere Erklärung, verstehe sofort – die Stasi hat sich irgendwo dort drüben eingenistet. »Jetzt haben sie uns«, schießt es mir durch den Kopf, und ich schaue den Mann mir gegenüber hilfesuchend an. Sein Blick wird anteilnehmend, vertrauenerweckend. »Warum sind Sie hier?«, will er wissen. Ich schaue unschlüssig auf meine Fingernägel, meine linke Hand hat den Nagel am rechten Zeigefinger bereits angerissen. Ich ziehe daran, das lose Stück reißt ein. Brennender Schmerz zieht unter den Nagel, mein Finger beginnt zu bluten. Ich löse meinen Blick von der Wunde, schaue zu

Karsten. Die Tatsache, dass die Stasi mithörte und uns mit ziemlicher Sicherheit fotografiert hatte, schien auch ihm die Sprache verschlagen zu haben.

Es ist das zweite Mal in den vergangenen zwölf Stunden, dass wir sprachlos sind: Das erste Mal sorgte ein Zettel dafür, der gefaltet in unserer Zimmertür steckte, als wir vom Friedhof kamen. Ich nahm ihn, klappte ihn auseinander und las: »690 Forint per night.« Ungläubig starrten wir auf das Blatt Papier in meiner Hand.

»Das ist fast doppelt so viel wie bisher!« Ich bin fassungslos.

»Die spinnen ja wohl«, regt sich Karsten auf.

Wir machten auf dem Absatz kehrt, rannten die Treppen hinunter, stellten den Studenten am Empfangstresen zur Rede. »Sorry!«, sagte er nur und zuckte mit den Schultern. Wir erklärten ihm, dass wir eine Pauschale für eine Woche vereinbart hatten, aber er schüttelte nur den Kopf: »No.«

Zurück in unserem Zimmer saßen wir ratlos auf dem Bett.

»Wir müssen die Zeche prellen!«, platzte es aus mir heraus.

»Das können wir nicht bringen«, konterte Karsten sofort.

»Doch können wir!«, legte ich fest und begann meine Kraxe zu packen.

»Ich geh Eier kochen«, erwiderte Karsten und zog in Richtung Küche davon. Als ich mit dem Packen fertig war, folgte ich ihm mit der letzten Tütensuppe – Inhalt: Sternchennudeln. Zwei Eier kochten bereits im brodelnden Wasser. Karsten stand am Fenster und schaute nach unten auf die Straße. »Wie sollen wir das anstellen? Da hockt doch die ganze Zeit wer rum«, fragte er ratlos, als ich neben ihn trat.

»Irgendwann gehen die bestimmt pennen«, erwiderte ich. Wir beschlossen, es im Morgengrauen zu versuchen, leerten das Kühlschrankfach und stopften Eier, Brot und Nudelsuppe in uns rein. In der Hoffnung, rechtzeitig aufzuwachen, rollten wir uns um Mitternacht in die Decken.

Um halb fünf schüttelte ich Karsten an der Schulter: »Die Luft ist rein!«

»Hast du einen Wecker verschluckt?«, fragte er gähnend.

»Pipialarm.« Ich grinste. Was mich jede Nacht lästigerweise zum Aufstehen zwang, erwies sich diesmal als äußerst nützlich: Ich war anschließend die Treppen hinunter geschlichen – das Empfangsdesk war unbesetzt.

»Dalli, dalli!« Ich machte Karsten Beine. »Wer weiß, wann die zurück sind.« Er sputete sich, in seine Klamotten zu kommen. Als er sich die Schuhe zuband, stellte er fest: »Ich muss noch packen.«

»Ist nicht dein Ernst!« Ich unterdrückte ein hysterisches Kreischen. Doch es war sein voller Ernst. Innerhalb von zehn Sekunden schmissen wir Karstens Zeug zusammen, quetschten es in den Rucksack. Dann zogen wir behutsam die Tür hinter uns zu, den Schlüssel ließen wir stecken. Wir schlichen, so leise wie möglich, die Treppen hinunter.

Unten angekommen, drückten wir uns an die Wand, lauschten auf Geräusche im Flur oder Treppenhaus. Ich konnte nichts weiter hören als das Pumpen meines Herzens. Karsten wagte einen Blick, flüsterte dann: »Los!« und durchquerte das leere Foyer. Ich schlich hinter ihm her, huschte durch die gläserne Eingangstür, die er für mich geöffnet hielt.

»Geschafft!« Drei Straßenecken weiter feierten wir unseren Erfolg, waren uns aber einig, dass das nicht als Glanzleistung in unsere Memoiren eingehen würde. Die Studenten brauchten das Geld sicher auch, doch wir mussten nun mal jeden Pfennig sparen.

»Wir wollen die DDR verlassen«, findet Karsten als erster von uns seine Sprache wieder. Der Beamte nickt nur, fragt nicht nach dem Warum, will wissen, was er für uns tun soll.

»Wir möchten in Ihre Botschaft«, raffe ich all meinen Mut zusammen.

»Haben Sie es schon an der Grenze versucht?«

Ich schüttle langsam den Kopf.

»Die Ungarn schicken wahrscheinlich niemanden mehr zurück, und es soll nicht mehr geschossen werden«, informiert uns mein Gegenüber.

»Wir würden trotzdem gern in der Botschaft bleiben«, wiederholt Karsten meine Aussage mit etwas mehr Nachdruck.

»Es ist voll, es ist eng, und es ist ungewiss, ob die Menschen rauskommen«, der Beamte schaut nun zu Karsten. Ich spüre, wie Karsten schluckt: Damit haben wir nicht gerechnet. Irgendwie waren wir davon ausgegangen, dass wir die ersten mit diesem Wunsch wären. »Es wird etwas geschehen«, hören wir den Mann auf der anderen Seite des Tisches. »Wir wissen nicht wann. Es kann Jahre dauern. Suchen Sie sich einen Job, und bleiben Sie irgendwie im Land.« Er bietet an, uns einen westdeutschen Reisepass auszustellen: »Das ist nach DDR-Gesetz eine Straftat. Sie gelten dann als politisch verfolgt, und Ungarn darf Sie nicht mehr ausweisen.« Wir schauen ihn fragend an. »Ungarn ist der Genfer Flüchtlingskonvention beigetreten«, erklärt er. Wir nicken, auch wenn wir mit der Information nichts anfangen können. »Oder Sie versuchen über die Grenze zu gelangen. Wenn Sie aufgegriffen werden, bekommen Sie von den ungarischen Behörden einen Stempel in den Ausweis. Dann sind sie auch politisch Verfolgte«, eröffnet der Botschaftsbeamte uns eine Alternative.

Wir entscheiden uns für den Pass, wollen sofort etwas in den Händen halten. Eine Kamera macht kurz »klack«, wenig später bekommen wir einen grünen Pass mit Bundesadler auf der Frontseite. Er fühlt sich gut an, und innerlich jubele ich schon. »Sie kommen damit nicht aus Ungarn raus«, kühlt der Beamte meine aufkeimende Freude runter. »Es ist kein Einreisestempel drin. Daran sehen die Ungarn, dass der Pass von uns ist, dass Sie Ostdeutsche sind.« Er legt pro Nase einhundert D-Mark auf das nutzlose Dokument. »Wenn Sie einen Stempel in Ihrem ostdeutschen Ausweis haben, kommen Sie wieder her. Dann sehen wir weiter«, sind seine Abschiedsworte.

Wenig später finden wir uns auf der Straße wieder – sind ratlos, fühlen uns verloren. Mein Daumen streicht über das Relief, das der Bundesadler auf dem Pass in meiner Hand bildet. »Wenn ich doch fliegen könnte wie du«, schicke ich stumm eine Botschaft an ihn. »Dann wärst du frei«, sendet er zurück.

»Wir sollten uns vom Acker machen!«, drängelt Karsten neben mir. »Sonst sackt uns Guck und Horch[34] vielleicht gleich ein.« Ich blicke die Hauswand gegenüber empor. Es sieht alles dunkel aus, ich kann keine Fernrohre oder Menschen mit Fotoapparaten erkennen. Trotzdem setze ich mich in Bewegung.

»Was nun?«, fragt Karsten, als wir mit einem Kaffee und einem Hefeteilchen auf einer Bank neben einem Imbiss Platz bezogen haben. Es ist inzwischen zwölf, wir haben noch nichts gefrühstückt und beschlossen, dass wir es

[34] Volksmundbezeichnung für Staatssicherheit

heute »knallen lassen« mussten: keine Botschaft, die uns aufgenommen hatte, ein Pass, der uns nichts nützte, kein Dach mehr über dem Kopf – ohne Zuckerbombe nicht zu ertragen. Wortlos schlinge ich das Gebäck Stück für Stück hinunter, lecke mir den Zuckerguss von den Fingern. Mein Kuchenzahn verlangt nach mehr. »Saulecker!«, grinse ich Karsten verzückt an. Das Teil hat seinen Zweck erfüllt, der Frust ist wie weggeblasen.

»Nachladen?«, fragt Karsten.

»Unbedingt!«, erwidere ich und scherze: »Das muss drin sein, wir sind ja jetzt reiche Wessis!« Um meinen Worten mehr Nachdruck zu verleihen, schlage ich mit dem Reisepass mehrmals auf mein Knie. »Na ja«, setzt Karsten mit ernstem Gesicht zu einer Erwiderung an. Ich weiß, was jetzt kommt, stehe schnell auf, um uns ein weiteres Stück Kuchen zu holen.

»Es wird nicht mehr geschossen«, überlegt Karsten kauend. »Und: Sie schicken euch nicht zurück«, wiederholt er die Worte des Konsularbeamten.

Ich setze den Kaffeebecher, der gerade meine Lippen begrüßt hat, wieder ab und schaue Karsten an.

»Wir versuchen es an der grünen Grenze!«, fasst er seine Aussagen zusammen, und seine Stimme klingt verschwörerisch. Erst jetzt erfasse ich die Tragweite, sickert zu mir durch, was der Beamte gesagt hatte: »Wahrscheinlich schießen sie nicht, wahrscheinlich schicken sie euch nicht zurück. »Wahrscheinlich.« Ich dehne das Wort in die Länge wie einen XXL-Kaugummi.

»Allemal ungefährlicher, als durch die Donau zu schwimmen…« Karsten zieht eine Augenbraue nach oben.

»Allemal«, bestätige ich ihm erleichtert.

Karsten kramt wieder mal seinen Schulatlas hervor, und wir beäugen gemeinsam den dicken roten Strich, der Ungarn von Österreich trennt, scannen die Ortschaften in der unmittelbaren Umgebung.

»Der da«, sagt Karsten und zeigt auf einen Namen. »Szombathely«, entschlüssele ich das fremde Wort.

»Szombathely?«, fragt Karsten.

»Szomathely!«

Wenig später sitzen wir im Zug in die Kleinstadt nahe der österreichischen Grenze.

Fluchtgeständnis ohne Flucht

26. Juli 1989, Szombathely, Ungarn – Gefängniszelle am Bahnhof

Ich starre auf die graue Tür der Gefängniszelle, kann nicht fassen, was passiert ist: Eben saßen Karsten und ich noch Händchen haltend im Zug, sahen uns wissend in die Augen. Es brauchte keine Worte, wir waren Verbündete, unser Plan klar: Wir würden 22:30 Uhr in Szombathely ankommen, uns einen Zeltplatz suchen, am nächsten Tag die Umgebung erkunden und uns im Idealfall noch in der gleichen Nacht in Richtung Österreich ins Gebüsch schlagen.

Nun sitze ich hier, eingesperrt, und Karsten ist vielleicht frei. Das Ultimatum des Beamten hallt in meinem Ohr: 72 Stunden U-Haft, dann geht's zurück in die Heimat. Ich hatte mich geweigert, ein Flluchteingeständnis wäre einem Verrat Karsten gegenüber gleichgekommen. Doch hatte er unterschrieben, war jetzt frei? Meine Fäuste taten mir weh, mein verzweifeltes Trommeln gegen die Tür, und mein geschrienes Eingeständnis, alles zu unterschreiben, blieb ungehört. Sollte es das wirklich gewesen sein? Tränen schießen mir in die Augen: Verzweiflung, Anspannung, Angst und Frust – der Wahnsinn der letzten Wochen scheint sich auf einen Schlag entladen zu wollen. Ich bin ready, mir alles aus dem Leib zu heulen, mich aufzugeben. Ich nehme die Brille ab, damit die Tränen laufen können, ohne dass das Salz in der Suppe die Kunststoffgläser versaut. Ich zwinkere einmal, warte, zwinkere nochmal. Irgendwie wollen keine Tränen fließen. Ich bin randvoll und trotzdem leer, mein Körper ist in dem Raum aber ich bin nicht wirklich da.

Ein metallisches Geräusch. Meine Zelle wird erneut aufgeschlossen. Meine Muskeln reagieren, beeilen sich, meine Hülle von der Tür wegzubekommen, fuchteln ihr die Brille auf die Nase. Wie durch Watte vernehme ich den Befehl des Beamten: »Die Wahrheit!« Ich kann das Papier nicht fühlen, als er mir das Formular in die Hände drückt, nehme den Stift kaum wahr, starre beides nur an. »Ihre letzte Chance!« Wie in Trance bewege ich mich zu dem weißen Plastiktisch im Raum, lasse mich auf dem Holzstuhl nieder, schreibe meinen Namen auf das Blatt, reihe schließlich die Wörter: »Ich wollte von Ungarn nach Österreich fliehen« aneinander, reiche mein Geständnis zurück. Die Augen hinter der Hornbrille checken jede Zeile, Sekunden tropfen in Zeitlupe dahin. »Gut!«, sagt er, nachdem er die Unterschrift geprüft hat. »Nehmen Sie Ihre Sachen!«

Ich hebe meine Kraxe hoch, bugsiere sie auf meine Schultern. Sie hat kein Gewicht. Ich setze mich in Richtung Tür in Bewegung, der Beamte tritt beiseite, lässt mich vorbei. Ein junger Typ in Uniform mit einem Gewehr über der Schulter geleitet mich den Gang entlang. Dann sehe ich Karsten. Er steht mit einem der Männer, die uns am Bahnhof eingesackt hatten, neben der Eingangstür. Ein dritter Mann kommt hinzu. Seine Fahne eilt ihm voraus – es ist Stinkemund. Er öffnet die Tür, fordert uns auf, durchzugehen. Karsten greift wortlos nach meiner Hand, zieht mich ins Freie. Die kleine Eskorte ist dicht um uns herum. »Flieh!«, ruft es in mir. Der Ruf verhallt mit mehreren Echos im Niemandsland. Kein einziger Muskel in mir folgt ihm. Ein PKW fährt vor, Stinkemund öffnet den Kofferraum, bedeutet uns, die Kraxen hineinzustellen. Dann öffnet einer unserer Bewacher die hintere Wagentür, fordert uns auf, einzusteigen. Karsten schiebt mich voran auf den Rücksitz, postiert sich dann neben mich, als wolle er einen Schutzschild für mich bilden. Die Tür knallt zu, Stinkemund steigt vorne ein. Der Fahrer startet den Motor, und das Auto setzt sich in Bewegung. Es ist mitten in der Nacht, und wir haben keine Ahnung, wohin die Reise geht. Die Männer vor uns sind schweigsam, hin und wieder wechseln sie ein paar Worte auf Ungarisch. Karsten drückt meine Hand. Es tut weh. Ich schaue auf meine Finger, sie sind weiß, blutleer. Ich versuche sie zu bewegen. Karsten merkt es, lockert seinen Griff, und ich spüre, wie langsam wieder Leben in mir einzieht. Wir starren beide zwischen den Vordersitzen hindurch auf die dunkle Straße. Keiner wagt auch nur ein Wort. Der Wagen stoppt, die Männer reden, es klingt, als hätten sie einen Disput. Dann rastet der Schaltknüppel ein, der Fahrer gibt Gas, wir rucken gegen unsere Lehnen. Ein paar Meter geht es rückwärts, dann wieder ein Schalten, und wir rollen weiter vorwärts durch die Nacht. Nach ein paar Kilometern schwebt in der Ferne ein winziges Licht in der Luft. Als wir näher kommen, nimmt eine Laterne darunter in der Dunkelheit Gestalt an. Wir halten vor einer Schranke. Ich drücke Karstens Hand, spüre seine zweite, die er auf meine legt, gemeinsam schnappen sie zu, als wenn sie zu einem einzigen Konglomerat verschmelzen wollten, zu einem Klumpen, der sich nicht mehr öffnen ließ.

Stinkemund steigt aus, öffnet meine Tür: »Los!«

Karstens Griff wird fester. Ich verharre auf meinem Platz. »Aussteigen!« Der Beamte beugt sich runter, so dass ich seinen Atem wieder riechen muss. Um dem Ekel zu entkommen, setze ich mich in Bewegung. Karsten lässt mich nicht los, rutscht hinter mir her. Schließlich stehen wir beide neben dem Auto. Der Fahrer steigt ebenfalls aus, öffnet die Kofferhaube, hievt unsere Kraxen hinaus und stellt sie neben uns. Wir stehen ratlos da. Stinkemund fingert ein Sturmfeuerzeug aus seiner Jackentasche, schnippt den Deckel mit dem Finger hoch, er klackert kurz, dann stellt sich eine kleine Flamme auf. Unser »Wachhund« zaubert von irgendwoher eine Zigarette, steckt sie in den Mund und schiebt sein Gesicht Richtung Flamme. Ich schaue ihn an. Er sieht müde aus, das flackernde Licht bringt die Ringe unter seinen Augen erst richtig zur Geltung. Unser Begleiter nimmt einen tiefen Zug, stößt den Rauch durch die Nase wieder aus. »Löst eure Probleme in eurem Land!«, sagt er schließlich. »Wir haben hier genug eigene!« Er zieht noch einmal an der Zigarette, schmeißt sie dann in den Staub und steigt in den Wagen. Der Motor heult auf, dann verschwindet das Auto in der Dunkelheit. Eine Weile stehen wir wie bestellt und nicht abgeholt da, unschlüssig, was nun kommt. Erst dann entdecken wir das Häuschen neben der Schranke und das Schild an ihm: darauf die schwarze Silhouette eines kleinen Zeltes. Sie haben uns vor einem Campingplatz abgesetzt.

2. August 1989, Balatonfüzfö, Ungarn – Balaton (Plattensee)

»Wenn dü wülscht, kannst gehn. Der Ungar schaut net hin!«, ein Hickser folgt dem Satz, dann erhebt unser Gastgeber erneut sein gut gefülltes Glas zu einem weiteren »Egészségedre![35]« Es ist sein »Ichweißnichtwievielstes«, ich habe selbst bereits drei Gläser intus, und mir ist etwas schummerig. »Egészségedre!«, proste ich zurück und erhebe mein Glas. Karsten erhebt ebenfalls sein Glas und auch die zwei jungen Frauen uns gegenüber am Tisch, die ich auf Mitte zwanzig schätze, stimmen ein. Als unsere fünf Gläser bereit sind, aneinanderzuklirren, schiebt sich eine kleine Hand dazwischen. Sie umklammert einen Becher Apfelsaft, hat die Farbe von Vollmilchschokolade, gehört einem etwa fünfjährigen Jungen mit schwarzem Kraushaar und wachen tiefbraunen Augen. »Egés«, sagt der Kleine, den Rest verhaspelt er. Wir lachen und wiederholen: »Egészségedre!« Dann klingen Becher und Gläser aneinander, und die Gesellschaft am Tisch gießt ihren Inhalt in die Kehlen. »Noch eine!«, ruft unser Gastgeber. Während er die Gläser mit Rotwein auffüllt, wiederholen die zwei jungen Frauen, Karsten und ich papageienartig seine Worte: »Wenn dü wülscht, kannst gehn. Der Ungar schaut net hin!«

Es ist unser dritter Abend am Balaton und noch keine Woche her, dass uns die zivile Grenzwache von Szombathely mitten in der Nacht vor dem Zeltplatz abgesetzt hatte. Wir standen noch eine ganze Weile an der Stelle, unsicher, ob die Männer zurückkehren würden oder nicht. Dann schlichen wir in das Gelände, bauten unser Zelt auf, kro-

[35] Ungarisch: Prost

chen mal wieder in unsere Mumien. Doch der erlösende Schlaf wollte nicht kommen, wir waren zu aufgekratzt, der Schock saß zu tief. Worte, um das Geschehene auszudrücken, ließen ebenfalls auf sich warten, und so lagen wir, jeder für sich, auf dem Rücken nebeneinander und stierten die Zeltwände an. Irgendwann hatte uns der Schlaf erlöst.

»Wenn wir es noch nach Budapest schaffen wollen, müssen wir langsam los!« Karsten rüttelte mich am nächsten Morgen vorsichtig an der Schulter. Die Ereignisse der vergangenen Nacht waren sofort wieder präsent, und ich überlegte. »Ich hab null Bock, nach einer Ecke zum Pennen zu suchen!«, sagte ich schließlich. Auf Karstens fragenden Blick ergänzte ich: »Es ist Freitag, da ist bestimmt ab Mittag niemand mehr in der Botschaft.« Wir beschlossen, das Wochenende in Szombathely abzuwettern, verbrachten es bis auf kurze Einkaufstrips auf dem Zeltplatz, weil wir Angst hatten, Stinkemund wieder ins Netz zu gehen. Als wir am Montagmorgen unsere Daumen am Straßenrand erhoben, hatten wir unser Ziel geändert: Wir würden nicht nach Budapest trampen, um zur Botschaft zu gehen, sondern zum Balaton. Dort würden wir erst mal untertauchen, durchatmen, uns überlegen, wie es weitergehen sollte, uns vielleicht einen Job suchen. Der Zielort des ersten Fahrers, der hielt, war Balatonfüzfö.

Wir nahmen an. Als wir ankamen, stellte sich der Ort als perfekt für uns heraus: Er befand sich am östlichen Zipfel des flachen Sees, wirkte verschlafen und lag weit genug entfernt von der Touristenhochburg Siofok, in deren Umkreis wir jede Menge DDR-Urlauber wähnten, nicht wenige davon mit Sicherheit Bedienstete der Stasi.

Unser Fahrer ließ uns am Bahnhof raus, wir orientierten uns kurz, nahmen dann Kurs auf eine Gartensiedlung am Rande der Ortschaft. Dort angekommen, lugten wir über die Zäune. »Kann ich helfen?« Eine Stimme ließ uns zusammenzucken. Wir hatten nicht erwartet, dass in diesem abgelegenen Winkel jemand Deutsch sprach, drehten uns langsam um. Es dauerte eine Weile, bis wir den Mann zur Frage entdeckten: Er stand in einem der Gärten, war mittelgroß, rundlich und wirkte gemütlich. Ich schaute ihm in die Augen, sie erinnerten mich an die von Maulwurf Grabowski: braune Knöpfchen, schelmisch und gleichzeitig warm. »Wir suchen eine günstige Unterkunft«, traute ich mich zu sagen.

»Habt ihr ein Zelt?«, kam es zurück. Ich nickte. »Dann kommt her!«, sagte er und winkte einladend.

»Das geht mir ein bisschen zu flott!«, flüsterte Karsten.

»Sei kein Frosch!«, beruhigte ich ihn. Mein Bauchgefühl sagte mir, dass wir uns keine Sorgen zu machen brauchten.

»Dr. Barath«, stellte sich unser Gastgeber vor und deutete auf eine Stelle auf der Wiese, auf der wir kampieren konnten. Dann verschwand er im Haus.

»Ich trau dem nicht!«, versuchte Karsten mich in Alarmbereitschaft zu versetzen. Ich ignorierte ihn, rollte meinen Schlafsack aus, stellte meinen Waschbeutel ans Kopfende, die Kraxe mit meinen Kleidungsstücken vorn links neben den Eingang, so dass ich schnell drankam. Die Schuhe kamen vors Zelt. Ich war gerade fertig, da kam unser Gastgeber wieder aus dem Haus. Er hatte einen Teller in der Hand, stellte ihn vor uns auf den Boden. »Palatschinken, eine ungarische Spezialität!« Er lächelte freundlich. Dann verschwand er irgendwo hinterm Haus. Ich begutachtete den Teller. Auf Blumenmuster lagen schlaff sechs dünne, blasse Teigrollen. Ich nahm mir eine und biss hinein. Es dauerte nur eine Zehntelsekunde, dann vermeldete mein Gaumen ein »Lecker!«. »Mohn, irgendwie in Quark«, versuchte ich Karsten zu beschreiben, was mich da so verzückte. »Eine

Art Eierkuchen«, schmatzte ich weiter und leckte mir die süße Masse, die am hinteren Ende herausgetropft war und nun auf meiner Hand klebte, ab. Karsten verzog das Gesicht. Ich zuckte die Achseln und nahm mich des nächsten Leckerbissens an. »Schokolade!«, stellte ich fest. Karstens Blick hellte sich auf. Ich hob den Teller vor meine Nase, untersuchte den Inhalt der verbliebenen vier Teigrollen: eine mit Mohn, eine weitere mit Schokofüllung und zwei mit Marmelade. »Voll eklig!«, klärte ich Karsten über meine Nachforschungen auf. »Marmelade und Schokolade.«

»Hergeben!«, forderte er sofort und griff nach dem Tellerrand. Ich zog ihn geschickt beiseite, fingerte mir schnell noch einen Palatschinken mit Marmelade herunter, überließ Karsten dann den Teller. Er checkte kurz die Inhalte der verbliebenen Rollen. »Gib sofort den mit Marmelade her!«, fing er an zu streiten.

»Was kann ich dafür, dass du keinen Mohn magst?«, konterte ich.

»Du stehst voll auf Mohn, da ist es nur fair, wenn du beide isst und ich dafür die mit Marmelade!«, diskutierte er und versuchte es mit der Opfernummer: »Schoko wär mir übrigens lieber gewesen!«

»Ich glaub, der Doktor hat gesagt, zwei Mohn verträgt man, aber zwei mit Marmelade sind voll gefährlich!«, stänkerte ich kauend und schluckte den letzten Happen mit Schoko hinunter. Dann biss ich genüsslich in die Teigrolle in meiner Hand. »Sorry!«, entschuldigte ich mich, »aber ich bin das Kind kinderreicher Eltern, wer hat, der hat!« Karsten tat mir leid, aber ich konnte nicht anders, mein Kuchenzahn war völlig ausgedörrt und saugte die Süßigkeiten regelrecht auf. Karsten wollte sich gerade richtig einschmollen, da schaute der Doktor um die Ecke: »Mehr?« Unsere Augen strahlten beglückt. Während wir die nächste Ladung verdrückten, erfuhren wir, dass unser Gastgeber Ungar war, dass er deutsche Vorfahren hatte und auf einer Schule gewesen war, an der Deutsch unterrichtet wurde. Er beherrschte unsere Sprache nicht perfekt, aber im Gegensatz zu unserem Englisch sprach er ausgezeichnet. Vielleicht lag das daran, dass unsere Englischlehrerinnen weder die Tower Bridge live und in Farbe gesehen, noch Big Ben gehört oder mit der Queen oder irgendeinem anderen Engländer beim Fünf-Uhr-Earl-Grey-Tea getalked hatten.

Wir fragten Dr. Barath, was wir ihm für den Zeltplatz bezahlen sollen. Seine Antwort war schlicht: »Nichts.«

»Und tschüss!«, rufe ich und bringe mein Glas mit Schwung in die Tischmitte. Der dunkelrote »Traubensaft« darin schwappt gefährlich, schafft es nicht, sich wieder einzupegeln, und tritt übers Ufer. »Oh sorry!«, entschuldige ich mich.

»Ist Rotwein, macht keine Weißweinflecken!« lacht unser Ungar mit österreichischem Akzent, auf dessen Terrasse wir sitzen.

»Der Ungar schaut net hin!« Ich ahme seine Worte nochmals nach und grinse breit.

»Und tschüss«, greift er meinen Trinkspruch auf, und der Rest am Tisch stimmt ein. Ich bin unbeschwert, fühle mich leicht: ein lauer Abend, nach einem Tag mit Sonne satt, eine gesellige Runde mit fröhlichen Menschen – ich atme den Hauch von Urlaub ein, lasse ihn durch meinen Körper zirkulieren. »Wo genau schaut der Ungar denn net so genau hin?« lacht Annette. Ich erstarre, meine Lunge presst das, was vom Urlaubsinhalat übrig ist, mit voller Wucht aus mir heraus. Ich bin sofort stocknüchtern, versuche in Annettes Augen einzutauchen, um herauszufinden, was sie vorhat. Bisher weiß ich von den zwei Mädels mir gegenüber lediglich, dass sie Annette und Sabine heißen, auch Ostdeutsche sind, Urlaub am Balaton gemacht haben, und dass der kleine Krauskopf zu Annette gehört. Ich spüre, wie sich Karstens Unterarm neben meinem anspannt.

»Autsch!«, flucht Annette plötzlich, und unterm Tisch kommt Bewegung auf. Sabine hat sie wohl auf den Fuß getreten. Ich begegne ihrem Blick, sie scheint genauso misstrauisch uns gegenüber zu sein wie wir gegenüber ihnen. Ein paar Sekunden herrscht Stille, und wir fokussieren uns gegenseitig.

Dr. Barath hat uns hergeschickt, weil er glaubt, dass uns sein Freund helfen kann, überlege ich. Wobei uns sein Freund helfen sollte, hatte unser netter Vermieter nicht gesagt. Von den zwei Frauen, die bei seinem Freund zu Besuch waren, hatte er auch nichts erzählt. Vielleicht wusste er ja nichts von Annette und Sabine? Oder doch? Waren die beiden Frauen von der Stasi und Dr. Barath wollte, dass wir aufflogen? »Nein«, beantworte ich mir selbst die Frage. Mein Bauch hatte Dr. Barath sofort vertraut, und ich vertraute meinem Bauch.

»Wir haben uns verliebt«, sagt Sabine leise.

»Wie schön für euch!«, entgegne ich ihr.

»In zwei Wessis«, kommt es zaghaft von Sabine. Irgendetwas musste ihr das Gefühl gegeben haben, dass von uns keine Gefahr ausging. »Es war nicht mit Absicht!«, entschuldigt sie sich bei mir, als ob sie mir Karsten ausgespannt hätte. »Es ist einfach so passiert.« Unser Gastgeber zündet eine Kerze an, schiebt sie in die Mitte des Tisches. »Wir waren in der Disco!«, schwärmt Sabine. Ihr Blick ist verträumt, und die flackernde Kerzenflamme spiegelt sich in ihren Pupillen. »Bei *»Lady Lei«* von Modern Talking ist es dann passiert«, steigt Annette ein. In ihren Augen glänzen Tränen. »Eigentlich wollten wir nur unseren Spaß haben, wir wollten das gar nicht.« Ich spüre die Wärme, die von Karstens Arm neben mir ausstrahlt. »Kenn ich«, denke ich, kann Sabine und Annette nur zu gut verstehen.

»Was nun?«, fragt Karsten ins Kerzenlicht.

»Sie sind schon unterwegs!«, platzen beide ohne nachzudenken heraus und strahlen wie zwei Honigkuchenpferde. Unsere Blicke scheinen ratlos zu wirken, deshalb ergänzen sie: »Sie mussten am Wochenende zurück, ihr Urlaub war zu Ende.«

»Und jetzt kommen sie wieder?«, fragt Karsten ungläubig.

»Furchtbar süß, nicht wahr?« Vier Augen leuchten uns an.

»Und dann?«, will Karsten wissen.

»Sie nehmen uns mit!«, antwortet Sabine.

»In den Westen!«, ergänzt Annette und die beiden Frauen schauen sich triumphierend an.

»Wie lange kennt ihr euch denn?«, will ich wissen.

»Eine Woche«, sprudelt es aufgeregt aus beiden Mündern gleichzeitig.

»Mit Kind?«, hake ich nach.

Annette nickt: »Jepp!«

»Na dann Prost!«, sage ich und erhebe mein Glas.

»Auf die Liebe!«, erwidern Sabine und Annette, und die Gläser klingen erneut.

Meinen Unterton haben die beiden nicht bemerkt. Oder sie überhören ihn bewusst. »Morgen Abend köpfen wir Nägel!«, klinkt sich unser neuer Freund wieder ins Gespräch ein, nachdem er sein Glas abgesetzt hat.

»Machen wir Nägel mit Köpfen!«, verbessert Sabine ihn lachend. »Ihr seid doch dabei?«, fragt sie in unsere Richtung. Karsten schaut mich an, wir runzeln die Stirn, nicken aber.

»Wieso hat er uns da hingeschickt?«, fragen Karsten und ich uns später, als wir im Garten von Dr. Barath eintorkeln. Auch wenn ich ein gutes Gefühl ihm gegenüber verspürte, hatten wir ihm bisher nichts von unseren Plänen erzählt. »Vielleicht kann er hellsehen«, mutmaße ich, als ich in voller Montur auf das Plüschtelefon sinke. Ich bin nicht mehr in der Lage, mich auszuziehen. »Oder er ist Arthur der Engel …«, brummele ich weiter und schließe die Augen. In meinem Kopf beginnt sich sofort alles zu drehen. Ich reiße die Augen wieder auf – die Zeltwand setzt sich in Bewegung, dreht sich unter mir weg.

Wie immer, wenn ich einen über den Durst getrunken habe, wache ich auch diesmal bei Tagesanbruch auf. Und wie jedes Mal verspüre ich das Bedürfnis, mich zu bewegen. Da ich keinen Lärm verursachen möchte, der unseren freundlichen Gastgeber in seiner Nachtruhe stört, beschließe ich, einen Spaziergang zu machen. Das Gartentor quietscht, als ich es öffne. Ich hebe es leicht an, versuche das Metall, was aufeinanderreibt, voneinander zu lösen. Es gelingt mir nur teilweise, doch es reicht aus, damit sich das Quietschen in Grenzen hält, als ich das Tor schließe. Etwas benommen laufe ich die Straße entlang, vorbei an Gärten mit kleinen Lauben darin. Alles ist ruhig, niemand außer mir auf den Beinen. Ich sauge die kühle Morgenluft in mich hinein, um meinen Kopf wieder klar zu kriegen, finde mich plötzlich im Ortskern vor einer Telefonzelle wieder. »Mama!«, ruft eine Stimme in mir, und ich spüre: Ich habe Sehnsucht nach meiner Mutter, würde zu gern ihre Stimme hören, ihr sagen, dass es mir gut geht, sie sich keine Sorgen zu machen braucht. Mein Hirn rollt einen Bilderteppich aus: meine Mutter allein am Frühstückstisch, dann wie sie die Wohnungstür hinter sich zuzieht, um zur Arbeit zu gehen, wie ihre Absätze die Treppen hinunterklappern. Ihr Hall verklingt langsam, dann hängt nur noch eine Ahnung von ihm in der Luft. »Mama!«, flüstere ich, und der Gedanke, dass ich sie verlassen habe, ohne mich zu verabschieden, schnürt mir die Kehle zu. Tränen steigen in mir auf. »Das kommt vom Alkohol!«, versuche ich mich selbst zu beruhigen, die Tränen und mit ihnen die Gedanken an meine Mutter zu unterdrücken. Doch es klappt nicht, im Gegenteil, meine Mutter fordert mehr Raum.

Wir sind in der Kaufhalle in unserem Neubaugebiet, stehen erst in der Schlange nach einem Einkaufskorb, später, um die leeren Brause- und Bierflaschen abzugeben und ihren Pfand zu kassieren. Das Prozedere kostet uns eine gute halbe Stunde. Als wir endlich in den Einkaufsbereich schieben, empfangen uns Glasflaschen mit trüber, brauner Flüssigkeit unter dünner klarer. Ich nehme eine heraus: Rhabarbersaft. Ich schüttele die Flasche, um ihren Inhalt zu vermischen. Er sieht danach nicht besser aus, und ich stelle das Gebräu zurück. Meine Mutter ist inzwischen weitergeschoben, ich hole sie am Fleischstand ein. »Fleischsalat oder Leberkäse?«, fragt sie. »Leberkäse«, antworte ich und schiele auf die gefüllte Schweinelende, sage aber nichts, weil ich weiß, dass sie zu teuer ist. »Ein Stück von der Lende dort!«, bittet meine Mutter und zeigt in die Richtung, in die ich gucke. Ich kuschel mich dankbar an ihren Arm. Gemeinsam schieben wir weiter. »Holst du Marmelade?«, fragt meine Mutter und schiebt in Richtung Kartoffeln und Gemüse weiter. Ich flitze zu dem Regal, in dem ich die süßen Brotaufstriche weiß, Gläser mit Plastikdeckeln drauf stehen darin: Erdbeermarmelade, Pflaumenmus, Kunsthonig[36]. Ich entscheide

[36] zähflüssige bis feste; aromatisierte Masse aus invertierter Saccharose, die so ähnlich aussieht und schmeckt wie Bienenhonig

mich für die Marmelade, 54 Pfennig das Glas. Ich weiß, dass höchstens eine Erdbeere in der roten Masse klebt, der Rest aus zuckriger Gelierpampe besteht. Aber ich hatte beim Frühstück den letzten Rest Nutella aus dem Glas gekratzt, das nächste Westpaket war noch eine Weile hin. Wenn es wirklich kam … – was mich immer wieder wunderte, da die Absender der bei uns anlandenden Pakete gar nicht mit uns verwandt waren. Das Ärztepaar aus der Nähe von Wiesbaden hatte meine Eltern vorm Mauerbau einmal gesehen, mochte sie, schickte solange ich denken konnte, mehrmals im Jahr ein riesengroßes Paket, vollgestopft mit Schokolade, Apfelsinen, Kaffee, Dosenananas, Pralinen und Kakao. Und sie versorgten uns mit D-Mark! Es war verboten, DDR-Bürgern Westgeld zu schicken, deshalb versteckten unsere Gönner die Scheine. »Seid vorsichtig!«, mahnte meine Mutter jedes Mal, wenn wir Kinder uns – wild auf Schokolade – alle gleichzeitig auf ein Paket stürzten, das Papier von ihm rissen, die Stricke, die es zusammenhielt, hektisch zerschnitten und den Karton aufklappten. Dann hieß es zurücktreten. »Wo könnte es sein?«, begannen wir zu raten, während wir den charakteristischen Cocktail aus Apfelsinen, Schokolade und Kaffee, den das Paket verströmte, einatmeten. Jede Packung wurde im Licht der Leuchtstoffröhre unter den Hängeschränken der Küche hin- und hergedreht, begutachtet und abgetastet. Einmal fand meine Mutter den zusammengerollten 50-Mark-Schein erst beim Kuchenbacken: Es sollte Sandkuchen mit Schokolade drin werden. Sie öffnete ein vermeintlich neues Päckchen Kakao, und dabei fiel ihr der Schein in den Teig. Ein anderes Mal waren wir schon traurig, dass wohl diesmal kein Westgeld für kleine Extras aus dem Intershop dabei wäre, da öffnete meine Mutter eine Schachtel Mon Chéri, hielt einer Intuition folgend die Barriereschicht, die die Pralinen vom Deckel trennte gegen die Leuchtstoffröhre. »Da ist ein Schatten«, riefen wir glücklich.

Meine Mutter ist inzwischen bei der Milch angekommen. »Ekelhaft!«, schimpft sie. Sie hält einen Plastikbeutel mit dünner weißer Flüssigkeit spitz zwischen Daumen und Zeigefinger, Vollmilch steht in blauen Buchstaben darauf. Er tropft aus einer Ecke, und Milch läuft meiner Mutter über die Hand, droht in ihrem Ärmel zu verschwinden. Schnell entreiße ich ihr den wabbeligen Beutel, der knapp siebzig Pfennig kostet, drehe ihn um, stelle ihn, mit dem Loch nach oben, in den Einkaufswagen. Ein paar Brötchen- fünf Pfennig das Stück, und ein Weizenmischbrot für vierundsechzig Pfennig, dann schieben wir Richtung Kasse, vorbei an Vita-Cola-Kästen und Apoldaer Glockenhell. »Hol ein paar Cola für euch!«, beauftragt mich meine Mutter und stoppt bei den Bierflaschen. Sie nimmt eine heraus und dreht sie um, so dass der Deckel in ihrer Hand landet und der Boden der braunen Flasche nach oben zeigt. Dann beobachtet sie die Flüssigkeit darin mit Argusaugen. Sie stellt die Flasche wieder zurück, nimmt eine andere. Das Spiel wiederholt sich noch drei Mal, dann darf eine Flasche in unseren Wagen – es ist kein »Schnee«, kein weißes Geriesel in ihr aufgestiegen, das Zeichen, dass das Bier darin genießbar ist. »Deli?«, fragt meine Mutter, als wir alles bezahlt und in roten, grünen und blauen Einkaufsnetzen verstaut haben. Ohne mit der Wimper zu zucken legt sie im Delikatessengeschäft neben der Kaufhalle fünf Mark für ein Päckchen »Fanfare« auf den Verkaufstresen, drückt mir die drei mit Schokocreme gefüllten Waffelröllchen in die Hand, die ich so liebe.

Die Tränen in meinen Augen fordern Freiheit. Ich gewähre sie ihnen, öffne die Schleusen und lasse sie laufen. Mein Weinen verwandelt sich in Schluchzen, und ich bereue, dass ich zu tief ins Glas geguckt habe. Wider meine Vernunft wühle ich in meiner Hosentasche, fingere ein paar Forintstücke heraus, öffne die Tür der Telefonzelle und nehme den Hörer ab. »Sei kein Dummkopf!«, mahnt mein Verstand. »Du gefährdest nicht nur dich, sondern auch sie!« Ich muss dem letzten Fünkchen Klarheit in mir recht geben, ich konnte ihre Zukunft nicht aufs Spiel setzen. Und meine auch nicht. Ich schlucke, wische mir mit dem Unterarm die Tränen vom Gesicht, hänge den Hörer zurück in die Gabel.

Mehr aus Interesse, welche Wessis so verrückt waren, aus der Bundesrepublik nach Ungarn zum Balaton zurückzufahren, als in der Hoffnung, dass wir etwas erfahren, das uns hilft, dorthin zu kommen, wo die Jungs herkommen, verlassen wir am Abend unser Zelt. Als wir beim Freund unseres Asylgebers ankommen, staunen wir nicht schlecht: Vorm Gartentor steht eine schwarze Limousine, Annette und Sabine sitzen eng umschlungen mit ihren Lovern am Tisch. Ihre Blicke sind verklärt. Sie haben sich ins Zeug gelegt: Die Haare frisch gewaschen, die Lippen rosarot geschminkt, über allem schwebt ein süßlicher Duft. Auch Annettes Sohn sieht aus, als hätte er eine Grundreinigung über sich ergehen lassen müssen: Seine Haut glänzt in der Abendsonne wie ein frischgegossener Osterhase.

Als sie uns sehen, erheben sich die jungen Männer, stellen sich als Christoph und Alexander vor und strecken uns freundlich ihre Hände entgegen. Beim Einschlagen, befällt mich sofort die gleiche Schüchternheit wie bei den Seglern in Tallinn. »Katrin«, stellt Karsten erst mich, dann sich vor. Wir setzen uns, und unser »Wirt« schiebt zwei Gläser in unsere Richtung, füllt sie mit Rotwein. Obwohl ich mir fest vorgenommen habe, die Finger vom Alkohol zu lassen, greife ich nach dem Glas, und der Tisch startet in die zweite Runde. Drei Runden später ist meine Schüchternheit ertränkt, die Stimmung kocht hoch, Annette knallt ihr Glas auf die Holzplatte und erklärt mit roten Wangen: »Überraschung! Wir nehmen euch mit!« Christoph und Alexander nicken bekräftigend: »Sie haben uns beim letzten Mal überhaupt nicht kontrolliert, sondern einfach durchgewunken!«

»Wie jetzt? Ihr wollt einfach so mir nichts dir nichts gemütlich in der Limo über die Grenze machen?«, staune ich.

»Wenn dü wülscht, kannst gehen, der Ungar schaut net hin!«, wiederholt unser Wirt seinen Satz vom Vorabend und grient mich mit glasigen Augen an.

»Ja, irgendwo im Nirgendwo in der Pampa vielleicht, aber doch nicht an einem offiziellen Grenzübergang!«, protestiere ich. »Zwei Pärchen mit Kind, wir machen auf nice family«, grinst nun Annette. Sie faltet die Hände vor ihrer Brust, wechselt den Ton auf fürsorglich und klimpert mit den Augen: »Der Kleine liegt schlafend auf Mamas Schoß, es wäre einfach zu unmenschlich, ihn zu wecken. Nur wegen so einem läppischen Stempelchen ...« Annette macht eine kleine Pause, dann hakt sie Sabine unter: »Stimmt's Bine?«

»Unbedingt!«, bestätigt Sabine.

»Und wir sind Oma und Opa oder was?«, provoziert Karsten in Richtung des Kleinen, der mit »Tatütata«, ein Auto auf dem Tisch hin und her schiebt.

Ich sehe Karsten an, wie lächerlich er die Idee findet. »Ihr fahrt mit bis kurz vor den Schlagbaum«, schaltet sich unser Gastgeber ein. »Kurz bevor das Auto beim Kontrollposten ist, steigt ihr aus, schleicht euch nach links.« Er macht eine Pause und zündet sich eine Zigarette an. Am Tisch ist es mucksmäuschenstill geworden, vier Augenpaare kleben an seinen Lippen. »Dort ist der Transitraum«, fährt unser ungarischer Freund fort. »Da müsst ihr es rein schaffen, dann fragt euch niemand mehr nach euren Pässen. Falls etwas schiefgeht: Es sind höchstens fünfzig Meter bis zum Schlagbaum auf der österreichischen Seite. Die könnt ihr rennen, niemand wird euch verfolgen.« Ich blicke mein Gegenüber entgeistert an. Er bemerkt es, erklärt, dass er diesen Grenzübergang so gut kennt, weil er ihn schon öfters passiert hat. »Stimmt, im Gegensatz zu uns Zonis, dürfen die Ungarn, obwohl auch sozialistisch, inzwischen nach Österreich reisen«, erinnere ich mich. In meinem Bauch grummelt es mulmig, aber die Saat, die unser Freund gesät hat, lässt bereits Hoffnung in mir sprießen, verdrängt die Zweifel.

»Fünf Leute auf der Rückbank, das wird eng!«, höre ich Karsten. Er hat auch angebissen.

Der Ungar schaut doch hin

4. August 1989, Hegyesalom, Ungarn – Grenze

»Vergiss es!«, sagt Karsten.

Schnell ziehe ich meine Hand zurück. »Du wirst mir fehlen!«, rede ich auf das Plüschtelefon ein. Es war mir schon bei unserem letzten Fluchtversuch schwergefallen, meinen Schlafsack einfach so auf dem Zeltplatz zurückzulassen. Er ist inzwischen zu meinem Zuhause geworden, ich fühle mich sicher und geborgen in ihm. Ich greife nach meiner Lieblingsjeans und dem gelben Rucksack, der mir als Handgepäck dient.

»Äh …«, Karsten schüttelt den Kopf. »Kein Gepäck. Und zieh was Sommerliches an!«

»Der ist doch ganz klein!«, bettle ich in flehendem Ton, aber Karsten bleibt hart: »Nein! Wir dürfen nicht auffallen!« Vergrätzt wühle ich in meinen Sachen. Eigentlich ist mir klar, dass ich nichts mitnehmen kann, doch ich bin eine Frau, und diese Frau will heute ihre Lieblingsjeans und den gelben Rucksack dabeihaben.

Karsten sortiert Ostgeld und DDR-Ausweise aus, steckt Westgeld und grüne Reisepässe in die Tasche für Dokumente und Geld, die er immer in der Innenseite seiner Hose am Gürtel trägt. Unsere Ostrelikte verstaut er in einem zusammengeknüllten T-Shirt in seinem Schlafsack. Ich habe inzwischen meine Contenance wiedergefunden: pinkfarbenes Shirt mit dunkelblauen Punkten, weiße Bermudas. Das Shirt rollt sich hoch, als ich es anziehe, gibt den Blick auf meinen Bauchnabel frei. Ich bereue, dass ich das ehemalige Kleid zerschnitten hatte, weil ich ein bauchfreies T-Shirt wollte, und streiche es glatt. Vor meinem geistigen Auge erscheint die Hand meiner Schwester, die an dem pinken Nickistoff zieht, als sie ihn entdeckt.

Eine Tante im Westen hatte netterweise wieder einmal die Kleiderschränke der Familie ausgemistet. Das Ergebnis steckte in dem Karton vor uns auf der Küchenzeile. Ich entdeckte den pinkfarbenen Stoff als erste, griff sofort danach und zog kräftig daran. Die Kleidungsstücke darüber gaben ihn nicht sofort frei, Gelegenheit für meine Schwester, auch zuzulangen. Wir zogen gemeinsam, und als wir den Stoff befreit hatten, entpuppte er sich als Kleid. »Das krieg ich!«, schrie jede von uns. Ich schaute flehend zu meiner Mutter. »Du findest bestimmt was anderes Tolles«, versuchte sie meine Schwester zu beschwichtigen. Zähneknirschend gab sie nach.

Doch es war nicht immer so, dass Kleid oder Hose einer von uns zugesprochen wurde. Manchmal blieb die Besitzerfrage ungeklärt. Dann war Schnelligkeit gefragt sowie List und Tücke: knöchellange Cordhose im Karottenstyle der 80er, das Oberteil schräg geknöpft, mit Stehkragen und am Hals umgeschlagen, Netzsöckchen – alles in Rot. Dazu die blauen Netzballerinas aus dem Intershop – ich hatte mein Outfit für den nächsten Schultag im Kopf zusammengestellt, es beim Wäscheabnehmen im Trockenraum im Keller unseres Neubaublocks extra auf der Leine hängen lassen, damit meine Schwester gar nicht erst auf die Idee kam, es anzuziehen. Beim Einschlafen stellte ich mir die neidvollen Blicke meiner Klassenkameradinnen und die bewundernden der Jungs vor, wenn ich mit den Klamotten auf dem Schulhof einlief.

Leichten Fußes sprang ich am nächsten Morgen aus dem Bett, schnappte mir den Schlüssel für den Trockenraum vom Haken und wollte grad damit zur Tür raus, da stolzierte meine Schwester in dem Popper-Outfit an mir vorbei.

So viel Zoff wegen ein paar Anziehsachen, wundere ich mich nachträglich – was ein Kinderkram. Aber die Pubertät hatte ihren Tribut gefordert – wir wollten uns von den anderen Mädchen abheben. Und im »Bummikaufhaus« oder im »Zentrum Warenhaus« hing nur das auf den Stangen, was alle anhatten: Boxer – oder Wisent Jeans aus steifem Stoff, der sich nicht auswusch, und Oberteile aus Chemiefasern, in denen man schwitzte und meist uncool aussah.

Das, was die Verwandten im Westen aussortierten, war für uns der Hit, und in der Schule setzten wir damit Trends.

»Wenn ich drüben bin, schicke ich dir eine funkelnigelnagelneue Levis«, verspreche ich meiner Schwester und umarme sie in Gedanken.

Das pinkfarbene Shirt rollt sich wieder hoch über meinen Nabel, und ich streiche es erneut glatt. Karsten schaut mir auf den Bauch: »Perfekt!« Ich lächle in mich hinein: Gut, dass ich das Kleid zerschnitten hatte.

Vorm Gartentor hupt es. »Sie sind da!«, flüstert Karsten. Er streicht im Hocken seinen Hosenbund glatt, hinter dem er Pässe und Geld verstaut hat, krabbelt aus dem Zelt. In der Hoffnung, irgendeine winzige Kleinigkeit, an der mein Herz hängt und die in der Hosentasche Platz hat zu entdecken, schaue ich mich um. Doch mir sticht nichts ins Auge, ich möchte alles mitnehmen. »Lass uns losgehen!«, drängelt Karsten. Ich folge ihm aus dem Zelt, schaue wehmütig zu, wie er den Reißverschluss des Eingangs hochzieht. Dann ist der dürftige Besitz meines Lebens verschwunden. »Kein Loslasstag heute«, denke ich.

Ein Duplo und eine Coca-Cola später sind der Garten von Dr. Barath und meine Habseligkeiten Geschichte: Wir quetschen zu fünft wie die Ölsardinen auf der Rückbank, aber es fühlt sich wunderbar an – wir rasen im Westauto in der Nachmittagssonne Richtung Zukunft. Annette drückt ihren Sohn fest an sich. Seine Schnute ist mit Schokolade verschmiert, seinem Blick zufolge schwebt er im siebten Himmel. »So was gibt's jetzt immer!«, freut sich Annette. Gemeinsam mit Christoph und Alexander feiern wir das Leben, die Liebe, die längste Praline der Welt und das prickelndste Getränk aller Zeiten.

Je näher wir Hegyesalom kommen, desto gnadenloser holt uns die Gegenwart ein, und wir werden leiser.

»Freiheit wir kommen!«, flüstern wir alle fünf. Als es nur noch knapp zwanzig Kilometer bis zum Grenzübergang sind, dreht sich Alexander um und schaut Karsten und mich an: »Alles klar soweit?«

Wir nicken: »Ihr haltet an, und wir steigen aus und versuchen unser Glück.«

»Wenn der Transitraum links ist, wäre es vielleicht besser, wenn wir die Seiten tauschen«, merkt Sabine an. Erst jetzt wird uns bewusst, dass wir auf der rechten Seite eingestiegen sind. Alexander drosselt das Tempo, steuert das Auto an den Straßenrand und hält an. Wir steigen um, Alexander gibt Gas, und wir fahren schweigend weiter. Als ein Schild die nahende Grenze ankündigt, kramt Karsten unsere westdeutschen Pässe aus seiner Gürteltasche, steckt sie in die Brusttasche seines Hemdes und achtet darauf, dass ihre Enden oben herausschauen. »Du weißt, was du zu tun hast?«, versichert er sich bei mir.

»Ja.«

Wir erreichen die Grenze in der Dämmerung. Christoph stoppt den Wagen, stellt den Motor ab. Vor uns stehen noch fünf andere Autos. Wir machen lange Hälse, versuchen die Umgebung links von uns zu erfassen: Direkt neben den Autos befindet sich ein hellgelber Flachbau. »Das muss das Kontrollhäuschen sein«, stellt Alexander fest und beugt sich etwas näher an die Windschutzscheibe, um mehr Details zu erhaschen. »Es hat ein Fenster. Ich kann nicht sehen, ob jemand dahintersitzt.« Die Autoschlange vor uns setzt sich in Bewegung, und Christoph lässt den Motor an. Wir rollen ein paar Meter, dann steht die Schlange wieder still. »Keiner da«, berichtet Alexander, was er sehen kann. Wir sind erleichtert: Vielleicht winken sie uns tatsächlich durch. »Der Posten steht neben dem Häuschen«, macht Alexander unsere Hoffnung zunichte.

Jetzt können auch wir ihn vom Rücksitz aus sehen: ein untersetzter Mann in Uniform. »Er blättert in einem Reisepass«, sagt Alexander und seine Stimme klingt angespannt. Die Schlange setzt sich wieder in Bewegung und wir mit ihr. Diesmal rollen wir etwas länger. »Einen haben sie nicht kontrolliert«, gibt Christoph nach hinten durch. Annette und Sabine atmen hörbar aus. Wir rollen wieder an, nur noch zwei Autos trennen uns von dem Kontrollposten. »Ihr müsst jetzt raus!«, drängt Alexander.

»Vielen Dank fürs Mitnehmen!« Karsten öffnet die Tür. Hand in Hand rutschen wir über das Polster. »Viel Glück!«, wünsche ich in den Innenraum zurück, als ich draußen bin.

»Dito!«, höre ich, dann ist die Tür zu. Zeit für einen letzten Blick durch die Scheiben nach drinnen bleibt keine. Geduckt schleichen Karsten und ich hinter dem Flachbau vorbei, sehen schräg vor uns das Gebäude, in dem wir den Transitraum wähnen. Lediglich eine kleine Straße trennt uns davon. Aus den Augenwinkeln sehe ich den Grenzposten, er ist in einen Ausweis vertieft. Ich bücke mich, greife mir an den Bauch. Karsten greift mir stützend unter den Arm. Wir gehen weiter, haben die Straße fast überquert. »Passport!«, ertönt plötzlich eine Stimme hinter uns. Wir drehen uns um, es ist der Grenzposten, der eben noch den Ausweis inspiziert hatte. Ich halte die Hand vor den Mund, beginne zu würgen. Karsten macht eine ausladende Handbewegung unter seinem Kinn, bedeutet dem Mann, dass ich mich übergeben müsse. »Toilett!«, versteht der Grenzposten und zeigt mit verständnisvoller Mine in Richtung des Transithäuschens. Ich »schleppe« mich an Karstens Arm hinein. Drinnen angekommen, schauen wir uns um, finden das Schild, das die Damentoilette ausweist. Ich gehe hinein. Karsten wartet vor der Tür. Ich richte mich auf, sehe ein Waschbecken – dahinter ein Spiegel. Ich schaue hinein, bin erschrocken: ein leichenblasses Gesicht, die Lippen blutleer, blickt mich an. Ich versuche zu schlucken. Es geht nicht. Mein Mund ist so trocken wie die Sahara. »Wasser!«, fleht er. Ich bewege meine Hand Miene in Richtung Wasserhahn, sie zittert, als ich sie aufsetze und drehe. Als die eiskalte Flüssigkeit über meine Hand läuft, flutet eine Gänsehaut meinen Körper. »Jetzt bloß nicht schlappmachen, wir sind so dicht dran!«, motiviere ich mich. Ich setze meine Brille ab, fülle beide Hände mit Wasser, werfe es mir ins Gesicht. Dann trinke ich ein paar Schlucke, drücke meine kalten Handballen auf meine Augenlider, lasse sie dort ein paar Sekunden verweilen. »Toilette!«, signalisiert mein Darm. Ich gehorche. Der Inhalt entleert sich mit tosendem Geräusch – ich habe Durchfall. »Ach du dickes Ei, da passt der Arsch ja wirklich mal auf den Eimer!«, muss ich plötzlich lachen. Es ist ein hysterisches Lachen, das, was ich immer lache, wenn mir eigentlich zum Heulen ist. Doch es ist genau dieses Lachen, das mir hilft, die Perspektive zu wechseln, meinem Elend zu entrinnen. Ich lade vorm Spiegel Wasser nach, säubere meine Brille, checke den Durchblick. »Fünf Minuten sind um!«, dringt Karstens Stimme von draußen zu mir. Ich genehmige mir noch einen schnellen Schluck Wasser. »It's Showtime!«, verabschiede ich mich von meinem Spiegelbild. Es grüßt mit roten Wangen zurück.

Draußen reichen Karsten und ich uns die Hände. Mit betont lässigem Schritt spazieren wir aus dem Gebäude. Es ist inzwischen vollkommen dunkel. Wir überqueren die Straße, lassen den erleuchteten Flachbau mit dem untersetzten Kontrollposten rechts liegen. Der Mann in Uniform ist beschäftigt. Wir sind fast an ihm vorbei, machen in einiger Entfernung einen parkenden westdeutschen Reisebus aus, davor dümpeln Touristen herum. Unbewusst steuern wir beide in ihre Richtung. »Passport!«, sitzt uns die bekannte Stimme wie aus dem Nichts im Nacken und ihr Besitzer ist vor uns, noch ehe wir uns umdrehen können. Sein Blick ist ernst, seine Hand fordernd. Augenblicklich sackt mir das Blut in die Knie, in meinem Kopf dröhnt es, als ob eine Waschmaschine auf Hochtouren schleudert. Wie in Zeitlupe sehe ich Karsten nach den Pässen in seiner Brusttasche greifen. Langsam zieht er sie heraus, drückt sie dem Beamten in die Hand. Ich versuche den Sinn der Aktion zu erfassen, doch die Schleuder in meinem Kopf legt einen Zahn zu, schreit bei jeder Umdrehung: »Gleich merkt er es. Gleich merkt er es!« Doch der Mann in Uniform macht zufrieden auf dem Absatz kehrt, lenkt seine Schritte in Richtung des Flachbaus. Ich schaue ihm wie betäubt hinterher. Als sich die Tür des Gebäudes hinter dem Mann schließt, brüllt Karsten: »Lauf!« Die Schleuder stoppt abrupt, und mein Hirn gibt die Information unseres ungarischen Freundes frei: »Nur fünfzig Meter, dann seid ihr drüben!«.

Meine Beine empfangen Karstens Aufforderung, schießen los. »Die Schranke, wo ist die Schranke?«, schreie ich in die Dunkelheit. Eine markerschütternde Sirene schlägt Alarm. Um uns herum wird es auf einen Schlag taghell, etwa dreihundert Meter entfernt von uns blitzt etwas rotweiß auf, bewegt sich aus der Senkrechten in die Waagerechte. »Die Schranke!«, kreischen wir verzweifelt. Uniformierte Männer rennen uns von dort aus entgegen. Wir drehen uns um: Auch aus der anderen Richtung kommen Uniformen, unter ihnen der dicke Grenzposten. Hektisch rastern wir die Umgebung ab. »Hier lang!«, schreit Karsten und zerrt mich querfeldein weg vom Licht in die Dunkelheit. Für einen Moment bin ich wie geblendet. Ich renne weiter, übersehe die Senke vor mir und trete ins Leere. Karstens Hand rutscht aus meiner, als ich in den Graben stürze. Er rennt weiter, ich rapple mich panisch hoch, höre die Schritte meiner Verfolger bereits dicht hinter mir. So schnell ich kann, erklimme ich den Hügel vor meiner Nase. Es ist zu langsam, eine Hand packt mich von hinten am Arm, kurz darauf spüre ich den Atem des Dicken am Hals. »Karsten lauf!«, gröle ich so laut ich kann, dann versagt mir die Stimme. Mit den Augen folge ich Karstens schlankem Rücken und schicke röchelnd ein Stoßgebet gen Himmel, dass er es schaffen möge. »Mitkommen!«, befiehlt mein Überwältiger und schiebt mich mit festem Griff vorwärts. Wir sind keine zwei Schritte weit gegangen, da schallt Karstens verzweifelte Stimme durch die Nacht: »Ich habe ein Recht auf Freiheit!« Ich drehe mich um: Er liegt am Boden, zwei Grenzpolizisten auf ihm, einer dreht ihm den Arm hinten auf dem Rücken nach oben, so dass Karsten unfähig ist sich zu bewegen.

»Hoffentlich hat der ganze Trubel, den wir veranstaltet haben, dafür gesorgt, dass die anderen durchgekommen sind«, wünschen wir Sabine, Annett und ihren Freunden. Ich mustere den Holztisch vor mir. Er ist auf Hochglanz poliert, kommt mir vor wie eine Tafel, an deren entgegengesetzten Enden König und Königin schreien müssen, weil sie sich sonst nicht unterhalten können. »Vermutlich ist er gar nicht so riesig, sondern ich bin so klein wie Zwerg Nase«, schießt es mir durch den Kopf. Um meiner Umwelt zu entkommen, konzentriere ich mich darauf, tiefer ins Märchenland abzutauchen. »*Sindbad, Sindbad, schaut wie viel Glück dieses Kind hat!*«, singt das Mädchen in mir, beamt mich auf das Sofa in der Einzimmerwohnung meiner Oma, und ich kuschelte mich in eine Decke vor ihrem Fernseher, schaue mir das Abenteuer aus 1001 Nacht an.

»Die wollen uns mürbe machen«, holt mich Karsten aus Fantasia zurück. Ich schaue auf die runde Uhr an der Wand über der Eingangstür. Der lange schwarze Minutenzeiger springt mit einem »Klack« einen Strich weiter auf zehn Minuten. Der kleine Zeiger steht auf der Elf. »Wir sitzen jetzt seit anderthalb Stunden hier!«, regt sich Karsten auf. »Diesmal fahren wir ein!«, mutmaßt er weiter über unser Schicksal. »Das war ein echter Fluchtversuch, von wegen die Ungarn schauen nicht hin.« *»Die Welt ist groß, doch du bist klein!«*, summe ich das Titellied von Pinocchio, will mich wieder in meine Traumwelt verdrücken, will der Tatsache, dass uns diesmal vermutlich der echte Knast winkt und wir zurück in die DDR abgeschoben werden, nicht ins Auge blicken. Mein Lied ist bei *»Sieh das doch ein!«* angekommen, da rüttelt mich Karsten am Arm. »Sabine!«, zischt er zwischen seinen Zähnen hindurch. Mein Kopf ist noch immer auf die Uhr über der offenen Tür gerichtet, ich senke ihn ein Stück und schaue in den Korridor hinter ihr. Annette geht mit gesenktem Kopf vorbei, an der Hand ihren Sohn, neben ihnen ein Grenzpolizist. »Scheiße!«, flüstern wir. Wir wagen nicht, nach ihnen zu rufen, wollen keine Verbindung zwischen uns und ihnen herstellen. Wir starren schweigend weiter auf die Tür, doch niemand folgt der kleinen Gruppe. Wir fragen uns, was Westdeutschen droht, die bei dem Versuch, Menschen zu schmuggeln, erwischt werden. Ich bin aufgekratzt, weitere Fluchtversuche ins Kinderparadies missglücken, und ich gebe es schließlich auf. Irgendwann steht der Dicke plötzlich im Raum, klopft mit der flachen Hand auf eine braune Tasche an seinem Gürtel. Ich identifiziere sie als eine Pistole. Er schaut uns an, klopft noch einmal nachdrücklich darauf. Dann verlässt er den Raum. Wir haben seine Geste verstanden: Wir hatten Glück.

Die Minuten kleben an den Zeigern, lassen sie nur widerstrebend los. Ich rechne damit, dass jeden Augenblick jemand kommt und wir getrennt werden. In Gedanken gehe ich, so nüchtern wie möglich, die Optionen durch: Entweder der Beamte in der Botschaft hatte recht, dann wären wir in ein paar Stunden wieder frei. Die Tatsache, dass der Ungar doch hingeschaut hatte, uns nicht einfach laufen ließ, wir sogar mit einer Waffe eingeschüchtert wurden, macht die Aussage der Botschaft allerdings unglaubwürdig. Hier an der Grenze war von der neuen ungarischen Politik nichts zu spüren. Also muss ich den realen Fakten ins Auge sehen: Wir sind bei einem Fluchtversuch im Ausland erwischt worden, Ungarn hat mit der DDR ein Auslieferungsabkommen, und das bedeutete Gefängnis für uns.

»Noch irgendwas sagen aber was?«, überlege ich und ringe mit mir auf der Suche nach Worten. »Mach's gut!«, »Viel Glück!«, »Vergiss mein nicht!« Keine der Phrasen drückt das aus, was ich empfinde. Fragen wie: »Wirst du auf mich warten?«, »Werden wir uns wiedersehen?« oder »Liebst du mich?«, erscheinen mir sinnlos. Keiner von uns wird erfahren, wohin sie den anderen gebracht haben, wie lange er einsitzt, ob er herausgekauft wird oder einbricht und zurück in die DDR geht. Ob Karsten mich liebt oder nicht, ob ich meinerseits Gefühle für ihn habe – es spielt keine Rolle, ändert nichts an den Tatsachen, würde alles nur schlimmer machen, wenn es so wäre. Denn dann wären wir verletzlich, und sie hätten uns in der Hand. »Keine Liebe!«, befehle ich meinem Herzen und lege es auf Eis. Dann rudere ich gefühllos und leer durch die Zeit, entrücke meiner Umgebung von Minute zu Minute weiter. Irgendwann erscheint ein Mann. Und wiedermal klemmt eine Mappe unter seinem Arm.

Ein schwarzes Eisengitter öffnet sich quietschend. »Komm«, sagt Karsten sanft und zieht mich in die Gefängniszelle, aus deren Innerem uns kühle Luft entgegenschlägt. Das Gitter schließt sich hinter mir, ein Schlüssel wird knarrend aus dem Schloss gezogen, und ein Soldat mit Kalaschnikow postiert sich direkt vor den Stäben. Ich mustere unsere neue Unterkunft: ein Tisch, ein Stuhl, an der Wand eine Pritsche, darauf eine graue Decke. »Wie im Fernsehen!«, staune ich geistesabwesend, so als wenn ich nur Zuschauer und nicht Bestandteil der Szene bin, in der ich mich befinde. Endstation Knast, versuche ich mich in die Situation einzufinden. Doch alles bleibt irreal, scheint ohne mich zu geschehen.

»Was passiert jetzt mit uns?«, frage ich in den Raum.

Der Posten an den Gitterstäben dreht sich um, sendet einen scharfen Blick in meine Richtung.

»Lass uns erst mal hinlegen!«, raunt Karsten. Er schiebt mich sachte zu der Pritsche, ich lege mich an die Wandseite, er bettet sich davor. »Du hast Gänsehaut«, stellt Karsten fest, nimmt die Decke und breitet sie über uns aus. Sie liegt steif wie ein Brett. »Sie kratzt!«, jammere ich bei dem Versuch, die Decke enger um meinen Körper zu wickeln. Je mehr ich es versuche, desto mehr Nadelstiche ernte ich. Aber mit jedem Stich, den meine nackten Arme und Beine abkriegen, komme ich mehr und mehr in der Zelle an. »Nicht bewegen!«, bitte ich Karsten, als ich eine halbwegs wärmende Position gefunden habe. »Was nun?«, frage ich nochmals.

Der Soldat schießt einen zweiten Blick, Karsten versteht, und anstatt mir zu antworten, klopft er auf die Kuhle in seiner Schulter. Ich schmiege mich hinein. Er schiebt vorsichtig seine Arme und Beine zwischen die Decke und mich, und wir klammern uns aneinander, als ob wir uns nie wieder loslassen wollen. Da kein Zweifel daran bestand, dass wir versucht hatten, aus Ungarn nach Österreich zu fliehen, hatten wir unseren Fluchtversuch sofort gestanden. Der Beamte hatte uns dann noch eine Weile vor seinem Tisch schmoren lassen, uns schließlich ohne einen Kommentar, wie es nun weitergehen würde hierher bringen lassen. »Liebe«, umschmeichelt eine warme Brise mein Herz. »Es hätte Liebe werden können.« Stumm dämmern wir zwischen siebtem Himmel und tiefster Hölle dahin. Meine Gedanken driften langsam ab. Dann kommt mir das geschundene Gesicht von Falk in den Sinn. »Was haben sie im Knast mit dir gemacht?«, frage ich mich im Stillen. Nun, ich werde es bald wissen. Mein Herz krampft sich zusammen: Es hatte wehgetan, als ich feststellen musste, dass Falk nicht zurückkommen würde. Ich war verletzt gewesen, dass er mich nicht in seine Pläne eingeweiht hatte, sondern einfach so aus meinem Leben verschwunden war, ohne ein Wort, ohne einen letzten Gruß. Wir waren uns so nah gewesen, hatten so viel gemeinsam erlebt, hatten im Sandkasten Burgen gebaut, literweiße Wasser in ihre Gräben gegossen, zugeschaut, wie es langsam versickerte. Wir hatten Tonnen selbstgebackenen Mohn-, Quark- oder Sandkuchen meiner Mutter um die Wette verdrückt, uns kaputtgelacht, wenn uns danach schlecht war. Manch Girl oder Boy war eingeschnappt von dannen gezogen, wenn Falk und ich in der Disco zusammen tanzten, weil er oder sie dachte, wir seien ein Paar. Falk war es, der sich stundenlang meine Schmachtsongs auf dem Kassettenrecorder angehört hatte, mir vorhergesagt hatte, dass ich mit meiner großen Liebe schon bald zusammenkommen würde. Er hatte mit mir gefeiert, als es endlich soweit war. Wieso war er einfach so mir nichts, dir nichts abgehauen? Plötzlich verstehe ich: Er wollte mich schützen. Ich hatte es mit meiner Mutter, mit Freunden und meiner Schwester genauso gehalten, um sie nicht zu gefährden. Bewunderung steigt in mir auf: Das, wovor ich mich gerade furchtbar fürchtete, was ich auf keinen Fall erleben wollte und wovon ich nicht sicher war, wie lange ich es durchhalten würde, war für Falk von vornherein klar gewesen – sein Weg in den Westen würde übers Gefängnis führen.

Karsten scheint in Gedanken in ähnlichen Gefilden unterwegs zu sein, denn er drückt mich fester an sich. Ich muss an die letzte Umarmung meines Bruders Peter denken – auf dem Bahnsteig von Erfurt, in der Kälte, im Dunkeln.

Nach den Tränen, als Peters Zug ausgerollt war, hatte mich blinde Wut gepackt, und ich hatte am nächsten Tag auf der Arbeit herumgeschrien, wie ich die roten Socken und ihren Scheiß-Kommunismus hasse. Der Abteilungsleiter hatte mich schnell beiseite genommen, mich in den Feierabend geschickt. Ich hatte den Abend gefeiert – mit Rotwein, Tränen und Udo. »Das war mein Lehrer!« las ich immer wieder, lallte es irgendwann gebetsmühlenartig vor mich. Die Worte in dickem Rot umrandeten ein Foto von Udo Lindenberg. Das Kunstwerk stammte von Peter. Er hatte es meiner Schwester geschenkt, es hing, seit er gegangen war, an der Wand in unserem Zimmer. Es war nicht nur ein Foto, für uns war es unser Schrein, unser Altar, Udo unser Guru, wir beteten ihn an. Wir klimperten vor ihm »*Streets of London*«, »*Sag mir wo die Blumen sind*« und »*Es gibt kein Bier auf Hawaii*, es gibt kein Bier« auf der Gitarre, trällerten mit schrägen Stimmen die Texte dazu. Oder wir ließen die wenigen LPs, die wir besaßen, so lange auf dem Plattenspieler laufen, dass wir fürchten mussten, die Nadel würde so heiß, dass die Rillen der Platten schmolzen. Wir folgten Genesis zu »*Follow me*«, rissen mit Pink Floyd »*The Wall*« ein, trafen uns mit Peter hinterm Horizont. »*Hinterm Horizont geht's weiter, ein neuer Tag. Hinterm Horizont im-*

mer weiter, zusammen sind wir stark!«, summe ich leise im Dunkel der Zelle vor mich hin. Genau wie früher in meinem Zimmer entfalten sie auch in der Zelle ihre Wirkung, lassen Mut, Power und positive Energie in mir aufsteigen, machen mich stark: »Peter, Agga, Falk – ich lasse mich nicht unterkriegen, werde durchhalten, es schaffen, wir werden uns wiedersehen! Komme was wolle!«

»Das mit uns geht so tief rein, das wird nie zu Ende sein …«, stimmt Karsten neben mir in Udos Lied ein.

»Aufstehen!«, befiehlt eine Stimme, und wir schrecken aus unserer Umklammerung hoch. Unsere Hände greifen nacheinander, und unsere Finger verhaken sich. »Aufstehen!«, wiederholt der Befehlsgeber. Er steht im Eingang unserer Zelle. Durch die Gitterstäbe vorm Fenster dringt Licht in den Raum, Schlaf musste uns übermannt haben, denn wir hatten es nicht gemerkt, als die Tür aufgeschlossen wurde. Wir gehorchen so schnell wir können, gehen, die Hände immer noch umklammert, in Richtung Ausgang. Der Unbekannte in der Tür lässt uns vorbei. Neben dem Gitter steht der Soldat mit der Kalaschnikow. »Vorwärts!« Die Stimme, die eben noch im Raum war, ist jetzt hinter uns. Wir werden durch einen Gang eskortiert. Eine Tür wird geöffnet, noch ein Gang, eine weitere Tür, dann stehen wir im Morgengrauen. »Dort lang!«, herrscht die Stimme uns an, und wir schauen in die Richtung, in die unser Begleiter blickt. Ein paar Meter entfernt steht ein Kleintransporter. Seine Scheiben sind abgedunkelt. Wir gehen auf das Auto zu, müssen um es herum, um einzusteigen. Als unsere Augen sich nach ein paar Sekunden an das spärliche Licht, das durch die abgedunkelten Scheiben von draußen in das Auto fällt, gewöhnt haben, erkennen wir, dass wir nicht allein sind: Fünf weitere Personen sitzen auf den Plätzen hinter uns. Keiner traut sich, etwas zu sagen. Argwöhnisch blicke ich um mich, versuche mir einen Eindruck von den anderen Insassen zu verschaffen. Sie sind alle sommerlich angezogen, der Arm einer Frau in einem ärmellosen T-Shirt sticht mir ins Auge – er ist übersät von Kratzern und flachen Schnitten, das Blut frisch angetrocknet. Mein Blick gleitet ihren Arm entlang nach oben zum Gesicht. Sie schaut mich an, sagt aber nichts. Ich blicke wieder weg, aus dem Fenster, um zu erfassen, wo wir sind. Ich sehe das Haus, aus dem wir gerade gekommen sind, stelle fest, dass wir von einer Mauer mit Stacheldraht umgeben sind. Der Mann, der uns hergebracht hat, ist weg, zwei Grenzsoldaten stehen neben unserem Auto. Sie stehen still, die Waffen geschultert. Auch die Zeit steht still, hat, im Gegensatz zu den Soldaten, ihre Gewehre entsichert, zielt mit Ungewissheit auf uns. Ich höre die Menschen um mich herum atmen, kann sie riechen: Es ist Angstschweiß, die Luft im Wagen verbraucht. Udo ist mit meinen Brüdern hinterm Horizont abgetaucht und mit ihnen meine Zuversicht. Endlich steigen vorn in dem Transporter drei Männer ein: einer in Uniform, zwei in Zivil. Der in Uniform lässt den Motor an, wir bewegen uns langsam vorwärts. Wir fahren einen Halbkreis, dann nehmen wir Kurs auf ein eisernes Tor. Zwei Uniformierte beeilen sich, es zu öffnen, und wir rollen nach draußen. Der Kleinbus legt an Tempo zu, ein paar Kurven, dann sind wir auf einer langen, rechts und links von Bäumen gesäumten Straße.

Glückspilze!, denke ich. Euch ist egal, wo ihr aufwachst, solange es nur genug Wasser gibt. »Wolltet ihr auch über die grüne Grenze?«, fragt die Frau mit den Kratzspuren auf dem Arm leise.

»Ja«, kommt es von mehreren Seiten. »Weiß einer von euch, wohin wir fahren?«, fragt eine andere Stimme.

»Nein«, sind sich alle Insassen einig. Wir fahren an einem Ortseingangsschild vorbei, ich kann es nicht lesen, wir sind zu schnell. Dann hält der Wagen. »Sieht aus wie ein Bahnhof«, stellt eine Männerstimme fest. Ich zucke zusammen. »So schnell?!«, sage ich mit zittriger Stimme. »Ich dachte, wir sitzen erst mal eine Weile in Ungarn in U-Haft.«

Die Männer aus dem Fahrerraum steigen aus, einer öffnet unsere Tür. »Aussteigen bitte«, sagt er. Nacheinander treten wir aus dem Auto ins Licht. Unsere kleine Gruppe wird in das Gebäude vor uns geleitet. Es gehört tatsächlich zu einem Bahnhof. Wir werden an ein Gleis gebracht, ein Zug rollt ein. Seine Räder quietschen ohrenbetäubend, als er anhält. Lediglich ein paar Türen öffnen sich, und eine Handvoll Menschen steigen aus. »Er endet in Budapest«, sagt einer unserer Wachmänner in brüchigem Deutsch. »Ihr steigt erst dort wieder aus!«, befiehlt er weiter. »Geht zur Botschaft, und lasst euch hier nicht mehr blicken!«, lautet sein letzter Befehl, dann tritt unser Wachkommando einen Schritt zurück, so dass wir einsteigen können. Völlig benebelt, erklimme ich die erste Stufe des Eisenbahnwaggons, kriege das, was ich erwartet habe, nicht mit dem, was gerade geschieht, in Deckung. Karsten ruckt von oben an meiner Hand, die er bis jetzt nicht losgelassen hat, und zieht mich in den Zug. Der Beamte knallt die Tür von außen zu. Meine Augen suchen den Rest der Gruppe. Die anderen fünf sind verschwunden. »Sind in andere Wagen eingestiegen«, errät Karsten, was ich wissen will. Ich schaue ihn an, sehe, wie sich die Muskeln in seinem Gesicht langsam entspannen, die Stirnfalten sich glätten. »Ich glaub's einfach nicht!«, stößt er hervor, massiert sich dann die Nasenwurzel, als wenn er spüren müsste, dass er noch da ist. Wir nehmen uns in den Arm, verharren einen Moment, dann sprudelt Karsten erleichtert los: »Die in der Botschaft haben recht gehabt, es wird keiner zurückgeschickt.«

Unter den neugierigen Blicken der Reisenden suchen wir uns einen Sitzplatz. Ich schiebe mich auf einen Platz am Fenster, lasse mich erleichtert an die Lehne plumpsen. Ich schließe die Augen, ich bin erschöpft, will für einen Moment die Welt um mich herum ausblenden. Der Zug ruckt an, und ich schnelle leicht nach vorn, öffne die Augen. Ein vergilbtes Schild gleitet draußen am Bahnhof an uns vorbei. »Hegyesalom«, entziffere ich die Buchstaben darauf. »Hegyesalom«, gebe ich das Wort erstaunt an Karsten weiter. »Das Pupsnest hat einen Bahnhof!«

Karstens Gesicht erstarrt: »Dann ist das der erste Bahnhof hinter der tschechischen Grenze!«

»Und?«, frage ich sorglos.

»Wenn sie gelogen haben und der Zug fährt nicht nach Budapest, dann ist der nächste Stopp in der CSSR!«, presst Karsten heraus. Ich brauche ein paar Sekunden, bis ich verstehe, was das bedeutet: Es könnte sein, dass man uns dort bereits erwartet, dass die Ungarn uns bei der tschechischen Polizei gemeldet haben und es ihr überlassen, uns in die DDR zurückzubefördern. So hätten sie sich unserer entledigt, ohne das Gesicht zu verlieren. Wenn dem so wäre, dann hätten wir für lange Zeit ausgelacht, denn die Tschechen waren dafür bekannt, dass sie ostdeutsche Flüchtlinge nicht mit Samthandschuhen anfassten.

Als mir die Tragweite bewusst wird, hält mich nichts mehr auf meinem Sitz, und ich stolpere durch die Abteile, frage die Reisenden: »Wohin fährt der Zug?« Karsten hastet ebenfalls los. Der erste Fahrgast versteht nicht, was ich von ihm will, und schüttelt den Kopf: »Nix verstehen!«

»Next stop?«, höre ich Karsten und sehe, dass auch er unverrichteter Dinge zum nächsten stürmt. Ich spähe in die

Ablagen über mir, versuche mir aus dem Gepäck der Leute zusammenzureimen, woher sie kommen: ein grüner Koffer aus Lederimitat, zusammengehalten von einem braunen Ledergürtel, eine Reisetasche in verblichenem Beige, ein paar Körbe aus Weidenruten geflochten. Weiter vorn entdecke ich eine Kraxe in Rot, ähnlich wie meine. Ich suche auf den Sitzen darunter nach der Person, die dazu passen könnte, finde ein paar Jesuslatschen. Der Typ, der zu ihnen gehört, hat sich seine Jacke über den Kopf gezogen, pennt vermutlich. Im nächsten Abteil entdecke ich neben einer Frau eine säuberlich zusammengefaltete Plastiktüte. Das Blau, Grün und Gelb auf der weißen Grundfläche ist so abgewetzt, dass ich das Produkt, für das sie wirbt, nicht mehr rekonstruieren kann. Ich erinnere mich, wie vorsichtig ich mit Westtüten umgegangen war. Und nicht nur ich: Wer eine hatte, war bedacht darauf, dass sie so lange wie möglich hielt, jedes Loch darin glich einem Drama, zerrissene Griffe kamen fast einem Weltuntergang gleich. Bei mir waren die Tüten meist nachmittags zum Einsatz gekommen, wenn ich Englisch- oder Sportunterricht hatte, nur ein Heft oder Turnschuhe, Shirt und Hose mitnehmen musste. Die Lehrer sahen die Tüten mit der Werbung des Klassenfeindes nicht gern, doch sie duldeten sie.

»Entschuldigung?«, wage ich es, die Besitzerin der Tüte anzusprechen.

Sie hebt den Kopf: »Bitte?«

Ich stelle meine Frage.

»Budapest«, antwortet sie. »Ich fahre nach Budapest.« »Wirklich?«, entgegne ich ihr. »Sie wollen nicht in die Tschechoslowakei[37]?«

[37] Die Tschechoslowakei wurde 1990 aufgelöst; aus ihnen hervorgegangen sind das heutige Tschechien und die Slowakei.

»Budapest!«, wiederholt die Plastikqueen etwas schnippisch und bewegt die Hand wie eine Königin, die einen Untertan fortwinkt. Ich bin in der Tat kurz davor, mich auf die Knie zu werfen und ihr die Füße zu küssen, so dankbar bin ich, dass sie bei ihrer Aussage bleibt. Doch ich will es hundertprozentig, frage noch drei andere Reisende nach dem Ziel. Als Karsten zurückkommt und ebenfalls »Budapest« vermeldet, atme ich auf: »Kein Sonderzug nach Pankow!«

5. August 1989, Nähe Györ, Ungarn – Straßenrand

»Welchen Teil von *nein* hast du nicht verstanden?«, fauche ich Karsten an, versuche meine Wut im Zaum zu halten.

»Ich verstehs einfach nicht!«, gibt er ruhig zurück. »Es war doch alles klar und auf einmal zickst du rum!«

»Ich zicke rum?«, rege ich mich auf. »Nach allem, was wir die letzten Wochen erlebt haben, bezeichnest du mich als Zicke? Und das ganze Jahr davor…!« Ich kann den Satz nicht beenden, meine Stimme versagt. Sprachlos stehe ich am Straßenrand, stiere Karsten ins Gesicht.

»Wir haben hart trainiert, damit wir schwimmen können, es war immer klar, dass das eine Option ist! Und jetzt ist es soweit: Ich hab keinen Bock mehr, Spielball des Zufalls zu sein, ich will mich einfach nur auf mich verlassen, sonst niemanden!« Karsten schaut mir provozierend in die Augen, und ich sehe ihm an, dass gleich etwas Verletzendes kommt.

»Lass es!«, will ich noch sagen, doch sein Mund ist schon geöffnet, wirft mir die Worte: »Hast du mich die ganze Zeit verarscht?« an den Hals.

Seit zwei Stunden stehen wir am Straßenrand, halten unsere Daumen in die Luft. Doch niemand hält an.

Nachdem wir erfahren hatten, dass der Zug, in dem wir saßen, nach Budapest fuhr, hatte uns eine fast schon hysterische Euphorie gepackt. Es fühlte sich an, als wenn uns jemand ein zweites Leben geschenkt hatte. Als wir wieder etwas runtergekommen waren, hatten wir im Zug entschieden, den Grenzpolizisten nicht zu gehorchen und nach Budapest zu fahren, sondern in Györ auszusteigen und zurück zum Balaton zu trampen. Unsere Sachen standen noch im Garten von Dr. Barath, und wir brauchten nach der Odyssee der letzten Nacht etwas Ruhe, mussten uns ausschlafen, neu sortieren. Das zumindest hatte ich aus dem Gespräch entnommen, das wir geführt hatten. Dann kam Karsten am Straßenrand mit seinem wahren Vorhaben um die Ecke: »Ich hab am Balaton in einem Laden Surfanzüge gesehen, die holen wir heute noch, eine Nacht pennen und dann ab dafür. Donau wir kommen!« Er hatte mich zufrieden angeschaut, eine Sicherheit angestrahlt, die keine Zweifel zuließ, dass wir es diesmal schaffen würden. Mir hatte es sofort die Kehle zugeschnürt, das Versprechen, das ich mir selber in Budapest gegeben hatte, war sofort gegenwärtig, und ich sprach es aus, machte reinen Tisch: »Ich werde nicht durch die Donau schwimmen.« Aber Karsten wollte das einfach nicht akzeptieren, sondern wiederholte immer wieder das Gleiche: »Wir haben dafür trainiert. Alles war klar. Ich verstehe nicht, wo das Problem ist.«

»Ich eine Lügnerin?« Ich finde meine Sprache wieder. »Du unterstellst mir, dass ich dich die ganze Zeit angelogen habe?« Meine Stimme wird schrill, und ich wiederhole Karstens Anschuldigung: »Ich eine Lügnerin, die dich verarscht?!« Ich bin blind vor Wut, werde immer lauter. Es ist mir egal, was die vorbeifahrenden Autofahrer denken, was Karsten denkt. »Sei endlich still«, brüllt Karsten zurück und hält sich die Ohren zu. Der Vulkan in mir kocht über, sprüht Funken, verspritzt sein vernichtendes Feuer: »Ich erspare dir die lügende Zicke!« Dann kehre ich ihm den Rücken und stapfe den Straßenrand entlang, drehe mich um und rufe: »Schönes Leben noch!«

»Ebenfalls!«, schreit Karsten mir hinterher.

Ich fange an zu rennen, werde immer schneller, kann keinen klaren Gedanken mehr fassen. »Weg! Nur weg – von hier, von diesem Typen, von allem«, schreit es in mir. Ein Feldweg quert die Straße, ich renne hinein, renne über kurze Grasstoppeln, bis ich keine Luft mehr kriege. Schweißtropfen perlen auf meine Stirn, Tränen der Verzweiflung und der Wut aus meinen Augen. Ich stolpere, falle hin. »Einfach liegen bleiben!«, schluchze ich. Das gesammelte Elend der letzten Wochen, die Anspannung der vergangenen Monate, der Schmerz um den Verlust meiner Brüder – eine emotionale Flutwelle, einem Tsunami gleich, türmt sich meterhoch in mir auf, stürzt dann bretthart zusammen. Sie reißt mich mit, wirbelt mich in die Tiefe. Ich habe keine Kraft, mich zu wehren, lasse es geschehen. Tränen stürzen in Strömen aus meinen Augen, und mein ganzer Körper wird geschüttelt. Irgendwann lässt das Toben in mir nach, werde ich nur noch von gelegentlichen Wellen in die Höhe gehoben und ins Tal geworfen. Nach und nach ebbt die Flut ab, ich fühle mich erleichtert, drehe mich auf den Rücken, schaue in den Himmel. »Ich bleibe einfach hier liegen«, nehme ich mir trotzig vor.

»Hinfallen ist keine Schande, aber liegen bleiben!«, spricht die Stimme meines Vaters wie aus der Ferne zu mir. Das Meer in mir tobt wieder los: »Warum bist du noch nicht zur Arbeit, Papa?« Ich sehe mich in der Tür des Badezimmers in unserem Neubaublock stehen. Ich kenne die Abfolge der Bilder, die mein Gehirn mir gleich liefern wird, es hat sie in den letzten zwölf Jahren wieder und wieder abgespult.

Mein Vater steht vor dem Plastikspiegelschrank im Badezimmer. Eine der beiden orangefarbenen Türen ist geöffnet, Pinsel, Rasierschaum, Rasierapparat, die sonst dort stehen, sind weg.

Ich sitze auf dem Rand der Badewanne neben meinem Vater. Hinter mir an die Wand geschraubt eine Art Sideboard. Es hat drei orangefarbene Schubfächer nebeneinander. Auf dem Sideboard ist eine Glasplatte. In ihr spiegeln sich Plastikflaschen von Fa, Nivea und anderen westdeutschen Kosmetikprodukten. Die Behälter sind allesamt leer, stehen nur zur Dekoration da. Mein Vater trocknet sich die Hände ab. Dann bindet er seine Krawatte aus glänzend blauem Stoff. Als er den Knoten zwischen den Hemdkragen festsetzt, sagte er: »Ich gehe heute später, mein Schatz.«

»Kommst du dann heute Abend auch später, Papa?«

»Vielleicht ein wenig.«

Ich erhebe mich von der Wanne, gehe mit meinem roten Lederschulranzen auf dem Rücken und einem »Tschüss Papa!« an meinem Vater vorbei. Ich bin zehn Jahre alt, muss zur Schule. Als ich am Nachmittag nach Hause komme, fehlen zwei Bilder an der Wohnzimmerwand, auf meinem Schreibtisch finde ich einen Brief, darauf die schnörkelige Handschrift meines Vaters. Ich öffne den Brief, falte das Blatt darin auseinander und lese: »Ich werde immer für dich da sein. Ich hab' dich lieb. Dein Vati.«

Das Blatt mit seinen Worten in der Hand rannte ich ins Wohnzimmer zurück, öffnete die Türen zu den Fächern der Schrankwand, in denen ich seine Sachen wusste. Sie waren leer. Ich wusste, dass meine Eltern seit zwei Jahren geschieden waren, aber von ausziehen war nie die Rede gewesen.

Ich ahnte, wo ich meinen Vater finden könnte: Er hatte mich einmal mit in eine Wohnung genommen – ähnlich der unseren eingerichtet: Schrankwand aus Presspappe mit Fernseher, Vasen und Schnickschnack darin, ein Sofa, davor ein Couchtisch, jeweils ein Sessel rechts und links daneben. Auf dem Teppich neben dem Sofa ein Metallbaukasten, ein paar Autos, ein Brummkreisel.

Ich holte meine Spardose, zählte vierundzwanzig Pfennig ab, bezahlte mit der Hälfte davon einen Straßenbahnfahrschein, fuhr durch die Stadt zu der Adresse. Eine Frau ließ mich ein, über ihrem Sofa an der Wand die Bilder aus unserem Wohnzimmer, auf dem Teppich ein Junge, ein paar Jahre jünger als ich. Als ich wieder zu Hause ankam, hatte ich die zweiten zwölf Pfennig für das Straßenbahnticket noch in der Hand.

»Weg – alle sind weg!«, bricht es aus mir raus. Das Kindheitstrauma, an dem ich so viele Jahre gekaut, das ich schließlich in kleinen Brocken runtergeschluckt, aber niemals verdaut hatte, bahnt sich einen Weg nach draußen, und ich schlage mit den Fäusten um mich wie ein Kleinkind im Supermarkt, dem die Mutter gerade verklickert hat, dass es die Bonbons, die es in der Hand hält, zurück ins Regal legen soll.

Zwei Arme legen sich um mich, und ich rieche Karstens Duft. Ich atme ihn ein, werde langsam ruhiger. Karsten zieht mich vorsichtig an sich, hält mich dann fest. »Tut mir leid«, flüstert er mir ins Ohr.

»Tut mir leid!«, betone ich nach einer Weile. Schweigend sitzen wir Arm in Arm, schauen Schmetterlingen und Hummeln zu, die über Gräsern tanzen. »Ich hab Angst!«, erzähle ich mehr den Insekten als Karsten. »Schwimm allein, ich kann das nicht!«, gebe ich ihn frei.

Eine Stunde später halten wir am Straßenrand gemeinsam unsere Daumen in die Luft. Es dauert nicht lange, da hält ein hellbraunes Auto, das Beifahrerfenster wird runtergeleiert, und ein freundliches Gesicht lächelt uns entgegen. »Wohin wollt ihr?«, fragt die junge Frau mit kurzen braunen Haaren. »Balaton«, antworten wir einsilbig. Die Tür öffnet sich, und zwei Beine in Sandalen schwingen sich heraus.

Sie stecken in einer khakifarbenen Shorts. »Anke«, stellt sich ihre Besitzerin vor, löst etwas an ihrem Sitz und klappt ihn nach vorn. »Voila!«, sagt Anke fröhlich mit einer Art Singsangstimme.

»Du zuerst!«, sagt Karsten, und ich steige ein, rutsche hinter den Fahrersitz. Karsten setzt sich neben mich, Anke klappt den Sitz zurück, stößt damit an Karstens Knie. »Sorry, so ein Polo ist zwar kein Mini, aber eben auch kein Mercedes!« Beide lachen, aber ich kann nicht einstimmen, denn ich weiß nicht, was sie mit Polo und Mini meint, das Wort Mercedes kenne ich: Es hatte ein paar Experten in meiner Klasse gegeben, die Westbesuchern, die mit Autos dieser Marke kamen, den Stern von der Motorhaube klauten. Er war eine Art Trophäe, ließ sich gut gegen begehrte Sachen wie Kaugummibilder oder Matchbox kuddeln[38] und machte sich prima an Fahrradlenkern.

Anke bezieht Platz vor Karsten und zieht die Autotür kräftig zu sich heran. Es knallt dumpf, aber das Schloss rastet nicht ein. Mit den Worten: »Ruhig, Brauner!«, als ob sie ein Pferd zähmen würde, öffnet Anke nochmals die Tür, holt sie mit Schwung zu sich heran. Es klappt, das Schloss schnappt ein, und Anke ruckt ihren Sitz vor, um Karsten etwas mehr Beinfreiheit zu verschaffen.

---

[38] tauschen

»Ich bin Antje«, stellt sich die junge Frau am Steuer vor und gibt beherzt Gas. Der Motor des Braunen bäumt sich kurz auf, dann setzt sich unser Gefährt in Bewegung. Meine Wessischüchternheit holt mich wieder ein, und ich gucke aus dem Fenster, lasse mal wieder Bäume und Straßenbegrenzung an mir vorbeigleiten.

»Klasse, dass ihr uns mitnehmt!«, versucht Karsten lässig zu sein.

»Sie sind der Meinung, das war spitze!«, springt »Dalli Dalli« Moderator Hans Rosenthal in meinem Kopf hoch, und die Zuschauer im Studio klatschen brav Beifall.

»Was ist euer genaues Ziel am Balaton?«, will Antje wissen.

Karsten nennt ihr den Ort. »Ist nordöstlich quasi an der Ecke vom Balaton, mehr östlich also«, nordet er die Mädchen ein.

»Wir lassen uns treiben«, sagt Anke hippielike. »Bin gespannt, wo uns das Schicksal hinspült!«

Es geht noch eine ganze Weile so hin und her, wir erfahren, dass die Mädels gerade erfolgreich ihre Ausbildung als Erzieherinnen abgeschlossen haben und der Ungarntrip die Belohnung für die durchgestandenen Mühen ist. »Ist unsere erste Reise ohne Eltern«, sagt Anke stolz.

»Das ist sicher aufregend!«, höre ich Karsten.

Antje nickt: »Sind aus Stuttgart. Und wo kommt ihr her?«

»Von der Grenze«, sagt Karsten wahrheitsgemäß, lässt unsere wahre Herkunft offen.

Eine Weile herrscht Stillschweigen, dann wundert sich Anke: »Wo ist eigentlich euer Gepäck? Ihr hattet gar nichts dabei.« Ich lasse die Bäume draußen links liegen und steige in das Geplänkel im Auto ein: »Am Balaton.«

Wieder Schweigen. Dann wundert sich Antje: »Wie geht

das – ihr kommt von der Grenze, aber eure Sachen sind am Balaton?« Karsten und ich schauen uns an, erzählen dann den beiden schließlich die Geschichte. Sie sorgt dafür, dass unsere netten Mitnehmerinnen einigermaßen von der Rolle und sprachlos sind. Nach geraumer Zeit kommt von vorne: »Wir würden euch gern helfen!« Es ist eines dieser »würde«, die spüren lassen, dass der Wille stark, die Kluft zwischen Theorie und Praxis aber unüberwindbar ist, eines, das ausgesprochen wird, obwohl man weiß, dass man nichts tun kann. »Aber wir wissen nicht wie«, kommt pronto von vorn.

»Ihr könntet Katrin auf der Rückfahrt mitnehmen!«, schlägt Karsten vor, und ich zucke ob seiner Dreistigkeit zusammen. Vorne atmen die Mädels hörbar aus. Im Auto herrscht Totenstille, alle haben sich in ihre Schneckenhäuser zurück gezogen, keiner traut sich mehr aus der Deckung. Die folgenden Kilometer dehnen sich in die Länge, als wäre der Braune ebenfalls zu einem der schleimigen Vertreter mutiert. »Wie soll das gehen?«, fragt Anke plötzlich vorsichtig. Wieder Schweigen. Dann rutscht Karsten auf seinem Platz nach vorn, so dass er mit dem Oberkörper zwischen die Mädchen kommt: »Im Kofferraum?«

Klopf alles in die Tonne

12. August 1989, Balatonfüzfö, Ungarn – Bahnhof

»Das kannst du voll knicken!«, frotzle ich und kicke gelangweilt ein Steinchen am Boden durch den Staub. Es rutscht erst über den Bürgersteig, plumpst über die Kante, dann mit einem metallischen »Plong« auf den Gullydeckel und verabschiedet sich schließlich ins Abwasserkanalsystem. »Hast du das gesehen?«, freue ich mich diebisch.

»Was?«, fragt Karsten. Er sitzt neben mir auf der dreistufigen Betontreppe.

»Na, wie ich den Stein von hier ins Nirwana befördert habe!«

»Toll«, sagt Karsten geistesabwesend.

Ich schaue ihn an, er wirkt angespannt, seine Kiefer mahlen mit geschlossenem Mund aufeinander, seine Lippen sind schmal. Wie eine Katze das Mauseloch, fokussiert er die Kurve der Straße.

»Die kommen niemals! Wetten?«, stichle ich. Ich weiß, dass ich gemein bin, dass ich etwas Optimistisches von mir geben sollte, aber ich kann nicht anders. Ich habe mich in Sarkasmus geflüchtet, kann die »Was wäre Wenn's und Wie's« nicht mehr ertragen.

Die vergangene Woche hatte sich dahingeschleppt, unsere Hauptbeschäftigung war Zeit totschlagen gewesen. Das Wasser des Balatons, die Sonne darüber oder die Diskos drumherum lockten uns nicht. Selbst die Möglichkeit, dort Leute kennenzulernen, die uns vielleicht helfen konnten, ließ unser Blut nicht schneller zirkulieren, brachte uns nicht dazu, uns zu irgendwas aufzuraffen. Die Luft war einfach raus. Karsten redete nur noch vom Kofferraum des Braunen und der Donau, war pausenlos damit beschäftigt, die eine oder andere Variante zu planen. Anfangs war ich wütend: Fiel es ihm so leicht, sich von mir zu trennen? Doch ich musste mir eingestehen, dass es so das Beste wäre, dass wir es zusammen vermutlich nicht schaffen würden. Nach dieser Einsicht hatte ich, wenn auch halbherzig, versucht, mit in den Fluchtkanon einzustimmen. Doch nach ein paar Tagen nervte mich die immer wieder gleiche Leier, denn ich hielt die Rückbank für absoluten Nonsens, und von der Donau hatte ich mich innerlich längst verabschiedet. »Was ist denn nun so anders an der Donau als an unserem Baggersee in Erfurt?«, hatte Karsten ein paar Tage nach dem Desaster am Straßenrand bei Györ gefragt, und ich hatte ihm von meinen Alpträumen und den schreienden Kindern erzählt.

»Dann hast du mir also doch was vorgegaukelt!«, stellte er fest, als ich geendet hatte, und mir war in der Tat etwas mulmig geworden. Bisher war ich felsenfest der Überzeugung, dass ich gar nicht lügen konnte, doch das, was ich da abgeliefert hatte, war eine Meisterleistung, gestand ich mir ein und sagte kleinlaut: »Es tut mir leid!«

Karsten blickte mich ernst an. Ich versuchte ein Augenkullern über den Brillenrand. »Es ist schon unberechenbar, eine heikle Angelegenheit«, räumte Karsten schließlich ein. Von da an war das Thema Donau passé, was mich auch nicht glücklicher machte. Denn Karsten versank immer öfter in Gedanken, war nicht wirklich ansprechbar. »Vielleicht plant er schon seinen Alleingang«, dachte ich bei mir. Er hatte nach der Nacht im Knast deutlich gemacht, dass er sich nur noch auf sich verlassen wollte. Das Thema: Plan J[39] – Was, wenn die Mädels nicht zurückkommen? – brachte er nicht auf den Tisch, und ich vermied es tunlichst, es zu servieren. So flüchteten wir uns in die irrsinnige Hoffnung, dass Antje und Anke nach ihren Urlaubsfreuden am Balaton zum Bahnhof von Balatonfüzfö, wo sie uns eine Wo-

[39] Plan A: Mit Makoto nach Japan; Plan B: Über den Pamir nach Indien; Plan C: Über die Ostsee nach Finnland; Plan D: Über den Landweg nach Finnland; Plan E: Über den Neusiedler See nach Österreich; Plan F: In der Botschaft in Budapest um Asyl bitten; Plan G: Über die grüne Grenze nach Österreich; Plan H: An einem offiziellen Grenzübergang von Ungarn nach Österreich; Plan I: Katrin als Rückbank nach Österreich schmuggeln

che zuvor abgesetzt hatten, zurückkehren würden, um mich nach Österreich zu schmuggeln. »Samstag sechzehn Uhr sitzen wir vorm Bahnhof«, hatte Karsten den Plan gemacht und die beiden Westdeutschen auch gleich vom schlechten Gewissen freigesprochen: »Wenn ihr kommt, ist es toll, wenn nicht, macht euch keine Gedanken! Wir sind nicht sauer oder so.«

Kann euch ja eigentlich auch Banane sein, ob wir sauer sind oder nicht, ihr seht uns eh nicht wieder«, hatte ich innerlich in die Rücklichter des Braunen geunkt.

Unbewusst tastet mein Fuß den Boden ab, wird fündig, ich ziehe das Bein zurück, nehme Schwung und trete nach dem runden Stein von der Größe eines Markstückes. Ohne auf den quadratischen Betonsteinen, die bis zur asphaltierten Straße den Bürgersteig bilden, zu ratschen, scheppert es kurz vom Gullideckel, dann folgt ein hohles Geräusch. »Versenkt!«, freue ich mich über meinen zweiten Volltreffer und lobe mich: »Hab dem Kumpel geholfen, sich vom Acker zu machen!«

Karsten guckt kurz zu mir rüber, zieht fragend die Augenbrauen hoch, richtet seinen Blick dann wieder suchend auf die Straße. »Der Stein! Gulli!«, bekommt Karsten die Kurzform. Keine Reaktion. Ich greife mir nach Art des außerirdischen »Mork vom Ork[40]« an die Ohren und schiebe mich vor Karstens Gesicht. »Nano-nano!«, benutze ich Morks Sprache, um mich in Karstens Gegenwart zu orken. Es klappt, Karsten stiert zwar weiter an mir vorbei auf die Kurve an der Ecke, aber er muss lächeln.

[40] Sitcom mit 95 Episoden; die ab 1979 im ZDF gesendet wurde; Der Außerirdische »Mork vom Ork« war der Durchbruch von Robin Williams, einem der besten Schauspieler, den die Welt je gesehen hat.

»Wenn die wirklich kommen, fress' ich 'nen Besen!«, versuche ich weiter, ihn zu erheitern. Der große Zeiger der Bahnhofsuhr klackt über die Sechs, der kleine steht auf der Fünf, und ich bin der Meinung, dass wir »'ne Fliege machen« sollten; diese Warterei sinnlos ist.

»Na dann, guten Appetit!«, sagt Karsten und erhebt sich. Ich schaue an ihm vorbei auf die Straße und traue meinen Augen nicht: Ein brauner VW-Polo kommt auf uns zu, hinter seiner Windschutzscheibe erkenne ich die Gesichter von Antje und Anke.

»Der Braune hat gescheut, brauchte noch etwas Hafer!«, entschuldigt sich Antje beim Aussteigen, klopft mit der flachen Hand liebevoll auf das Blech ihres Autos und umarmt mich anschließend, als wären wir beste Freundinnen.

»Ist nicht euer Ernst?«, stoße ich hervor.

»Mussten noch tanken«, übersetzt Anke, die Aussage von Antje in der Annahme, dass ich sie nicht verstanden habe. »Und er brauchte noch ein paar Kurven mehr«, grinst Antje, als sie Karsten um den Hals fällt.

»Haben es nicht gleich gefunden«, klärt Anke in meine Richtung auf. Ich bin so sprachlos, als hätte mich jemand vor den Kopf geschlagen.

»Wer bekloppt ist, der hat's gut!«, steht plötzlich die Putzfrau meiner ehemaligen Schule in ihrer blau-pink geblümten Dederon[41]-Schürze vor mir. Sie geht zum Kühlschrank,

[41] Nylon wurde 1935 in den USA entwickelt und war die erste Kunstfaser, die ausschließlich aus anorganischen Materialien hergestellt wurde; drei Jahre später wurde Perlon von der IG Farben in Deutschland entwickelt, um die amerikanischen Patentrechte zu umgehen; nach der deutschen Teilung wurde 1959 in der DDR vom Chemiefaserkombinat »Wilhelm Pieck« die Kunstfaser Dederon entwickelt, um wiederum die Patente für Perlon zu umgehen.

in dem die Milchflaschen mit dem Fassungsvermögen von einem viertel Liter stehen und öffnet ihn. »Der braucht keinen Hammer!«, lacht sie in meine Richtung, fragt dann: »Schoko, Erdbeer oder Voll?« Verdattert, weil ich ihren Witz nicht gleich verstehe, schaue ich vom Türrahmen her über das Brett, das mich daran hindern soll, mir die Milch selbst zu holen. »Schoko, Erdbeere oder Voll?«, wiederholt die Putzfrau. »Schoko«, bringe ich schließlich heraus. Sie nimmt eine Flasche aus dem Kühlschrank, stellt sie vor mich auf das Brett und hält die Hand auf. Ich lasse die Pfennigstücke in sie hineinrieseln. »Würde sie dir am liebsten schenken!«, lächelt sie freundlich und beugt sich über die Barriere zwischen uns zu mir rüber, so dass ich den einzeln stehenden braungrauen Zahn sehen kann, der in der Mitte ihres Unterkiefers thront. »Fällst ja fast vom Fleisch, Kindchen!«

»Gut seht ihr aus!«, fällt Karsten der Milchfrau ins Wort und ich bin sofort wieder vor Ort, begutachte Anke und Antje argwöhnisch aus den Augenwinkeln: Die beiden sind braungebrannt, ihre Gesichter wirken frisch, die Augen wach. Ich gebe Karsten recht, spüre trotzdem Eifersucht: Baggerte er die Mädels an? Ist das sein neuer Plan in die Freiheit?

»Lasst uns abdüsen!«, fordert Anke alle auf. Wir steigen ins Auto.

»Ihr wollt das wirklich durchziehen?«, frage ich, immer noch völlig perplex.

»Ja!«, sagt Anke, »Nein!«, kommt es von Antje, dann wieder Anke: »Das ging die ganze Woche so hin und her. Wir konnten nicht mehr abschalten, einen Tag waren wir dafür, den anderen dagegen.«

»Wir wollten euch nicht den Urlaub vermiesen!«, entschuldigen sich Karsten und ich gleichzeitig. »Sobald es dunkel ist, legen wir los!«, teilt uns Antje die Entscheidung der Wochendiskussion mit.

Ich öffne den Mund für ein »Aber«, doch Anke schneidet es mir ab: »Wir sind uns einig, es ist unsere Entscheidung!«

Bei Dr. Barath angekommen, parken wir den Braunen hinter einer Hecke seines Grundstückes, achten peinlich darauf, dass das Gartentor richtig geschlossen ist. Draußen dämmert es inzwischen. Karsten zieht die Isomatten unter unseren Schlafsäcken hervor, legt sie vors Zelt. Ich hole unseren Proviant und eine Flasche Rotwein, dann bitte ich zu Tisch. Anke klopft mit der Hand auf die graue Isomatte unter ihr: »Die muss dran glauben.«

»Armer Brauner!«, jammert Antje, zieht die Lippen gespielt zu einem Schmollmund nach unten.

»Sei nicht traurig, Aschenbrödel!«, muntert Anke ihre Freundin auf. »Er bekommt die Prinzessin!« Sie verschränkt die Arme vor der Brust, klimpert mit den Wimpern und grient breit.

»Hat das Auto im Lotto gewonnen?«, frage ich unsicher.

»Den Jackpot!«, grinst Anke.

Ich fühle mich blöd, denn ich verstehe nicht, wovon die beiden reden. Die Fragezeichen stehen mir offensichtlich ins Gesicht geschrieben, denn Anke streckt ihren Hals wie eine Giraffe in meine Richtung und betont: »Dich!« Ich lege die rechte Hand auf mein Brustbein, recke Anke meinen Hals entgegen, weite die Augen und schüttele den Kopf: »Ich würd mich ja gern für den Braunen freuen, aber ich versteh nur Bahnhof!«

Antje, die sich inzwischen mit dem Schicksal des Braunen abgefunden zu haben scheint, denn sie lacht lauthals – ich vermute über mich –, setzt eine ernste Miene auf, lehnt sich zurück und stützt sich, in Ermangelung einer Rückenlehne, auf den Händen ab. »Polster aus der Rückbank raus, Isomatte und dich rein, Stoff von Polster über dich drüber, fertig«, erklärt sie mir in Kurzform, was sie und Anke aus Karstens Vorschlag gemacht haben. Sie lässt mir keine Zeit, das Gehörte in meinem Kopf zusammenzusetzen: »Morgen Mittag geht's los!«

Als es dunkel ist, reißt Karsten mit den Mädchen die Polster aus der Rückbank. »Wo soll ich sie hinpacken?«, fragt er.

»Wegschmeißen!«, befiehlt Antje.

Karsten zögert: Etwas aus dem Westen auf den Müll? Unmöglich! Er braucht die Worte nicht auszusprechen, ich weiß, dass sie ihm durch den Kopf spuken, denke das Gleiche: Man kann aus allem noch was machen, alles reparieren, alles noch gebrauchen: Das Gestell vom Kinderwagen und den Motor vom Moped Marke Schwalbe funktionierte der Onkel zum Rasenmäher um, aus zwei zu klein gewordenen Wollpullis strickte Mama einen neuen, Löcher in den Socken wurden von Großmutter mit viel Geduld gestopft. Das war unsere Kindheit, so sind wir aufgewachsen.

Karsten steht unschlüssig mit dem Innenleben des Braunen in der Hand da.

»Gibt's auf dem Schrottplatz für 'nen Appel und 'n Ei!«, klärt Antje ihn auf. »Ist ein VW Polo, die gibt's wie Sand am Meer! Klopf das Zeug einfach in die Tonne!«

Karsten setzt sich in Richtung Mülltonne in Bewegung. Dort angekommen, zerfetzt er die Rückbankpolster, hebt dann den Deckel und stopft die einzelnen Teile in die Tonne.

Ich beobachte das Spektakel, versuche mich nützlich zu machen, stehe aber immer wieder im Weg, weil ich nicht ganz bei der Sache bin. »Schon morgen«, spult mein Gehirn in Endlosschleife, vertauscht die Wörter: »Morgen schon«, treibt das Wortspiel dann weiter: »Morgen ist gestern schon heute«, als ob das mehr Zeit zwischen mich und die Abfahrt bringen würde.

»Notschlachtung!«, witzelt Anke und wackelt mit der leeren Stoffhülle. Sie erinnert tatsächlich etwas an eine Tierhaut. Mir ist nicht zum Lachen zumute. Anke bemerkt es. »Leg dich mal rein«, fordert sie mich sanft auf. Sie hält den Stoff der Rückbank nach oben. Mit wackeligen Beinen schiebe ich mich an ihr vorbei und unter ihrem Arm hindurch auf das nackte Blech. Kälte empfängt mich. Sie tut gut, das harte Metall allerdings nicht. »Das halt ich nicht aus«, jammere ich.

»Musst du auch nicht«, tröstet Antje. »Leg dich mal so hin, wie es halbwegs bequem für dich ist!«

Ich drehe mich auf den Rillen des Blechbodens hin und her: Rückenlage, die Arme an mich gepresst, die Hände über dem Bauch wie zum Gebet gefaltet, Beine schräg angewinkelt; auf dem Bauch, die Hände unter mir, um die Wellen des Bleches auszugleichen, die Beine zur Seite – nichts passt. Endlich finde ich eine Position, in der ich es halbwegs aushalte: linke Seite, linke Hand unterm Gesicht, um es zu polstern, den Ellenbogen nach vorn gestreckt, die Füße an den Po gezogen, Oberschenkel gestreckt, die Knie nach unten. Meine Fluchthelferinnen hocken sich auf die Rückenlehnen der umgeklappten Vordersitze, legen die Schaumstoffkante – das einzige Stück, das sie dem Braunen von seinem Innenleben gelassen haben – auf mich, ziehen von beiden Seiten den Stoff der Rückbank über mich, und es wird dunkel. »Spannen!«, fordern zwei Stimmen. Ich gebe mein Bestes, die Mädels auch, schieben und drücken an dem Schaumstoff, ziehen am Stoff. »Stopp!«, rufe ich, fingere mit der rechten Hand meine Brille von der Nase und schiebe sie mit den Worten: »Die stört«, vorsichtig unter dem Stoff durch, warte, bis sie mir abgenommen wird. Dann rutsche ich in die alte Position zurück, drücke den ausgestreckten Ellenbogen so weit ich kann in die Ecke des Stoffes über mir und ziehe ihn in Richtung Fenster. Gleichzeitig bohre ich mit dem Knie unten im Stoff, versuche ihn zu spannen.

»Etwas mehr!«, bittet Antje.

»Was meinst du?«, fragt sie schließlich Anke.

»Wenn man's nicht weiß…«, vernehme ich deren Stimme. Dann bittet sie Karsten um eine Rückmeldung von draußen.

»Wenn man es nicht weiß …«, bestätigt er.

»Okay«, erwidert Anke, zieht mir den Stoff von Ellenbogen und Knie und klappt ihn zurück. Die Deckenlampe des Braunen strahlt wie ein Stern am Himmel, und mein Hirn signalisiert Glückseligkeit. Dann gibt mir Antje die Brille, und damit kehre ich – diesmal ganz zuversichtlich – in die Wirklichkeit zurück.

Karsten steckt seinen Kopf in den Innenraum des Autos: »Und?«

»Jetzt kannst du den Isomatten den Garaus machen!«, spaßt Antje.

»Schon passiert!«, steigt Karsten ein und reicht ihr galant einen Streifen des grauen Neoprens.

Ich nehme die Brille wieder ab, und das Spiel beginnt von vorn.

Gegen Mitternacht ist es vollbracht: Ich kann dank Isomatte halbwegs bequem auf der Metallfläche liegen, die Stoffhülle über mir spannen. Antje und Anke sind zufrieden.

»Muss es wirklich schon morgen sein?«, frage ich in der Hoffnung auf eine Galgenfrist. Auf einmal fühlt sich das, worauf ich so lange gehofft, wofür ich so hart gekämpft, was ich so ersehnt hatte, an, als wenn morgen mein letztes Stündlein geschlagen hätte.

»Morgen ist Formel 1«, antwortet Antje und erklärt uns, dass an diesem Sonntag – es ist der 13. August 1989 – in der Nähe von Budapest das zehnte Rennen der Formel-1-Weltmeisterschaften stattfindet und dass deswegen viele Leute aus dem Ausland angereist sind. »Es wird Massen von Autos an der Grenze geben, und die Ungarn werden nicht hinterherkommen«, erklärt Antje.

»Sie werden uns einfach durchwinken!« Ankes Augen leuchten.

Teil Drei

Als Rücksitz in den Westen

13. August 1989 – Zwischen den Welten

»Ruf sofort an, wenn du drüben bist!«, wiederholt Karsten zum x-ten Mal, schlingt seine Arme um meine Taille und zieht mich zärtlich an sich. Ich stelle mich auf die Zehenspitzen, lege die Arme um seinen Hals, schmiege mich an seinen warmen Körper, atme seinen Duft bewusst ein. Etwas in mir kramt nach meiner imaginären Schatzkiste, doch ein anderer Teil weigert sich, Karsten unter »alter Erinnerung« abzuspeichern. Es ist Sonntagnachmittag um zwei, Antje und Anke stehen wartend in den Türen des Braunen.

Karsten küsst mich. Es ist kein leidenschaftlicher Kuss, keiner, der irgendwohin führen soll, keiner, der erregt oder aufregt. Es ist ein liebevoller, einer, nach dem man sich wünscht, den anderen wiederzusehen, einer, der Angst hinterlässt, dass es nicht so sein könnte. Ich erwidere seinen Kuss, und für einen Moment ist das »Umunsherum« ausgeblendet. Dann gibt Karsten mich frei, löst sanft meine Arme von seinem Hals.

Eine Hand greift nach dem gelben Rucksack auf meiner Schulter, zieht ihn vorsichtig herunter. Aus dem Augenwinkel sehe ich, dass es Anke ist, die den Moment nicht zerstören will. Ich gebe den Rucksack frei, froh, dass er mit an Bord darf. Meinem Schlafsack mit dem Plüschtelefon und meiner Kraxe hatte Antje den »Check-In« verwehrt: »Es muss aussehen, als ob die Sachen uns gehören.« Mein Gepäck ist überschaubar: Tagebuch, Adressbuch, Ausweis, einer der Strings, die ich in meinem Urlaub mit Doreen in Budapest »geschossen« hatte, und ein paar weiße Söckchen, mit Lochmuster und Ringelrand. Meine Lieblings-stonewashed-Jeans habe ich an, dazu meine Wanderschuhe, die ich eigens für den Pamir mitgenommen hatte. Vom Rest meiner Sachen und dem Schlafsack hatte ich keinen Abschied gewagt – zu oft war ich danach zu ihnen zurückgekehrt. Als ich den Reißverschluss des Zeltes zuzog, verbot ich mir jedwede Spekulation, ließ kein »Vielleicht bis später!«, kein »Und wenn sie mich schnappen?«, kein »Was, wenn Karsten nicht mehr hier ist, falls sie mich danach laufen ließen?« zu. Ich versuchte zum Neutron zu mutieren, weder positiv noch negativ zu sein, sondern einfach gar nichts. Ich war einigermaßen erfolgreich, hatte bisher nicht geweint, war gefühllos gewesen. Bis eben.

»Ich könnte mitschwimmen!« Ich klammere mich an Karsten, lasse dann aber wieder los, weil ich weiß, dass es ein Könnte ist, das nicht kann, weil ich die Chance, die sich mir bietet, nicht ungenutzt lassen kann, auch wenn sie die Trennung von Karsten bedeutet. Für einen Moment stehen wir wie zwischen zwei Welten voreinander – ich auf dem Weg in die eine, er, der zurückbleibt in der anderen. Ich fühle mich schuldig, dass ich ihn einfach so zurücklasse, vor allem, weil irgendeine Stimme mir sagt, dass es diesmal klappen wird.

»Ich starte, sobald ich weiß, dass du es geschafft hast«, verspricht Karsten. Dann schiebt er mich von sich weg in Richtung Auto. Anke hat den Sitz bereits zurückgeklappt, mein kleiner Gelber liegt schon auf dem laschen Stoff der Rückbank. Ich knie mich darauf, nehme den Rucksack in den Arm, drücke ihn fest an mich. Dann startet der Motor, und der Braune setzt sich leise in Bewegung. Karsten winkt, ich winke zurück. Dann wird er langsam kleiner und mit ihm das Haus, dessen Garten in den letzten Wochen unser Zuhause gewesen war. »Ich liebe dich!«, formen meine Lippen, dann biegen wir um die Kurve, und Karsten ist weg.

Es geht schnell, und wir sind auf der Straße, die uns zum Grenzübergang bringt. Anke und Antje geben ihr Bestes, um mich abzulenken, erzählen Storys aus ihrem Leben, schieben Kassetten ein und singen mit. Ich hocke wie in Trance hinten im Auto, bin dankbar, dass die beiden mich in Ruhe lassen, dass ich in der zweiten Reihe sitze und keinen Senf zum Geschehen dazugeben muss. »Noch zwanzig Kilometer«, verkündet Antje irgendwann. Der Satz sorgt für ein Déjà-vu, und es läuft mir eiskalt den Rücken runter.

»Noch fünfzehn, Zeit abzutauchen!«, mahnt Antje.

»Wenn ich ›Jetzt‹ sage, steckst du das in den Mund!«, raunt mir Anke zu und reicht mir ein Nimm2-Bonbon. »Damit du nicht husten musst.«

Ich verstehe, nehme das Bonbon entgegen und befreie es von seinem Papier. Dann rutsche ich zwischen Rückbank und Vordersitze, hebe den Stoff hoch und krabble darunter. Ein paar Minuten später kommt das Kommando zum Spannen. Ich nehme die Brille ab und folge dann der Regie, die wir vergangene Nacht geprobt haben: linke Hand unter die Wange, Ellenbogen und Knie in die Ecke des Polsterstoffes. Dann ziehe ich den Stoff straff. »Perfekt!«, lobt Anke. »Ich lege etwas Krimskrams drauf, nicht wundern!«, erklärt sie, und ich spüre, wie etwas auf den Stoff fällt. »Das war dein Rucksack«, sagt Anke leise. Es knallt nochmals dumpf: »Eine Tüte Bonbons, jetzt die Küchenrolle.«

»Überhaupt kein Verkehr!«, wundert sich Antje am Steuer laut, und ich bekomme schlagartig Gänsehaut. »Wo sind die alle?« In Antjes Stimme schwingt Angst. Ich bete, dass sie nicht bereut, worauf sie sich da eingelassen hat.

Wir werden langsamer. »Wir sind da!«, setzt Anke mich ins Bild. »Nur vier Autos am Grenzhäuschen!«

»Reinstecken!«, kommt es von Anke, ich verstehe und stecke mir das Bonbon ohne das besprochene »Jetzt« in den Mund. Es klappert, als es an meine Zähne stößt. Ich drücke es mit der Zunge in den Gaumen. Wir halten an. »Noch drei!«, lässt Antje mich am Geschehen draußen teilhaben. »Hast du unsere Pässe bereit?« Die Frage gilt Anke.

Es macht »Klack«, dann raschelt Papier. »Hab sie!« vermeldet Anke. »Es sind zwei junge Typen. Wenn sie uns anhalten, machen wir auf locker! Urlaub, Sonne, Boys – okay?«, vernehme ich hektisch eine Lagebesprechung. Wir fahren wieder an, stoppen erneut. Mein Mund ist trotz des Bonbons trocken, und ich spüre, wie mein Herz jedes Mal, wenn wir Fahrt aufnehmen, schneller schlägt. Beim nächsten Anrollen habe ich das Gefühl, es springt mir gleich aus der Brust und galoppiert ohne mich gen Westen. Während ich mich in meinem Versteck kaum zu atmen traue, puschen sich Anke und Antje vorn gegenseitig auf Flirttemperatur: »Vorhang auf, das Spiel beginnt!« Wir rollen nochmals, bleiben dann stehen.

»Passport!«, dringt es von draußen herein.

Ich vergesse das Bonbon in meinem Mund, drücke in Panik die Zunge mit einem Ruck gegen den Gaumen. Die kristalline Hülle des Nimm2 zerbricht und die klebrige Masse läuft aus dem Kern heraus, sammelt sich langsam auf meiner Zunge. Ich versuche sie runterzuschlucken, aber sie bleibt im Rachen stecken. Die gesunden Vitamine reizen die Schleimhäute, und in meinem Hals beginnt es zu brennen.

»Ungarn, very beautiful country!«, schwärmt Anke, und ich bewundere die Leichtigkeit in ihrer Stimme.

»Sie kontrollieren unsere Pässe«, sagt Antje in fröhlicher

Stimmlage, als würde sie sich mit Anke unterhalten. Nur mit Mühe kann ich ein Husten unterdrücken. »Ein Hüsteln, nur ein kleines Hüsteln«, wünsche ich mir zur Erleichterung, aber widerstehe dem quälenden Reiz. Ein Klacken lenkt mich ab. Ich erkenne es wieder: Das Handschuhfach ist eingerastet, das Zeichen, dass die Mädels ihre Pässe zurückhaben.

»Balaton?«, vernehme ich eine zweite Männerstimme. »Beautiful!« und »Very nice!«, schwärmen Antje und Anke.

»Sie gucken durchs Fenster ins Auto!« Antje lacht gequält.

»Jetzt auf die Rückbank!«, singt Anke. Ich erstarre, vergesse das Kratzen im Hals.

Dann ein »Goodbye!« von der ersten Männerstimme, »Next time – Balaton!«, von der zweiten.

»Ja, ja, ja!«, rufen Antje und Anke gemeinsam.

Ein merkwürdiges Rascheln und Klappern dringt an mein Ohr.

»Mein Armreifen«, erklärt Antje beruhigend. »Ich winke!«

Der Schlüssel wird im Lenkradschloss gedreht, der Braune muckt kurz auf, säuft dann ab.

»Locker bleiben!«, flüstert Anke.

Antje startet den Wagen erneut. Diesmal klappt es, und unser Gefährt rollt geschmeidig wie eine Katze los. »Noch etwa dreihundert Meter, dann sind wir am österreichischen Schlagbaum«, beschreibt Antje, was sie sieht. Ich brauche nichts zu sehen, die Erlebnisse an diesem Grenzübergang sind noch frisch, und mein Gehirn spult sie sofort ab: Karsten an meiner Hand, wir rennen querfeldein, ich stürze, und unsere Hände verlieren sich.

»Wir sind durch!«, kommt es verhalten von vorn, als

können die Mädchen selbst nicht glauben, was gerade passiert ist. Ich hinke ihnen hinterher, greife verzweifelt nach Karstens Hand, greife ins Leere. Dann tropfen die Worte von Anke und Antje zu mir durch. Jäh wird mir bewusst: Es ist vorbei, ich hab es geschafft, bin draußen! Schlagartig wird mir dabei auch klar: Es gibt kein Zurück, das »Früher« ist ab jetzt »Damals«.

Noch im Fahren reißt Antje den Stoff hoch und hilft mir heraus. Licht blendet mich, nimmt mir die Sicht auf die Freiheit.

»Freie Fahrt für freie Bürger!«, grölt Anke plötzlich. Antje stimmt ein, ein paar Sekunden später auch ich. »Freie Fahrt für freie Bürger![42]«, kreischen wir wie die Wahnsinnigen immer wieder, leiern die Fenster herunter, brüllen es in die Welt hinaus.

»Du musst meinen absoluten Lieblingsplatz sehen!«, ruft Antje euphorisch, als sich unsere Anspannung etwas gelegt hat. »So viel Zeit muss sein!« Das Blinklicht des Braunen pulsiert gleichmäßig, und er folgt brav einem weißen Pfeil. »Wien«, steht auf dem Schild, in dessen Richtung er zeigt. »Wien«, spreche ich. Das Wort fühlt sich surreal an. Ein paar Kurven, enge Straßen, an deren Rändern vor schicken Altbauten Westautos aller Marken stehen, dann parken wir ein. Anke klappt ihren Sitz zurück und hilft mir aus dem Polo. Wir gehen ein paar Meter, stehen vor einem verspielten Brunnen. »Da«, sagt Antje und zeigt nach oben. Ich hefte meine Augen an ihren Finger: Rote, gelbe und blaue Farben springen mich an, darin Fenster, in denen sich Wol-

[42] Freie Fahrt für freie Bürger war ein Slogan der Leipziger Montagsdemonstrationen, die im Herbst 1989 in der DDR begannen und die friedliche Revolution einleiteten, die schließlich zum Fall der Mauer führte; ursprünglich stammt der Slogan von einer ADAC-Werbung gegen ein geplantes Tempolimit auf deutschen Autobahnen.

ken spiegeln. Alles ist irgendwie schief. »Das Hundertwasserhaus!« Antjes Augen leuchten vor Begeisterung. In der Hoffnung, das Krumme und Schiefe, das sich da vor mir eröffnet, etwas zu begradigen, lege ich den Kopf auf die Seite. Es nützt nichts – das Gebäude bleibt so schräg, wie die Situation, in der ich mich befinde. In mir steigt ein Bedürfnis auf, es ist mir unangenehm, aber ich muss ihm nachgeben – ich falle auf die Knie und küsse den Boden.

13. August 1989 – 21:30 Uhr, Balatonfüzfö, Ungarn – Telefonzelle

Mit einem dumpfen Klicken schnappt der Hörer in der Gabel ein, meine Knie werden zu Gummi, und ich rutsche an der Wand der Telefonzelle nach unten. »Katrin hat sich aus Wien gemeldet!«, hatte die verrauschte Stimme gesagt. Katrin hat sich aus Wien bei ihrem Bruder gemeldet, versuche ich den nüchternen Sachverhalt zu begreifen. Doch auch bei meiner dritten gedanklichen Wiederholung kann ich immer noch nicht fassen, was geschehen ist: Katrin hatte geschafft, wovon wir seit anderthalb Jahren täglich träumten, sie hat es in den Westen geschafft. Von einem Moment auf den anderen verändert sich meine Welt. Meine Fluchtgefährtin ist nun eine Westdeutsche und ich ein einsamer Zoni in einer Telefonzelle irgendwo in Ungarn. Tränen schießen mir in die Augen, Tränen der Freude und Verzweiflung. »Katrin hat es geschafft«, wiederhole ich mantraartig die Nachricht. Doch alles fühlt sich irgendwie falsch an, verdreht, kurios. Konnte es wirklich und wahrhaftig sein, dass Katrin nach all unseren vergeblichen Anläufen nun im Westen war, dass es am Ende so »einfach« war?

Irgendwann holt mich ein Klopfen in die Realität. Die Telefonzelle, in der ich hocke, ist weit und breit die einzige. Ich sehe der Frau davor durch meine verquollenen Augen an, dass sie schon eine

Weile gezögert hat zu klopfen. »Reiß dich zusammen«, befiehlt mir eine innere Stimme, und schon taumele ich mit gesenktem Kopf an der Frau mit dem mitleidigen Blick vorbei in Richtung See. Am Ufer erinnere ich mich an einen alten Trick aus Indien, den ich in einem Buch meiner asienbegeisterten Tante gelesen hatte: Zehn Mal ruhig und tief durch die Nase einatmen und langsam, aber kräftig ausatmen. Wie von Zauberhand verweht mein Gefühlschaos, und ich werde langsam wieder ich selbst. Es ist einfach nicht zu fassen, Katrin hat es geschafft, und dafür gibt es nur ein Gefühl: Glückseligkeit! In mir bricht sich eine unglaubliche Lebenskraft Bahn und alle Sorgen, Bedenken und Ängste sind von einem Moment auf den nächsten verschwunden. Selbst der Gedanke an meine neue Wessifreundin bringt mich nicht mehr ins Schleudern, im Gegenteil, ich spüre eine tiefe Erleichterung. Jetzt bin ich an der Reihe.

14. August 1989, Göttingen, BRD[43] – Wiedersehen

»Sehr geehrte Reisende …«, die Stimme aus dem Lautsprecher klingt freundlich und nett. »Wir begrüßen Sie herzlich an Bord des Intercity von Stuttgart nach Hamburg!«

»Stuttgart, Hamburg, Intercity«, lasse ich mir Städte und mein Transportmittel auf der Zunge zergehen, als könnten mir meine Geschmacksnerven dabei helfen, zu erfassen, was ich noch immer nicht begreife.

Es ist keine vierundzwanzig Stunden her, dass ich mich über meine Tore im Gully freute, völlig ausschließend, dass meine Fluchthelferinnen kommen würden. Nun gleite ich in diesem »futuristischen Raumschiff« dahin, war in Wien

[43] Als BRD wird in der Zeit zwischen 1949 und 1990 der westdeutsche Teil Deutschlands bezeichnet, ihm steht die DDR gegenüber.

gewesen, hatte bei Wessis übernachtet, die mich schließlich nach Stuttgart gebracht und mir ein Zugticket spendiert hatten. »Dort!«, hatte Antje gesagt und auf den weißen Griff im Blech gezeigt, dann selbst die Initiative ergriffen, weil ich nicht reagierte. Sie drückte ihn runter, und ohne größeres Rucken löste sich die Tür wie von Zauberhand aus der glatten Oberfläche des Waggons, gab einen hellen Innenraum frei. »Du kannst einsteigen«, ermunterte mich Anke.

Ich hab bestimmt geglotzt wie Ali Baba, als sich bei »*Sesam öffne dich*« die Schatzhöhle der vierzig Räuber auftat, ist es mir nachträglich peinlich. Antje und Anke hatten mich umarmt, mir alles Gute gewünscht und mich dann in den Zug entlassen. Ich hatte mich erschrocken, als die Tür zum Abteil nach kurzem Ziehen an ihrem Griff mit einem leisen Zischen zur Seite schwebte, war vorsichtigen Schrittes über den sauberen Fußboden gegangen, um ihn so wenig wie möglich zu beschmutzen. Dann hatte ich mich auf einen der Polstersitze geschoben, wäre am liebsten unsichtbar gewesen.

Nervös fingere ich in der Plastiktüte neben mir, ziehe den schwarzen, knöchelhohen Schuh darin ein Stück heraus. Anke hatte mir – als hätte sie nicht schon genug für mich getan – unbedingt etwas schenken wollen, hatte ihre Schränke aus echtem Massivholz durchstöbert, schließlich ein paar Schuhe aus einem herausgeholt: »Probier!«, forderte sie mich auf und erklärte, dass die Schuhe so gut wie neu seien, ihr aber nicht passten. Ich hatte die Schuhe anprobiert, sie waren mir zu groß, aber ich hatte mich nicht getraut, es Anke zu sagen, hatte mich stattdessen dafür bedankt. Ich drehe den Schuh auf meinem Schoß hin und her, entdecke auf der Sohle eine Vierzig. Ich hab achtunddreißig. Macht nichts, entscheide ich und bin sicher, dass ein paar dicke Socken auch im Westen billiger sind als ein paar neue Schuhe. Ich schiebe ihn zurück zu seinem Pendant in die Tüte. Dann nehme ich den rot-weißen Umschlag vom Klapptisch und öffne ihn. Andächtig betrachte ich das Ticket, das fein säuberlich darin steckt. Schließlich ziehe ich es vorsichtig mit Daumen und Zeigefinger heraus, als ob es aus feinstem Pergament wäre, das leicht zerbröselt, sich auflöst, wie die Traumblase, in der ich schwebe. »Stuttgart – Göttingen«, lese ich immer und immer wieder.

»Die Fahrkarte bitte!«, fordert eine Männerstimme neben mir, und ich zucke zusammen: Ich habe den Schaffner nicht kommen hören. Ich starre auf die Uniformhose direkt neben mir. Sie jagt mir Angst ein. Ohne ihn anzuschauen, reiche ich dem Mann mit zittriger Hand mein Ticket. »Na, da haben Sie ja noch ein Stückchen vor sich!«, sagt er in nettem Ton, als er es entwertet. »Gut vier Stunden«, bekomme ich eine Zeiteinheit, als er es mir zurückreicht. Ohne etwas zu erwidern, nehme ich das Ticket entgegen. Ich würde ihn gerne fragen, wie viele Stationen es bis Göttingen sind, bin aber zu eingeschüchtert. Seit ich von Karsten getrennt bin, hat mich der Mut verlassen. Die Welt fühlt sich riesig an und ich mich winzig klein. Ich frage mich, ob Karsten schon auf dem Weg ist.

Ich hatte – wie ausgemacht, gleich von Wien aus bei meinem Cousin Falk angerufen, hatte Agga am Apparat gehabt. »Ich hab's geschafft! Sag Karsten, dass ich es geschafft habe!«, hatte ich in den Hörer gebrüllt, dann war das Gespräch weg gewesen. Hoffentlich hatte Agga die Nachricht verstanden, und hoffentlich war Karsten von dem Dorftelefon in Balatonfüzfö nach Göttingen durchgekommen, um sie zu erhalten!

»Göttingen«, murmle ich, versuche mir die Stadt, in der ich ab heute Abend leben werde, vorzustellen.

»Ein bisschen wie Erfurt, nur nicht so runtergekommen«, hatte mein Bruder Peter auf einem unserer heimlichen Treffen am Hermsdorfer Kreuz erzählt. Am Abend zuvor hatte das Telefon auf dem runden Rattantisch im Wohnzimmer geklingelt, meine Mutter hatte abgehoben, zugehört, kurz: »Alles klar!« gesagt. Dann hatte sie wieder aufgelegt, mit Augen, die vor Freude strahlten. Am nächsten Tag ritten wir im Kugelporsche[44] ihres Lovers über die nebeneinandergezimmerten Betonplatten, die Hitlers Jünger seinerzeit verlegt hatten und die der Diktatur des Proletariats noch immer als Autobahn dienten, an Weimar und Jena vorbei gen Raststätte Hermsdorf. Der Uralttrabi jaulte bei jedem Huckel zwischen den Platten auf, und seine Pappe zitterte bedrohlich. Uns störte die Buckelpiste nicht, wir waren glückselig, sahen wir doch Peter und trotzten der Staatsgewalt. Wir wussten, dass wir die Kaffeelänge in der Raststätte nicht allein genießen würden – die Stasi würde jeden Schluck protokollieren. Und ihre Uhren würden ticken: Deshalb waren wir peinlich darauf bedacht, unsere Treffen kurz zu halten. Wir gönnten den Verrätern nicht das Vergnügen, uns alle hoppzunehmen. Es war unsere Art der Rebellion, wir feierten sie still, doch sie machte uns stark.

Beim ersten Besuch – Peter war gerade ein paar Monate weg, ritt er seinerseits mit einer Art Jeep ein, mein Neffe Gustav sprang heraus, als wäre es das Selbstverständlichste der Welt.

Ich hoffe, dass ich mich genauso schnell einleben werde wie er, die alte Heimat hinter mir lassen würde, wie die Schlange ihre Haut, wenn sie herausgewachsen ist. »Brüder ich

[44] Kosename für einen Trabant der Baureihe P50, der mit seinen abgerundeten Formen kuglig anmutete.

komme!« Mit jedem Kilometer, mit dem die Distanz zwischen mir und Göttingen schrumpft, wächst meine Freude. Und mein Stolz. »Ich habe es geschafft! Ich habe gesiegt, ihr konntet mich nicht aufhalten, konntet uns nicht trennen!«, triumphiere ich über die Diktatur des Arbeiter- und Bauernstaates. Keine Macht der Welt wird das jemals schaffen!

Voller Jubel krame ich in meiner Hosentasche, finde den Zettel, auf den ich in Wien in aller Eile Falks Adresse gekritzelt hatte. Dann kündigt die Lautsprecherstimme endlich die bevorstehende Ankunft an. Sofort springe ich auf, stopfe die Plastiktüte mit den Schuhen von Anke unter den Arm, schultere den »Kleinen Gelben« und dränge mich an den anderen Fahrgästen vorbei an die Tür. »Agga! Peter! Falk!«, schreit alles in mir. Als der Zug endlich stoppt, springe ich heraus. Ich weiß, dass ich nicht erwartet werde, sie konnten ja nicht wissen, wann ich ankomme. Blind für Mars, Coca Cola und Raider[45] schlage ich mich durch zum Busbahnhof. Meine Schüchternheit habe ich im Zug zurückgelassen, surfe auf meinem ganz persönlichen »*Milky Way*«. Er ist leichter, schmeckt süßer, als jede Schokolade der Welt es jemals könnte. Im Vorort von Göttingen, zu dem mich die Adresse in meiner Hand führt, mobilisiere ich Jeden, der mir begegnet, damit sie mir helfen, das Haus, in dem Falk wohnt, zu finden. Egal ob ich bei Arbeit, Sport oder Spiel störe – die Menschen sind hilfsbereit, freuen sich mit mir. Dann endlich stehe ich vor der Haustür, finde das Klingelschild von Falk. Ich lese es einmal, zweimal, kann nicht glauben, dass es jetzt soweit sein soll, dass ich »after all«[46] wirklich hier angekommen bin. Den Finger schon auf der Klingel, verharre

---

[45] Raider hieß ein Schokoriegel, der mit dem Claim »Raider heißt jetzt Twix, ... sonst ändert sich nix.« 1991 umbenannt wurde.

[46] Englisch: nach allem

ich für einen Moment, will das Kribbeln der Vorfreude noch etwas genießen. Dann drücke ich den Knopf. Meine Beine trippeln hibbelig auf der Stelle, dann summt der Öffner, und die Tür gibt nach. Ich trete ein, schaue die Treppe im Hausflur hinauf, doch er kommt von unten eine schmale Treppe nach oben. Ich bin bereit, ihm in die Arme zu fallen, doch sein Gesichtsausdruck hält mich zurück. Dann seine Frage: »Was willst du denn hier?«

Agga schiebt sich an Falk vorbei, nimmt mich in die Arme, drückt mich fest an sich. Ein paar Atemzüge lang verharren wir, es braucht keine Worte der Freude, ich spüre sie.

»Wir müssen los!«, sagt Falk neben mir. Seine Stimme hat sich verändert, ist tiefer geworden. Und härter. »Kein Wunder, bei dem, was er durchgemacht hat!«, entschuldige ich ihn, löse mich von Agga und schaue ihn an. Mein ältester Bruder sieht schlecht aus, ist blass, die Wangen eingefallen. Dann blicke ich zu Falk. Die Flecken im Gesicht, die mich die ganzen Monate in meinen Alpträumen in Schach gehalten hatten, sind weg, seine Haut glatt, die Züge markanter, als ich sie in Erinnerung habe. Mein Cousin ist erwachsen geworden.

»Wir wollten grad los einkaufen«, erklärt Agga Falks Eile. »Kannst deine Sachen in den Flur stellen.« Falk zeigt in Richtung der offenen Wohnungstür. Ich gehe an ihm vorbei. Ein kühler Korridor empfängt mich, eine Garderobe, daran ein paar Jacken, ein Spiegel, mehrere paar Schuhe darunter. Auf der Suche nach einer Stelle, an der meine Sachen nicht stören, entdecke ich zwei Kraxen, die an der Wand lehnen. Ich parke mein Gepäck daneben.

Draußen erwartet mich eine offene Autotür, der Fahrersitz im Wagen ist nach vorn geklappt. Ich klettere auf die Rückbank. Falk nimmt vor mir am Lenkrad Platz, Agga setzt sich neben ihn. Der Motor heult kraftvoll auf, als Falk den Zündschlüssel dreht. »Neunzig PS«, erklärt Agga in bewunderndem Ton. Wir rauschen eine lange Straße entlang, anfangs gleiten Felder an uns vorbei, dann ausladende Flachbauten. Riesige Plakate preisen Automarken, Getränke und Sportartikel an. An einem Flachbau mit knalliger gelber Aufschrift »Herkules – Edeka Center« biegt Falk auf den Parkplatz davor ab. »Das ist Intershop in XXL!«, schwärmt Agga. »Nur ohne Tresen mit 'ner Zonentante, die dich von allem trennt, du bedienst dich einfach selbst!«

»Selbstbedienung, Schnellbedienung!«, kommt es lässig von Falk. Was Aggas Augen noch zum Leuchten bringt, ist für ihn bereits Alltagsroutine – als wäre es nie anders gewesen. Wir steigen aus, Falk holt einen Einkaufswagen. Riesig! – im Vergleich zu denen, die ich aus unserer Konsumkaufhalle gewohnt bin.

»Die Türen gehen von alleine auf!«, erklärt Agga und tänzelt aufgeregt vor mir her, sichtlich erfreut, dass er mir meine neue Welt erklären kann. Falk geht vor uns, bugsiert den Einkaufswagen, der so stark glänzt, dass mein verchromtes Rennrad neben ihm wie eine Vogelscheuche aussehen würde, routiniert durch die Tür, und ich beeile mich hinterherzukommen, habe Panik, dass sich die überdimensional hohen Scheiben, die bis zur Decke reichen, wieder zusammenschieben und ich eingeklemmt werde. Gleißendes Licht strahlt im Innern von der Decke, ich muss die Augen zusammenkneifen, laufe aber aus Angst, meine Brüder in diesem Overload[47] zu verlieren, weiter. »Achtung!«, höre ich Agga. Alarmiert bleibe ich abrupt stehen. Etwa einen Meter vor mir bilden zwei Verkehrsschilder eine Art Barriere – eins rot mit weißem Querbalken, das andere ein

[47] Englisch: im Sinne einer Reizüberflutung

weißer Pfeil auf hellblauem Untergrund. »Einbahnstraßenschilder?«, staune ich.

»Jetzt kommt's!« Agga surft wie im Glückstaumel hinter Falk her. Der nimmt Kurs auf den weißen Pfeil. Ich will gerade »Stopp!« rufen, weil ich Sorge habe, dass Falk gegen das Schild knallt, da schwebt es beiseite und Falk schiebt hindurch, wie ein König, der es gewohnt ist, dass sich die Tore ohne sein Zutun öffnen. »Ist das nicht der Hammer?!« Agga klopft mit zur Faust geballter Hand in die Luft, in seiner Stimme schwingt die Begeisterung eines Konstrukteurs. Als ich mich halbwegs vom Staunen erholt habe und auf den geöffneten Metallbügel, der das Schild hält, zusteuere, schwebt das Verkehrszeichen zurück in seine Ausgangsposition. Meine Brüder sind dahinter, Falk schickt sich bereits an, in einer Kurve die Biege zu machen. Verzweifelt schaue ich Agga an. »Geh noch mal einen Schritt zurück, dann klappt's!«, beruhigt er mich. Ich trete zurück, nehme einen zweiten Anlauf, der Pfeil öffnet sich einladend. »Willkommen im Schlaraffenland!«, trällert Agga. »Hier gibt's nichts, was es nicht gibt!«

»Auch fliegende gebratene Tauben?«, witzele ich noch, dann wird mir schwindlig, und die Beine drohen mir den Dienst zu versagen. Ich muss mich sofort hinsetzen; zum Glück entdecke ich einen Stapel Kartons und setze mich kurzerhand darauf. »Holt, was ihr braucht, ich warte hier«, sage ich zu Agga, der unsicher in die Richtung blickt, in die Falk verschwunden ist. »Tief einatmen! Langsam!«, befehle ich mir, nachdem Agga weg ist. Bei all der Anspannung habe ich völlig vergessen, Luft zu holen. Nach und nach lässt die Übelkeit nach, und mein Kreislauf stabilisiert sich. Der Geruchssinn ist als erstes wieder da, registriert einen Mix aus Apfelsinen, Kaffee und Schokolade. »Westpaket!«, assoziiert mein Gehirn. »Es riecht nach Westpaket.« Das Wahrnehmungszentrum in meinem Kopf kriegt Geruch und Bilder um mich herum nicht zusammen. »Ich bin in einem riesigen Westpaket gelandet!«, vermeldet irgendwer von irgendwoher. »Eingesperrt!«, setzt mein Körper den Wirrwarr zusammen, sieht auf einen Schlag Rot: »Raus hier!«, befiehlt meine Kommandozentrale. »Ich muss hier raus!« Meine Muskeln gehorchen, bringen mich zurück an die Stelle, der Verkehrsinsel, durch die ich reingekommen bin. Anstatt des weißen Pfeils auf blauem Grund prangt dort das rote Schild mit weißem Strich. Schweiß tritt mir auf die Stirn, und ich spüre, wie mein Blut erneut in die Beine sackt, mein Gehör hinter Watte abtaucht. »Kommen Sie hier rüber!«, dringt eine Frauenstimme zu mir durch. Ich folge ihr, stehe vor dem gesuchten Pfeil. Dann höre ich ein Summen. »Drücken!«, bittet die Frau. Ich bewege mich einen Schritt nach vorn, meine Oberschenkel berühren den Metallbügel, das Verkehrsschild bewegt sich zur Seite und lässt mich laufen. Ich steuere auf die Glaswände zu, bete, dass sie sich öffnen, bevor ich umkippe. Sie tun mir den Gefallen.

»Bier?«, fragt Falk und hält mir eine grüne Flasche hin. Auf ihrem Etikett lese ich: Jever. Ich schüttele den Kopf. Krondeckel verhaken sich, dann macht es plopp, und Falk reicht Agga eine offene Flasche. Wir sitzen auf dem Sofa in Falks Wohnzimmer. Es ist – außer einer kleinen Küche und dem winzigen Bad – das einzige Zimmer der Souterrain-Wohnung. Seit sechs Wochen wohnt Agga hier, rechne ich nach. Ist bestimmt kein Zuckerschlecken auf so engem Raum.

Es klingelt an der Tür, und Falk macht auf. Ein Typ mit kurzen blonden Haaren und eine dunkelhaarige Frau, die sich als Freunde meines Bruders Peter vorstellen, schütteln mir die Hand. »Sind gestern angekommen. Illegal über Ungarn«, sagen sie. »Wohnen hier, bis Peter zurück ist.«

»Zurück?«, frage ich.

»Macht Urlaub in Tunesien«, erfahre ich. Damit sind wir zu fünft in der kleinen Bude, und ich frage mich, wie das gehen soll. Ich schaue Falk an. Er versucht gute Miene zu machen, wirkt aber trotzdem angespannt, tut mir plötzlich leid: Er muss morgen früh zur Arbeit, braucht sicher Ruhe.

»Lasst uns zur Begrüßung ein Guinness trinken gehen«, vernehme ich von Agga in Partylaune. »Müsst ihr unbedingt probieren!«

Die Neuankömmlinge winken ab: »Wir hauen uns aufs Ohr.«

»Lasst mal«, lehne ich ebenfalls ab, denn ich will nicht, dass Falk wegen mir die Nacht zum Tag macht. »Agga hat recht«, erwidert Falk und erhebt sich. Zu dritt düsen wir los, diesmal endet die Fahrt auf einem engen Parkplatz vor mittelalterlichen Häusern. Ich finde mich in einer Einkaufspassage wieder. In hell erleuchteten Schaufenstern stapeln sich Jeans, Pullover, Jacken, Schuhe und Handtaschen in allen erdenklichen Farben. Ich komme aus dem Staunen kaum heraus. In Gedanken stelle ich ein paar Outfits für mich zusammen, die Preisschilder übersehe ich geflissentlich. »Wenigstens wird mir hier an der frischen Luft nicht wieder schwindelig«, atme ich erleichtert auf und witzle in mich hinein: »Sind vermutlich meine »Shopping-Gene« dran schuld.«

»Ist noch voll der Punk hier, obwohl es schon so spät ist!«, bemerkt Agga begeistert.

»Studentenstadt«, erklärt Falk. »Da drüben ist der Gänseliesel-Brunnen. Er ist das Wahrzeichen von Göttingen.« Agga und Falk haken mich links und rechts unter und ziehen mich vom Schaufenster weg in Richtung des Brunnens. Er steht auf einem Platz vor einem ehrwürdigen Gebäude. »Marktplatz und Rathaus«, reime ich mir zusammen.

»Wer in Göttingen seinen Doktor macht, küsst das Gänseliesel«, weiht mich Falk weiter in die Geschichte meiner neuen Heimatstadt ein.

Ich betrachte das Denkmal genauer: Das Mädchen im schlichten Kleid senkt bescheiden den Blick. Ich bin ergriffen, fühle mich gemahnt, mich ebenfalls in Bescheidenheit zu üben. Mein Blick gleitet zu den Gänsen – die Füße der größten von ihnen in der rechten Hand des Mädchens strampeln ins Leere. Ich laufe um die Statue herum: Das Mädchen hat die Gans bei den Flügeln gepackt. Ich gehe weiter, betrachte den Inhalt des Korbes an ihrem linken Arm: Mehrere kleine Gänse recken ihre Hälse heraus. Vielleicht die Jungen?, frage ich mich. Marktplatz und Gänse, füge ich gedanklich zusammen. Sie bringt die Mutter zum Henker, verkauft ihre Jungen. Mitleid packt mich mit dem Federvieh aus Metall, Lust, das Mädchen zu küssen, verspüre ich keine. »Schöner Brauch, nicht wahr?« Meine Brüder sind sich diesbezüglich offenbar einig. Der Kultur scheint Genüge getan, sie steuern eine schmale Gasse an. Vor einer Tür mit einem Schild, das ein großes Glas mit schwarzem Inhalt und einer breiten Krone aus hellbraunem Schaum ziert, bleiben sie stehen. Auf dem Glas prangt das Wort: Guinness, und ich reime mir zusammen, das es sich bei dem Gebräu um dunkles Bier handelt. Falk öffnet die Tür und Agga lässt mir den Vortritt. Drinnen ist es stockfinster, massive Holztische nehmen langsam Konturen an. Wir setzen uns auf Barhocker, ein junger Kellner steht sofort bei Fuß, nimmt die Bestellung entgegen und ist kurz darauf mit drei Guinness zurück. Agga und Falk erheben die Gläser, und wir prosten uns zu: »Auf die Freiheit!«, rufen wir gleichzeitig.

»Schmeckt süßlich«, stelle ich fest, habe das Gefühl, dass ich mich etwas entspanne, langsam ankomme. »Hat

Karsten euch erreicht?«, komme ich endlich zu der Frage, für die im andauernden Trubel bisher keine Zeit war.

»Ja«, antwortet Agga und leckt sich etwas braunen Schaum von den Lippen. »Ist gefasst worden«[48], sagt er dann.

Der erste Schluck von dem leicht süßlichen Bier, den ich gerade in meinen Magen befördert hatte, schießt sauer aus ihm zurück auf meine Zunge: »Gefasst?«, stottere ich. »Das kann nicht sein!« Karstens Gesicht, als er winkt, unsere Gespräche in der Nacht davor – in meinem Kopf tobt ein Hurrikan los, wirbelt alles durcheinander. »Er wollte erst starten, wenn ich es geschafft habe!«, greife ich nach dem Strohhalm, den mir meine Vernunft aus dem Auge des Hurrikans zuschiebt. »Wann habt ihr mit ihm gesprochen?« Ich will mich zur Ruhe zwingen, aber ohne die Antwort abzuwarten und in der Hoffnung, dass ein Missverständnis vorliegt, frage ich: »Hat er was von schwimmen gesagt?«

»Er wollte schwimmen und ist gefasst worden, wird jetzt in die DDR abgeschoben«, bestätigt Agga seine erste Aussage. Ich sacke auf dem Barhocker zusammen, die Informationen spielen in meinem Kopf Pingpong. »Was mach ich denn jetzt?«, frage ich mehr mich selbst. »Vergiss ihn! Den siehst du nie wieder. Hier geht's knallhart zu, da ist kein Platz für Gefühlsduselei!«, sagt Agga, und ich sehe Angst in seinen Augen. »Ich bin seit sechs Wochen hier,

---

[48] Wir wissen bis heute nicht, wie Agga zu dieser Aussage kam. Karsten hatte ihn zwar aus der ungarischen Telefonzelle angerufen, aber sich nur nach meinem Verbleib erkundigt. Die schlechte Übertragungsqualität und der Begriff Fluchtversuch, sowie die Selbstverständlichkeit, dass alle Flüchtlinge im Ostblock an die DDR ausgeliefert werden, ließen es vermutlich zu diesem Missverständnis kommen. Nachdem wir alle wieder zusammen waren, spielte es keine Rolle mehr. Agga ist 2004 verstorben, so dass wir das Mysterium nicht mehr aufklären können.

hab zig Bewerbungen geschrieben und noch immer keinen Job!«, ist jetzt die Angst in seiner Stimme. »Und ich habe einen Beruf!«, betont er. »Mit deinem Abi bist du hier gar nichts! Ich verstehe ehrlich gesagt nicht, was du damit hier willst!«

In der Nacht liege ich wach, starre an die Wand und versuche mir vorzustellen, was mit Karsten passiert sein könnte. Das schwarze Gitter ist plötzlich da, Karsten treibt davor im Wasser, Arme in Uniform greifen nach ihm.

15. August 1989, Göttingen, BRD – Sozialamt

»Setzen Sie sich dort hin, ich bin gleich für Sie da!« Die Aufforderung der Frau mir gegenüber klingt freundlich. Agga und Falk eskortieren mich zu einer Reihe Plastikstühle an der Wand. Ich schaue den Flur rechts und links von mir entlang. In gleichbleibenden Abständen reiht sich eine Tür der Behördenzimmer in dem modernen Gebäude an die nächste – davor jeweils eine Reihe Plastiksitze an der Wand. Die meisten sind leer, es ist noch früh am Morgen.

»Du musst ins neue Rathaus, damit sie dich so schnell wie möglich einbürgern!«, hatten Agga und Falk noch vorm Schlafengehen beschlossen, und Falk hatte gleich nach dem Aufstehen seinen Chef angerufen, ihm die Situation erklärt und gebeten, etwas später kommen zu dürfen. Der Chef hatte zugestimmt, und so waren wir sofort nach dem Frühstück gestartet, damit Falk nicht zu viel Arbeitszeit einbüßte.

Im Eingangsbereich waren meine Augen an Begriffen wie Arbeits- oder Sozialamt hängen geblieben. Die Worte meiner Englischlehrerin fallen mir ein: »Im Westen gibt es jede Menge Arbeitslose und Sozialhilfeempfänger.« Es scheinen so viele zu sein, dass tatsächlich mehrere Ämter nötig sind, um alles abzuwickeln. Aggas Bemerkung vom Vorabend ist plötzlich wieder da und seine Angst überträgt sich auf mich. »Ich bin ein Sozialfall!«, wird mir schlagartig klar. »Keine Ausbildung, kein Geld.«

Die Tür, in der die Dame mit der freundlichen Stimme verschwunden war, öffnet sich, und wir werden hereingebeten. »Das wird dauern«, sagt die Beamtin, nachdem sie meine Geschichte und mein Anliegen vernommen hat. »Ausweis, Meldung beim Sozialamt, Antrag auf Arbeitslosengeld, Wohn- und Kleidergeld – Sie müssen in verschiedene Ämter, und jedes muss ihre Ansprüche separat prüfen.«

Verzweiflung brodelt in mir hoch: Mehrere Wochen ohne Papiere, ohne einen Pfennig in der Tasche – es erscheint mir wie ein Alptraum. Alles in mir sträubt sich dagegen, Falk in der engen Wohnung auch noch auf der Tasche zu liegen, Aggas Zukunftspanik zu ertragen. »Gießen!«, schießt es mir in den Kopf. Hatte Peter nicht von einem Aufnahmelager für ostdeutsche Flüchtlinge erzählt? »Was ist mit Gießen?«, frage ich die Frau.

»Ja, das ist eine Alternative«, antwortet die Beamtin. »Dort ist man eingespielt, alle Ämter arbeiten Hand in Hand.«

»Gießen«, beschließe ich mit fester Stimme. »Ich gehe nach Gießen.« Das ist besser für mich, wird mir klar.

Ich lasse mich von Agga direkt vom Rathaus zum Bahnhof bringen, eine Frau von der Bahnhofsmission kümmert sich um ein kostenloses Zugticket für mich. »Könnte ich damit auch von hier in die DDR fahren?«, frage ich sie und erschrecke über mich selbst. Zurück gehen – wie konnte ich nur auf so eine Idee kommen? Ich sehe den Bettler, der in der Fußgängerunterführung zum Bahnhof gesessen hatte vor mir. Noch nie zuvor in meinem Leben hatte ich jemanden betteln sehen. Plötzlich habe ich das Gefühl, als DDR-Abiturientin keine Zukunft im Westen zu haben, vielleicht auch auf der Straße zu landen. Und ohne Karsten fühlte sich sowieso alles sinnlos an. Er wird abgeschoben, klingt mir Aggas Information wieder und wieder im Ohr.

»Dann müsste ich es umschreiben lassen«, holt die Dame von der Bahnhofsmission mich aus meinen Grübeleien, hält mir das Zugticket hin und schaut mich aus warmen Augen an.

15. August 1989, Aufnahmelager Gießen, Bundesrepublik

»Wohin?«, fragt der Mann hinter dem Lenkrad. Sein Ellenbogen liegt auf der Kante des offenen Wagenfensters des hellbeigen Autos.

»Zum Aufnahmelager«, wiederhole ich, diesmal etwas lauter.

»Ich kann Sie hinbringen«, bietet er an, aber ich schüttele den Kopf und bitte: »Können Sie mir den Weg beschreiben?« Ich will ihm nicht sagen, dass ich kein Geld für ein Taxi habe. Der Mann erklärt mir den Weg, ich brauche trotzdem noch Hilfe von drei weiteren Leuten. Dann komme ich bei einer langen Schlange wartender Menschen an, stöhne in mich hinein und schließe die Augen. Es ist keine vierundzwanzig Stunden her, dass ich in Göttingen angekommen bin. Ich bin erschöpft, will meine Ruhe. Es nützt nichts; ich reiße mich zusammen: »Wenn du in dein neues Leben rein willst, musst du hier durch!«

Ich reihe mich ein. Die Menschen um mich herum unterhalten sich aufgeregt – jeder hat eine andere Geschichte auf Lager, will sie loswerden, um sie zu verarbeiten. Ein Bild-Reporter ist dankbarer Abnehmer. Ich verzichte darauf, meine Geschichte unterzumischen, es würde die Ungewissheit um Karsten, in die ich mich geflüchtet habe, nur zur Gewissheit machen: Er war gefasst worden, würde nicht nachkommen, ich jetzt hier, er bald wieder in der DDR – wir würden uns vermutlich nie wiedersehen.

Ich hatte auf dem Göttinger Bahnhof meine Wahl getroffen. Ich verdränge Karsten, versuche meinen Gedanken eine andere Richtung zu geben, mir vorzustellen wie sich mein Bruder Peter, unser Vorreiter, der sein erstes Weihnachten im Westen in diesem Lager verbracht hatte, gefühlt haben mochte. Oder Falk, nachdem er aus dem Knast freigekauft wurde. Ich hatte Falk nach dem Besuch in der Guinness-Kneipe vergangene Nacht vorm Schlafengehen noch gefragt, wie es ihm im Gefängnis[49] ergangen sei, wollte wissen, wie er zu den Flecken im Gesicht gekommen war. Es hatte mich große Überwindung gekostet, ihm diese Fragen zu stellen, weil ich nicht sicher war, ob ich die Antworten wirklich hören wollte. Doch Falks Foto aus dem Knast hatte mich all die Monate umgetrieben, und ein Teil von mir verlangte nach Aufklärung, wollte das Gespenst im Kopf loswerden. Statt meine Fragen zu beantworten, hatte Falk sich in Schweigen gehüllt, durch mich hindurchgeschaut, den Blick auf unendlich. Ich würde also mit den gruseligen Gedanken leben müssen.

[49] In der DDR gab es nur Gerüchte über die Bedingungen für politische Gefangen in den Gefängnissen. Doch gerade dieses Unwissen machte eine Inhaftierung noch bedrohlicher. Man hörte von Schlägen mit Gummiknüppeln unter der kalten Dusche und Einzelhaft in Kältezellen. Heute wissen wir, dass offiziell mit Mitteln der psychischen und physischen Gewalt gearbeitet wurde. Wer mehr darüber erfahren will, dem sei ein Besuch in der Gedenkstätte Berlin-Hohenschönhausen, einem ehemaligen Gefängnis, in der Genslerstraße 66 in Berlin empfohlen.

Ein Zettel wird mir gegeben, wie ferngesteuert greife ich danach. Es ist eine Art Laufzettel mit Nummern. Dahinter Stationen, die ich der Reihe nach ablaufen soll. »Für heute ist Feierabend«, erklärt der Mann, der mir den Zettel gegeben hat. Ich setze mich in Bewegung, in den Strom von Menschenmassen einzutauchen, um mit ihm in Richtung Unterkünfte, die ich im Lagerinneren ausgemacht habe, zu treiben. »Alles voll!«, ruft der Mann mir nach. »Es wird Reisebusse geben, die bringen Sie in Pensionen im Umland.«

»Katrin!«, schreit plötzlich eine vertraute Stimme, und ich glaube mich verhört zu haben. »Katrin!«, ruft jemand nochmal laut. Ich stelle mich auf die Zehenspitzen, um in der Menge den Rufer ausfindig zu machen. Es dauert ein paar Sekunden, dann sehe ich zwei Hände winken: »Hierher!« Aufgeregt dränge ich mich durch die Menschen, kann meinen Augen kaum trauen, als ich vor ihm stehe, werfe mich hemmungslos an seinen Hals: »Martin!« Ich kann nicht glauben, dass der Dresdner, den wir in Taschkent kennengelernt hatten, tatsächlich vor mir steht. Ich schlucke, bin heilfroh, jemand zu treffen, der ein Stück Geschichte mit mir teilt. Zwei Atemzüge lang versinkt der Wahnsinn um uns herum in einer Parallelwelt, kann ich ihn ausblenden, Zeit genug, meinen Tränen die Schleusen zu öffnen, damit sie den Hof fluten können. Wenig später haben Martin und ich uns in eine ruhige Ecke geflüchtet, und ich fühle mich so erleichtert, lade mein ganzes Elend bei Martin ab. Er hört geduldig zu, stellt keine Fragen. »Wo ist Heiko? »Noch in der Sowjetunion?«, frage ich, als der Druck in mir etwas nachgelassen hat, die Tränen versiegt sind.

»Ich weiß es nicht«, sagt Martin. »Sind zusammen nach Ungarn und nachts über die grüne Grenze. Haben uns dabei aus den Augen verloren.«

In die Menschenmenge kommt Bewegung. »Die Busse sind da«, sagt jemand. Gemeinsam mit Martin schiebe ich gen Ausgang zurück, wir ergattern eine Sitzbank in einem der Busse. Es dauert, bis er sich in Bewegung setzt. Als wir fahren, schließe ich die Augen, will nur noch meine Ruhe. Die Fahrt dauert ewig, immer wieder stoppt der Bus, ein paar Menschen steigen aus, dann geht es weiter. Als wir dran sind, ist es bereits stockfinster. Eine Frau schüttelt mir die Hand: »Willkommen in Hessen!«

15. August 1989 – 22:30 Uhr, Ungarn – Irgendwo zwischen Bátaszék und Mohács

»Karsten, ich glaube wir werden verfolgt!« Wie elektrisiert fahre ich aus einem nervösen Halbschlaf hoch: »Verdammt, wo sind wir?«

»Irgendwo zwischen Bátaszék und Mohács!«

Ich drehe mich um, starre durch die breite Heckscheibe des BMW, auf dessen Beifahrersitz ich sitze, und sehe in etwa hundertfünfzig Metern einen anderen Wagen: »Warum glaubst du, dass sie uns verfolgen?«

»Ich bin mir ganz sicher, ich habe schon zwei Mal Gas gegeben und dann wieder abgebremst. Wenn ich langsam fahre, überholen sie nicht, die kleben seit Bátaszék an uns dran!«

Aufgrund unserer Erfahrung in Szombathely halte ich es für absolut denkbar, dass die Ungarn zivile Streifenwagen in Grenznähe einsetzen, um auffällige Wagen zu kontrollieren. Mohács ist ein Grenzort und sicher kein Touristenmagnet – es gibt keinen erklärbaren Grund, warum sich mitten in der Nacht ein Westauto in diese verlassene Gegend verirren sollte. Es läge also nahe, einen solchen Wagen kurz anzuhalten und nach dem Woher und Wohin zu fragen. Dann würde es einem Blinden auffallen, dass mit mir etwas nicht stimmte: Ich habe mitten im Sommer in einer schwülwarmen Nacht eine lange Jeans und eine hochgeschlossene Jacke an und schwitze wie ein Schwein! Was hatte ich mir nur bei meiner Tarnung gedacht? Unter meinen viel zu warmen Klamotten trage ich bereits meinen schwarzen Neoprenanzug, den ich mir in einem Sportladen am Balaton besorgt habe. Ich wollte, dass im Zweifelsfall alles schnell ging, und nun ist es soweit – es muss schnell gehen.

»Pass auf, nach der nächsten Kurve machst du kurz die Scheinwerfer aus und fährst langsam. Ich springe dann einfach aus dem fahrenden Wagen und du fährst weiter!« Ich muss an den Film »*Denn sie wussten nicht, was sie tun*« denken. In dem Film mit James Dean aus den fünfziger Jahren duellieren sich junge Leute, indem sie mit geklauten Autos auf eine Klippe zufahren, um im letzten Moment aus dem voll beschleunigten Wagen zu springen. Vor zwei Jahren auf einem kleinen Campingplatz in Mecklenburg hatten wir uns ein ähnliches Spiel ausgedacht, nur sprangen wir nicht aus Autos, sondern im Hechtsprung über Lagerfeuer. Im Gegensatz zu allen anderen hatte ich mich nie verbrannt, und so eine blöde James-Dean-Rolle aus dem Auto würde ich wohl auch hinbekommen.

Der Fahrer sieht mich verblüfft an. Im echten Leben ist er Lokomotivführer, lebt in Wien, machte am Balaton Urlaub. Ich hatte ihn durch Zufall kennengelernt und einfach gefragt, ob er mich am nächsten Abend an die Grenze fahren kann. Der liebenswerte, aber schweigsame Mann hatte nur genickt, war tatsächlich pünktlich am vereinbarten Treffpunkt gewesen. Ich hatte während der ersten Zeit unserer dreistündigen Fahrt versucht, ein Gespräch in Gang zu bekommen, was aber irgendwann versandete. Nun ist keine Zeit mehr für Small Talk.

»Verdammt!« höre ich den Lokführer fluchen. »Dort vorn ist schon das Ortseingangsschild von Mohács!« Wir fahren durch eine lange Kurve. »Gib Gas!« rufe ich, werde im selben Moment in die Polster gedrückt, die Scheinwerfer unseres Verfolgers verschwinden. »Jetzt das Licht aus und langsam fahren!«, weise ich meinen Fahrer an, und er reagiert auf der Stelle. Ich werde zum zweiten Mal Spielball der Fliehkräfte. Als der Druck nachlässt, befreie ich mich mit einem Klick vom Gurt. »Mann, ich danke dir!« hauche ich mit versiegender Stimme. »Bist ein Engel!« Sprungbereit greife ich zum Türgriff, doch da ist keiner, nervös fingere ich an der Tür herum. Dann langt ein Arm über meinen Bauch, und mit einem leisen »Kling Kling Kling« macht die Bordelektrik auf die offene Tür aufmerksam. Gleichzeitig leuchtet trotz ausgeschalteter Scheinwerfer die Innenbeleuchtung auf. Soviel zu meinem tollen Plan, im Dunkeln aus der Karre zu kommen, im Trabi wäre das nicht passiert!

Der Sprung nach draußen verläuft wie geplant: Nach zwei Rollen lande ich in einem Graben und bleibe reglos liegen. Der BMW verschwindet mit quietschenden Reifen und einer mir überirdisch vorkommenden Beschleunigung. Ein schwarzer Lada mit überhöhter Geschwindigkeit und zwei konzentriert nach vorne blickenden Männern schießt an mir vorbei. »Durchatmen, Karsten«, beruhige ich mich selbst. »Das war's, du bist raus, und sie haben dich nicht gesehen.« Zwischen meinem Erwachen aus dem Halbschlaf und meiner Landung im Graben liegen nicht mehr als sechzig Sekunden, doch mein Herz trommelt, als hätte ich einen Marathon absolviert.

Fünf Minuten später bin ich wieder Herr über meinen Körper und werfe einen Blick nach links und rechts auf die Straße. Nichts. Niemand ist zu sehen. Ich lausche in die Nacht: In der Ferne bellt ein Hund. Ich rastere meine Umgebung ab, nehme Felder und einige Häuser im Mondschein wahr. Mit Schrecken wird mir bewusst, dass Vollmond ist und dass nicht nur ich deshalb gut sehen kann, sondern auch andere. Daran hatte ich in meiner Panik, Katrin schnell hinterherzukommen, nicht gedacht. Egal. Im Moment ist mir das Mondlicht eine große Hilfe, und ich mache mich fast schon beschwingt auf den Weg.

Nach circa fünfhundert Metern und dem Gefühl, in meinem eigenen Schweiß gekocht zu werden, werfe ich meine Jacke achtlos aufs Feld.

Eine halbe Stunde später werde ich langsam nervös – laut Karte in meinem Gedächtnis verlief die Straße direkt neben der Donau, doch ich habe bereits einen Weg überquert und befinde mich nun auf einem weiteren Feld. Die Minuten dehnen sich zu Stunden, und Panik steigt in mir hoch. »Was läuft hier falsch? Wo zum Henker ist der Fluss?«, frage ich mich. Nach weiteren fünfzehn bangen Minuten stehe ich vor einem drei Meter hohen Zaun mit einer Stacheldrahtkonstruktion, die nach innen und außen weist. Hinter dem Zaun verbergen sich Geräusche einer großen Industrieanlage. »Kein Grenzzaun«, stelle ich erleichtert fest, frage mich dann: »Soll ich nach links oder rechts gehen?« Mir wird klar, dass jede einzelne meiner kommenden Entscheidungen meine letzte sein könnte, dass ich mich konzentrieren muss. »Nach rechts ist näher an der Grenze«, überlege ich, »aber auch an der Stadt. Die Gefahr, entdeckt zu werden, ist größer«, wäge ich ab und entscheide mich für links, den längeren Weg. Nach wenigen Metern steht ein prächtiger Baum vor mir und lädt mich mit seinen weit über den Zaun hinausragenden Ästen ein, ihn zu erklimmen. Durch Jeans und Neoprenanzug recht steif, erreiche ich den ersten Ast nur schwer, komme dann aber gut weiter. Ich habe Glück: Auf der anderen Seite des Zaunes ist ein Schuppen. Vorsichtig lasse ich mich auf sein Dach herunter und muss lachen: Bequemer kann eine Flucht wirklich nicht sein! Das Dach entpuppt sich als perfekter Spähort, bietet eine weite Übersicht. Hinter leicht abfallendem Gelände entdecke ich die Donau. Eine Art Containerhafen trennt mich vom Fluss. Unter Flutlicht herrscht hektische Betriebsamkeit, Arbeiter brüllen sich Anweisungen zu, Motoren heulen auf und Kräne quietschen auf ihren Schienen. Auf der Suche nach einem Durchschlupf entdecke ich links von mir ein paar Bäume und abgestellte Container, die halbwegs im Dunkeln liegen. Ich präge mir einen Weg durch das Labyrinth der Schatten ein und mache mich auf den Weg.

Fünf Minuten später bin ich an der Kaimauer, kann meinen

Augen nicht trauen: Ein paar Treppenstufen führen direkt hinunter zur Donau und zu einem kleinen Steg, den sich vermutlich die Hafenarbeiter zum Angeln gebaut haben. Verlassen und im Grün der Böschung versteckt, liegt er nun da, als hätte er auf mich gewartet. Die Stimmen und Geräusche des Hafenbetriebes sind beruhigend weit weg, und ich setze mich völlig entspannt auf den Steg, lasse meine glühend heißen Füße vom Wasser kühlen. Hier sitze ich nun und habe das Gefühl, dass mein gesamtes Leben auf diesen einen Moment reduziert wird: Hier muss es durch, mein Leben, durch dieses Nadelöhr. Ich denke an das Schwimmtraining mit Katrin, doch sie ist weit weg, ich kann sie nicht fühlen. Ich denke an meinen Freund Jan, den ich schon vor Jahren gefragt hatte, ob wir nicht zusammen die DDR verlassen wollen. Ich wollte nicht alleine fliehen, dazu fehlte mir der Mut. Ich schaue aufs Wasser, das im Dunkel vor sich hin gluckert. »Da bist du nun Karsten, allein mit deinem Schicksal.« Ich spüre ein letztes Mal in mich hinein, überprüfe meinen Willen. Jede Faser meines Körpers sagt mir, dass ich das Richtige tue. Gedanklich gehe ich die Risiken durch: Schaffe ich es drei oder mehr Stunden zu schwimmen? »Kein Problem«, bejahe ich mir die Frage. Egal ob ich schwimme, laufe oder Rad fahre – solange ich wach bin, kann ich mich bewegen. Auch die Frage, ob ich es hinkriege, eine Nacht lang durchzuhalten, beantworte ich mir mit Ja. »Ist auch nichts anderes als auf Party. Was ist mit Patrouillenbooten und Wachen am Ufer?«, schießt es mir durch den Kopf, als ich Jeans und T-Shirt von mir streife. »Kein Problem!«, kommt es mit kühlem Kalkül und ich schaue an mir herunter. Ich bin schwarz wie die Nacht, habe den Neoprenanzug falsch rum an – die bunte Außenseite nach innen.

Ich ziehe meine schwarzen Flossen an, setze die dunkel getönte Schwimmbrille auf und ziehe zwei schwarze Damenstrümpfe über Gesicht und Kopf. Dann lege ich die Hüfttasche um, in der ich 250 kleine Bleidoppelkegel verstaut habe. Das Gesicht des Typen im Angelladen erscheint vor mir. Er hatte ziemlich blöd geguckt, als ich nach fünf Kilogramm Grundblei für Angelsehnen verlangte. Doch ich brauchte Gewicht, das mich unter Wasser zog, und ein klassischer Bleigürtel, wie ihn Taucher benutzen, war nicht aufzutreiben.

Ich checke meinen Schnorchel: Das schwarze Klebeband, mit dem ich ihn umwickelt habe, um für Beobachter an Land oder auf einem Boot wie ein Stück treibendes Holz zu erscheinen, hält. »Doch was macht das Holz, wenn es an der Grenze an ein Stahlgitter getrieben wird?«, überprüft irgendwer in mir meine Courage. Ich denke an meine Berechnungen der Strömungsgeschwindigkeit mit Katrin auf der Budapester Brücke: Fünf Kilometer pro Stunde hatten sie ergeben – dagegen habe ich auch mit Flossen keine Chance. Katrins Horrorszenario schwebt in mein Bewusstsein, ein letzter Versuch, mich in Panik zu versetzen. Vergeblich, obwohl ich keinen Plan B für diese Situation habe, erkläre ich mir nüchtern: »Die Donau mit einem Gitter abzusperren, wäre ein ziemlicher Akt, und wahrscheinlich wären Dutzende von Arbeitern permanent damit beschäftigt, allen möglichen Unrat von den Gittern zu entfernen. Bei der Strömung sicher kein Zuckerschlecken. Nein es gibt kein Gitter.«

Ich lege Jeans und Hemd fein säuberlich zusammengefaltet auf den Steg, kratze mir dann nachdenklich den Kopf: Wohin damit? Wegwerfen? Westklamotten? Unmöglich! Liegen lassen geht aber auch nicht. In der Hoffnung, dass jemand sie entdeckt und sich freut, schmeiße ich die Hüllen meines alten Lebens ins Gebüsch. Mit ein paar letzten Griffen befestige ich meine Schuhe, die nur aus einer dünnen Gummisohle und ein bisschen weichem Leder bestehen, mithilfe von Lederriemen an meinen Waden.

Dann lasse ich mich, die Hände noch am Steg, ins Wasser gleiten. Ich spüre, wie es über mir zusammenschlägt, wie der Anzug vollläuft und die Donau den Schweiß der letzten Stunden wegspült. »Zeit loszulassen!«, lullt sie mich sanft ein. Ich löse meine

Hände vom Steg, und die Donau nimmt mich auf wie einen alten Bekannten – wird eins mit mir. »Dieses Gefühl darfst du niemals vergessen, Karsten!«, nehme ich mir vor.

Hessen ist keine Stadt

15. August 1989 – 23:00 Uhr, BRD – Pension in Hessen

»Hessen«, lasse ich mir die Begrüßung der Dame an der Rezeption auf der Zunge zergehen, mobilisiere meine Geografiekenntnisse aus der Schulzeit. »Druschba-Freundschaft!«, fällt mir als erstes ein.

Der Gedanke bringt mich ins Klassenzimmer der Polytechnischen Oberschule »Georgi Dimitroff.[50]« vor mir ein A4 großes Heft, in eine rote Plastikhülle eingeschlagen. Ich blättere darin herum. Es ist voller Landkarten, sie sind »stumm«, dazu da, dass ich sie mit Leben fülle. Ich schlage eine Seite auf, die ich bereits ausgefüllt habe: Die Umrisse von DDR, CSSR, Polen, Ungarn, Bulgarien und die UdSSR sind mit schwarzer Farbe daraufgedruckt. Ein dicker Strich schlängelt sich über das Blatt, verbindet die Bruderländer miteinander. Er steht für die Erdgastrasse »Druschba«, ein Mammutprojekt, das die Genossen im Bruderwahn und

---

[50] Georgi Dimitroff war ein bulgarischer Politiker der Kommunistischen Partei. In Deutschland wurde er als Angeklagter im Reichstagsbrandprozess bekannt, da es ihm als glänzendem Rhetoriker gelang, Göring als auch Goebbels intellektuell auszumanövrieren. Im Ostblock genoss Dimitroff als Begründer der Dimitroff-These (eine marxistische Faschismustheorie) hohes Ansehen.

um der Welt ihre Stärke zu demonstrieren, ins Leben gerufen haben. Der Zweck der »Freundschaftstrasse«: Erdgas aus der Sowjetunion befördern. Ich blättere zur nächsten Seite: die DDR-Karte. Ich erinnere mich, wie ich Gera, Suhl, Leipzig, Dresden und die anderen Bezirke eingetragen hatte, wie mein Blick an dem schwarzen Fleck neben Ost-Berlin hängen geblieben war. Er stand für den Kapitalismus, der unsere heile Welt von innen heraus bedrohte: West-Berlin.

Stunde um Stunde hatte ich der Deutschen Demokratischen Republik auf der stummen Karte mit Farbstiften Leben eingehaucht, hatte Braunkohlevorkommen, Salz-, Erz-, Kupfer- und Zinnlagerstätten eingezeichnet. Am Ende war meine Heimat voller Schätze gewesen, reich und bunt.

Ich grabe weiter, suche nach Wissenshäppchen zur BRD, die über seine Gemeinheit als Ausbeuterland hinausgehen. Ich hole meinen blauen Schulatlas im A5-Format aus dem roten Ranzen, durchblättere ihn, bis ich die Bundesrepublik finde: Eine Seite ist ihr gewidmet, ein Drittel davon gehört der DDR. Ich fahre mit dem Zeigefinger über das Land auf dem Papier, versuche, die schwarz unterstrichenen Städtenamen zu entziffern: München, Stuttgart, Mainz, Bonn, Köln, Hamburg – eine Stadt »Hessen« finde ich nicht. Ich bohre tiefer, lese schwarze Namen ohne Unterstrich, finde Kassel, halte inne: »Willkommen in Kassel!« höre ich die Stimme des Schaffners im Zug, der auf meinem Weg von Göttingen nach Gießen in Kassel gestoppt hatte.

»Kassel, Gießen und Frankfurt, die gehören alle zum Bundesland Hessen«, erklingt eine Stimme in mir, und eine warme Welle umspült mein Herz.

Ich sitze im Arm meiner Oma auf dem Sofa unter der alten Eule aus Holz, vor mir der heißgeliebte Naschteller – eine Untertasse, auf der meine Oma drei Haribobärchen und etwas Lakritze platziert hat. Ich wandere mit Daumen und Zeigefinger darüber, entscheide mich für ein Lakritzstück und stecke es in den Mund. »Dein Opa Ewald kommt aus Nordrhein-Westfalen«, erzählt meine Oma weiter.

»Wieso habt ihr dann in Erfurt gelebt?«, frage ich, während ich ein Lakritzstück in meinem Mund zerkleinere.

»Ich hab die Luft in Nordrhein-Westfalen nicht vertragen, hatte immer Migräne«, summt meine Oma mehr als sie spricht, lullt sich und mich in die Vergangenheit. »Opa ist aus Liebe zu mir hergezogen.« Ihre Stimme zittert, und ich spüre, wie sie die Tränen unterdrückt, wie sie ihren Mann, den ich nie kennenlernte und der in meiner Zeitrechnung schon ewig tot ist, noch immer vermisst, als wäre er erst gestern gestorben.

»Hattenheim, wo deine Oma Erika lebt«, spricht meine Oma weiter und klärt mich auf, in welchem Bundesland die Mutter meines Vaters lebt, »gehört auch zu Hessen. Mainz gleich daneben gehört aber schon zu Rheinland-Pfalz.«

Kühles Metall berührt meine rechte Hand, holt mich nach Hessen zurück. »Zimmer dreizehn!«, sagt die freundliche Dame vor mir. Ich merke erst jetzt, dass ich am Check-in der Pension stehe. Die Dame zeigt auf die Treppe hinter mir: »Erster Stock, links.«

Ich begreife, bringe ein »Danke schön!« heraus und habe nur ein Bedürfnis: Land gewinnen, in meinem Zimmer verschwinden und unter einer Decke abtauchen.

Ein Damenstrumpf ist keine Neoprenhaube

16. August 1989 – 00:10 Uhr, Ungarn – Irgendwo in der Donau

Nach dem ersten Hochgefühl gebe ich Gas. Zum Glück ist die Strömung am Rand nicht so stark, und so bin ich fast in der Mitte der Donau, als ich am Containerhafen vorbeitreibe. Ich blicke mich vorsichtig um, rastere zügig meine Umgebung ab: Kein Schiff zu sehen, stelle ich erleichtert fest, nehme weiter Kurs auf das gegenüberliegende Ufer. Auf der Karte sah es so aus, als sei Mohács nur auf dem Westufer der Donau erbaut, und tatsächlich liegt das Ostufer in Dunkelheit. Ich lasse mich in respektvollen Abstand durch Mohács treiben. Es dauert eine knappe Stunde, dann liegt die Stadt hinter mir und beide Ufer tauchen ins Dunkel der Nacht. »Geschafft!«. Ich atme erleichtert auf, gönne mir einen Atemzug über Wasser, drehe mich auf den Rücken und bestaune für einen kurzen Moment den endlosen Sternenhimmel über mir, genieße die Ruhe. Abende an Lagerfeuern schieben sich in meine Erinnerungen. Oft war ich danach auf die dunkle Fläche eines Sees hinausgeschwommen, hatte es einfach nur genossen, Teil der Natur zu sein. »Eins mit der Natur«, denke ich und drehe mich wieder zurück in die Brustlage, um den Augen etwaiger Beobachter am Ufer zu entgehen. Als mein Gesicht wieder ins Wasser eintaucht wird mir jäh bewusst, dass ich viel länger gebraucht habe, um Mohács zu passieren als geplant: Über eine Stunde! Schlagartig wird mir klar: Die Donau ist wesentlich breiter als in Budapest, meine Berechnungen sind falsch! Ich überdenke noch mal meinen Zeitplan: Nach Karte bin ich circa fünfzehn Kilometer vor der Grenze in die Donau eingestiegen. Laut meiner Berechnungen sollte mich die Strömung innerhalb von drei Stunden nach Jugoslawien getragen haben. Nach Plan wollte ich gegen 23 Uhr ins

Wasser steigen, um dann zwischen zwei und drei Uhr die Grenze zu passieren. Die unerwartet lange Wanderung über die Felder und die Suche nach der Donau hatten mich bereits eine Stunde gekostet, und nun sieht es so aus, als würde die Donau nur halb so schnell fließen wie erwartet. »Ich werde erst in den Morgenstunden durch die Grenze treiben!«, fährt es mir durch Mark und Bein. »Wenn es hell ist und jeder mich sieht!« Panisch geworden gehe ich nochmals meine Berechnung durch, doch es nützt nichts, das Resultat bleibt gleich. Hektisch spiele ich meine Optionen durch, es gibt nur zwei: Ich könnte sofort an Land schwimmen und mir ein Versteck für den Tag suchen. Am nächsten Abend würde ich einfach etwas früher einen zweiten Versuch wagen. »Was ist, wenn ich kein Versteck finde?«, frage ich mich, und mir wird klar, dass ich weder etwas zu essen noch zu trinken bei mir habe. Die zweite Option erscheint mir attraktiver: Entgegen meinem ursprünglichen Plan in die Mitte der Donau zu schwimmen, um dort die größte Geschwindigkeit auszunutzen. Wenn ich dann mit Vollgas schwimme, könnte ich mit Flossen zwei bis drei Kilometer pro Stunde hinzuaddieren. Es war jetzt morgens um eins, mit ein bisschen Glück müsste ich gerade noch im Dunkeln an der Grenze vorbeikommen. »Flussmitte bedeutet Schiffe«, überlege ich, verwerfe die Gefahr aber. Ich war jetzt seit einer Stunde im Wasser und hatte nicht ein einziges Schiff entdeckt. »Also ab in die Mitte der Strömung und los!«

Eine Weile komme ich gut voran, Gedanken an Katrin und meine Familie lösen sich gegenseitig ab. Irgendwann werden sie von einem dumpfen Brummen durchdrungen. Es klingt wie die Maschine eines großen Schiffes, doch die Lautstärke nimmt nicht zu. Ich hebe den Kopf vorsichtig aus dem Wasser, spähe in die Dunkelheit, kann nichts erkennen, tauche wieder unter. Das Brummen bleibt, und ich scanne ein zweites Mal meine Umgebung, wieder ohne Ergebnis. Ich spüre, wie ich unruhig werde, mahne mich zur Ruhe, gehe in Gedanken durch, was ich über die

Akustik unter Wasser weiß: Schall breitet sich mit 1500 Metern pro Sekunde im Wasser viel schneller und mit einer viel größeren Reichweite aus als in Luft. Die hohe Geschwindigkeit sorgt dafür, dass wir ein Geräusch an beiden Ohren gleichzeitig wahrnehmen. Im Normalfall errechnet unser Gehirn aus der Laufzeitdifferenz zwischen unseren Ohren die Richtung, aus der ein Geräusch kommt. Doch im Wasser gibt es für unsere Ohren keine Laufzeitdifferenz, und so haben wir den Eindruck, ein Geräusch kommt immer von vorn, egal in welche Richtung wir uns drehen. Während meiner Ausbildung zum Tauchlehrer in der Ostsee hatten wir den Trick gelernt, die Neoprenhaube an einer Seite anzuheben. Man konnte dann anhand der Lautstärke in etwa die Richtung identifizieren. Ich habe aber keine Neoprenhaube, sondern zwei übereinander gezogene schwarze Damenstrümpfe über dem Kopf. »Vielleicht lässt ein Schiff irgendwo seinen Motor warmlaufen, oder es ist die Pumpe einer großen Industrieanlage«, beruhige ich mich. Um nicht völlig durchzudrehen, beschließe ich, das Geräusch zu ignorieren und mich nicht mehr umzudrehen.

Zwanzig Minuten später bereue ich meine Entscheidung: Ein schwarzes unbeleuchtetes Patrouillenboot ist keine fünfzehn Meter entfernt, und sein Suchscheinwerfer bewegt sich geradewegs auf mich zu! Ohne wirklich Luft holen zu können, tauche ich ab, schwimme unter Wasser in Richtung Suchscheinwerfer am Heck des Bootes, hoffe, dass ich so lange Luft habe, bis der Scheinwerferkegel über mich hinweg ist. Ich schaffe es, tauche auf und ringe nach Atem. Plötzlich legt sich das riesige Schiff direkt neben mir in die Kurve, umrundet mich innerhalb eines Augenblickes. Ich reiße die Augen auf: »Das war's!«

16. August 1989 – 00:10 Uhr, BRD – Pension in Hessen

Als ich in mein Zimmer komme und die Dusche entdecke, beschließe ich, dass die Bettdecke noch warten muss. Dankbar stelle ich im Badezimmer fest, dass die Pension auf Fälle wie mich – ohne Seife oder Shampoo im Gepäck – vorbereitet ist, steige in die Dusche und drehe den Wasserhahn auf. Der erste Schwall, der auf mich niederprasselt, ist so kalt, dass ich nach Luft schnappe. Augenblicklich ist Karsten da, ringt im Fluss um Atem. Mein Magen, der der Kälte bisher getrotzt hat, schrumpft auf Erbsengröße zusammen und mein ganzer Körper schüttelt sich ungewollt.

Ich zucke aus dem kalten Wasserstrahl zurück, halte meinen Fuß darunter und drehe an den Hähnen an der Wand, bis meine Zehen »lauwarm« senden.

Ich bin dankbar, als der Duft des Shampoos die Bilder von Karsten langsam verdrängt, spüle Angst und Schrecken der letzten Tage von mir, schaue zu, wie sie in die Kanalisation verschwinden. Als ich den Wasserhahn zudrehe, nehme mir vor, nach vorne zu blicken, versuche mit einem: »Nicht nur sauber, sondern rein«, etwas Leichtigkeit in mich zu bringen. Das strahlend weiße Handtuch, das auf dem Halter neben der Dusche auf mich wartet, ist kuschelweich, und ich danke dem »Kuschelbär« aus der Westwerbung, als ich mich darin einhülle.

Ein Kratzen an der Tür lässt mich in der Nacht hochschrecken. »Hallo?«, frage ich schlaftrunken. Die Türklinke wird mehrfach gedrückt und ein Schlüssel versucht, im Schloss darunter einzurasten. »Hallo?«, frage ich nochmals.

16. August 1989 – 02:20 Uhr, Ungarn – Irgendwo in der Donau

Mein Arm war ausgekugelt und schmerzte höllisch, zum wiederholten Male schnappte ich nach Luft. Gerade hatte ich einem Mädchen, das von einer meterhohen Brandungswelle von der Klippe gefegt worden war, das Leben gerettet, und nun trieb ich selbst hilflos in dem Hexenkessel zwischen scharfkantigen Felsen. Es war mir tatsächlich gelungen, mich und die junge Frau auf einen Felsvorsprung zu bringen und sie mithilfe einer Baumleiter in Sicherheit zu drücken, als mich eine tonnenschwere Last mit brutaler Gewalt von den Füßen riss und herumwirbelte. Als Kind hatte ich viel Spaß daran gehabt, von meinem Vater und diversen Onkeln an meinen Armen durch die Luft geschleudert zu werden – zum Leidwesen der Bänder in meinen Schultergelenken! Sie waren so ausgeleiert, dass ich mir immer mal wieder den Arm auskugelte – beim Skifahren, Turmspringen, Tauchen oder Motocross. »Wenn es mir gelänge, meinen schmerzenden und völlig verkrampften linken Arm wirklich vollständig zu entspannen, dann könnte ich ihn mithilfe meines intakten rechten wieder in die richtige Position schieben«, hatte ich mir trotz tosender Meeresbrandung ganz klar analytisch überlegt. Voraussetzung war aber völlige Entspannung! Doch wie sollte ich nach Luft schnappend und während mich die Wellen alle paar Sekunden mehrere Meter nach oben und wieder nach unten bewegten, meinen verdammten Arm entspannen? Ich atmete ganz tief ein, tauchte einfach ab und konzentrierte mich auf meine innere Ruhe.

»Schon komisch, woran man im vermeintlich letzten Moment seines Lebens denkt«, wundere ich mich. War diese Rettungsaktion das Wichtigste, das ich bisher geleistet hatte? Sollte ich nicht an meine Eltern, Lars, meinen kleinen Bruder, und Katrin denken? Plötzlich legt sich ein Schalter in mir um, bin ich wieder voll da: »Die Schraube! Ich bin in dem Wirbel der Schraube des Patrouillenbootes!« Das Schiff ist mindestens zwanzig Meter lang, es ist unmöglich, dass es mich in einer Sekunde umrundet. Mein Verstand arbeitet, als wäre es für ihn selbstverständlich, in Lebensgefahr zu sein, und meldet meinem vor Panik halb gelähmten Rest-Ich, was gerade passierte: Ich hatte es zwar geschafft, dem Suchscheinwerfer zu entkommen, doch die Geschwindigkeit und Strömung am Bootsrumpf unterschätzt. Die Verwirbelungen hatten mich irgendwie näher an den Schiffsrumpf gebracht, und nun drehe ich mich in einem Wirbel der Schraube und werde nach unten gezogen. Wie von Sinnen rudere ich zur Seite, versuche mit aller Kraft im Neunzig-Grad-Winkel zur Strömung aus dem Strudel herauszutauchen.

Das Patrouillenboot entfernt sich gemächlich auf seinem Kurs weiter stromabwärts. Ich höre es nicht, denn jeder einzelne Herzschlag klingt wie der Schlag eines Vorschlaghammers auf meinem Kopf. Meine Nackenmuskulatur entspannt sich langsam. Der Schmerz macht mir klar, wie nah ich am Erstickungstod war. Ich hatte diesen Schmerz schon einmal erlebt, kurz bevor ich beim Streckentauchtraining ohnmächtig wurde und mich ein Tauchkumpel, der zum Glück am Ende der Fünfzig-Meter-Bahn noch im Wasser war, am Arm packte und nach oben zog. Ich war sofort wieder da, doch die Muskulatur im Nacken und Haaransatz schmerzte höllisch.

Hier, mitten in der Nacht in der Donau irgendwo zwischen Ungarn und Jugoslawien, hätte mich keine helfende Hand nach oben gezogen, wird mir bewusst, und eine bisher unbekannt hohe Adrenalinkonzentration pusht mich, macht mich so munter wie noch nie in meinem Leben zuvor. Ich nehme meinen Schnorchel aus dem Mund und lache krampfhaft unter Wasser, so ungezügelt wie ich noch nie in meinem Leben gelacht habe: »Das war verdammt knapp!«

Es war also keine so gute Idee, in der Mitte der Donau Strecke zu machen, gestehe ich mir ein. Als ich wieder halbwegs bei Sinnen bin, beschließe ich an Land zu gehen und mir ein Versteck für den Tag zu suchen. Einer Eingebung folgend, lasse ich mich ganz nah am Ufer entlangtreiben, nehme aus den Augenwinkeln hinter einem Busch am Ufer ein leichtes Aufglühen wahr. Vorsichtig schiebe ich die getönte Schwimmbrille auf die Stirn, um besser sehen zu können: Zwei Zigaretten glimmen abwechselnd in der Dunkelheit auf, und kurz darauf höre ich das Gespräch zweier Soldaten. Schlagartig ist klar: Es gibt kein Zurück!

Ich beschließe, in Ufernähe weiterzuschwimmen, schalte in einen flotten Ausdauerrhythmus, bewege meine Flossen kräftig durchs Wasser, peinlichst darauf bedacht, nicht den kleinsten Spritzer zu machen. An meinem Körper glibbert ein schlafender Fisch vorbei, und ich werde wieder optimistisch: »Wenn der mich nicht mal wahrnimmt, was soll mir dann schon passieren?«

Alle paar Minuten checke ich mit abgenommener Schwimmbrille die Donau, ob das Patrouillenboot zurückkommt. Es kommt nicht, doch die Donau wird noch breiter und noch langsamer.

Kurz vor vier Uhr morgens ist es dann soweit: Ich sehe das dunkle Boot im Mondlicht am anderen Ufer stromaufwärts fahren – zu weit entfernt, um für mich gefährlich zu sein. Langsam stellt sich bei mir ein echtes Hochgefühl ein: Vielleicht bin ich doch viel schneller als gedacht oder die Karte war, wie schon so oft in den letzten Wochen, falsch gewesen, diesmal allerdings zu meinem Vorteil. »Bin ich schon in Jugoslawien?«, frage ich mich hoffnungsvoll. Doch die charakteristische Neunzig-Grad-Biegung des Flusses, die ich mir auf der Karte eingeprägt hatte und die nach circa zehn Kilometern auf jugoslawischen Territorium kommen müsste, habe ich bisher noch nicht gesehen. »Weiter geht's!«, ermuntere ich mich, obwohl meine Waden schmerzen. Seit vier Stunden paddele ich stramm dahin.

Ich schwimme weiter, so schnell ich kann. Die Gleichmäßigkeit meiner Bewegungen lässt mich in eine Art Trance fallen: schwimmen, schwimmen, schwimmen.

Irgendwann holen mich meine Gedanken aus der konzentrierten Routine: keine Soldaten mehr am Ufer, das Patrouillenboot stromaufwärts verschwunden und kein Stahlgitter inmitten der Donau. Sollte es das wirklich gewesen sein? Ist es so einfach, von Ungarn nach Jugoslawien zu schwimmen? War das die mit Selbstschussanlagen bestückte tödliche Grenze? Ich kann es nicht fassen, und doch scheint es so zu sein. Leben, ich komme!

Einige Minuten später bin ich schockiert, kann meinen Augen kaum trauen: Die rechte Seite der Donau ist auf einer Strecke von mehreren hundert Metern mit starken Scheinwerfern bestückt! Die linke Seite, auf der ich die ganze Zeit schwimme, besteht aus einer weiß gestrichenen Betonwand.

16. August 1989 – 03:30 Uhr, BRD – Pension in Hessen

Als auch auf mein drittes »Hallo?« keine Reaktion kommt, steige ich aus dem Bett, um nachzuschauen, wer da mitten in der Nacht in mein Zimmer will. Ein Mann schaut mich erschrocken an, als ich vor ihm stehe. »Dachte das wäre mein Zimmer«, entschuldigt er sich. Sein Schlüssel trifft ein paar Türen weiter, dann ist er verschwunden.

Ich krieche wieder unter meine Decke und schließe die Augen, hoffe, schnell wieder einzuschlafen. Doch ich bin aufgekratzt, der nächtliche Schreck hält mich wach.

»Zahltag!«, höre ich plötzlich eine Männerstimme und bin schlagartig wie versteinert. Mir ist sofort klar, wer da zu mir spricht. »Der Deutsch-Russe!«, fährt es mir durch Mark und Bein. Ich versuche meinen Verstand zu mobilisieren, damit er ihn in die Abteilung »Nimmerwiedersehen« zurückverbannt, den Mantel des Vergessens wieder über die Geschichte zieht. Aber es funktioniert nicht, er zieht mit seinem Freund in meinem Zimmer ein.

Es war der Sommerurlaub in Ungarn mit meiner Abi-Freundin Doreen. Wir saßen am Straßenrand, waren gerade von Budapest zum Balaton getrampt, hatten uns ein Ankommenskäffchen gegönnt, dabei beschlossen, dass wir nach den Nächten auf dem Budapester Bahnhof einen Zeltplatz brauchten. Im Cafe hatte man uns den Weg zu einem beschrieben, der nicht allzu weit entfernt sein sollte, und Doreen und ich hatten uns auf den Weg dorthin gemacht. Es war heiß gewesen und der Weg länger als vermutet. Irgendwann forderte mein Rücken eine Pause, und ich hatte Durst. Ich setzte meine Kraxe ab, kramte nach der Flasche Wasser darin, stellte dabei fest: Ausweis und Geld waren weg. Doreen und ich durchsuchten hektisch unser Gepäck, aber die Sachen blieben verschwunden.

Ich rannte sofort zurück in das Café. Vergeblich. Als ich zu Doreen, die am Straßenrand mit unserem Gepäck wartete, zurückkehrte, war ich in Tränen aufgelöst.

Ein schnittiger Wagen stoppte, zwei Männer Ende zwanzig fragten in brüchigem Deutsch, was passiert sei. »Wissen, wie es ohne Kohle ist«, sagte der eine mitfühlend. »Sind erst seit zwei Jahren Westdeutsche, kommen eigentlich aus der Sowjetunion«, klärte uns der andere auf. Dann luden sie uns mit den Worten: »Könnt umsonst bei uns wohnen«, in ihr Ferienhaus ein. Doreen und ich schauten uns fragend an: Gleich wieder zurück nach Budapest trampen? Wir waren k.o., bis wir dort ankämen und uns zur ostdeutschen Botschaft durchgefragt hätten, damit ich neue Papiere bekäme, wäre die vermutlich geschlossen. Uns würde eine weitere Nacht auf dem Bahnhof oder der Margareteninsel bevorstehen.

»Satt kriegen wir euch auch!«, meinten die zwei Männer im Auto lächelnd. Wir zögerten.

»Kriegt ein eigenes Zimmer, abschließbar!«, beruhigten

sie uns. Urlaub in einem Haus am Balaton – die Einladung klang verlockend.

Zwei Tage ging es gut, Doreen und ich machten unser Ding, sie ihrs. Es fühlte sich toll an – wir tranken Cola, aßen Duplo und Ritter Sport, gingen tanzen. Am dritten Abend wurden die Männer zudringlich. »Ich hab einen Freund!«, versuchte ich abzuwehren. »Kein Problem!«, entgegnete mein Verehrer. »Ich will nicht!«, sagte ich. Er ließ von mir ab, fing an rumzuschreien: »Wie naiv seid ihr eigentlich? Denkt ihr, dass das alles umsonst war?« Dann klopfte er seinem Kompagnon auf die Schulter: »Komm, wir gehen«, drehte sich noch einmal um und funkelte uns böse an: »In einer Stunde sind wir zurück. Entweder ihr seid dann weg oder ihr schlaft mit uns!« Die Tür knallte ins Schloss. Doreen und ich setzten uns zitternd auf die Küchenstühle. Es war bereits spät in der Nacht, und wir wussten nicht wohin.

»Wir schließen ab und verbarrikadieren unsere Zimmertür«, entschieden wir. Als unsere Gastgeber zurück kehrten, schrien sie beide herum, boxten mit Fäusten gegen die Tür. Doreen und ich hockten auf unseren Betten, umklammerten die Knie und zitterten vor Angst, dass die Russen das schützende Brett, das uns von ihnen trennte, einschlagen würden. Irgendwann gaben sie auf, trollten sich in ihre Betten. Bis zum Morgen hockten wir auf unseren, schlichen dann beim ersten Lichtstrahl aus dem Haus.

Ich habe die Position von damals eingenommen, sitze, die Beine angezogen und verkrampft umklammert, in der Pension auf dem Bett. »Es ist ja nichts Schlimmes passiert«, versuche ich mich zu beruhigen. Es dauert trotzdem geraume Zeit, bis die Worte wirken und sich die Anspannung löst. »Mensch dritter Klasse«, finde ich schließlich eine Bezeichnung für meine Gefühle von damals: »Auf Gedeih und Verderb ausgeliefert.« Ich nahm mir vor, nie wieder so naiv zu sein.

Robinson Crusoe Feeling

16. August 1989 – 05:40 Uhr, Batina, Jugoslawien

»Das ist der Moment der Wahrheit!«, denke ich und danke dem Blei in meiner Tasche, das mich so weit unter Wasser zieht, dass nur ein Stück meines schwarzen Schnorchels herausragt. Als schwimmender Ast getarnt, treibe ich wie geplant dahin. Ich verbiete mir jede Bewegung. Durch den Verlust des Vortriebs beginne ich mich nach kurzer Zeit im Kreis zu drehen und verliere völlig die Orientierung. »Auf keinen Fall den Kopf heben! Lass dich treiben! Lass dich einfach nur treiben!«, befehle ich mir immer wieder. Sekunden werden zu Minuten und Minuten werden zur Ewigkeit. Ich halte es nicht mehr aus. Endlich erlaube ich mir, vorsichtig den Kopf zu heben, atme auf: Die Flutlichtbeleuchtung verblasst bereits weit hinter mir. Wenn sie mich gesehen hätten, wäre schon längst ein Boot auf dem Weg zu mir. Katrin ich komme!, feiere ich, mahne mich aber zur Vorsicht. Schließlich hatte ich mir schon einmal in der Nacht durch meinen Leichtsinn bewiesen, dass ich meinem euphorischen Gefühl nicht trauen sollte.

Im Licht der ersten Morgenstrahlen erkenne ich, dass die Donau eine Biegung nach links macht, rekonstruiere die Karte in meinem Kopf: Wenn sie kurz darauf wieder eine Biegung nach rechts macht, gibt es keinen Zweifel, dann bin ich in Jugoslawien. Wenig später biegt die Donau wieder nach Süden ab: Nach fast sechs

Stunden im Wasser und fünfundzwanzig Kilometern habe ich es geschafft, bin frei!

So sanft, wie mich die Donau aufgenommen hat, gibt sie mich wieder frei, teilt sich vor mir, und ich treibe auf eine Insel zu. Auf allen vieren krieche ich an Land, fühle mich wie Robinson Crusoe und lasse mich erschöpft auf den Rücken plumpsen: Liege ich hier tatsächlich auf einem Sandstrand mit märchenhaft feinem goldgelben Sand? Ich greife in den weichen Untergrund und lasse die feinen Körner durch meine Finger rieseln. Das muss der Westen sein!

Ein Schatten fällt auf mein Gesicht, und ein barsches »He!« lässt mich hochschnellen. Ich stolpere über meine Flossen, ducke mich instinktiv, als würde ich dadurch unsichtbar werden. Zwei staunende Gesichter blicken mich an, scheinen genauso überrascht zu sein wie ich. Vorsichtig begutachte ich aus meiner vermeintlichen Deckung heraus die zwei Menschen vor mir. Sie kommen schneller zu sich als ich, schauen mich freundlich an. Hinter ihnen nehme ich ein Zelt und ein paar Angelruten wahr. »Angler!«, stelle ich beruhigt fest. Ich sinke auf die Knie und muss lachen.

Nach kurzer Erholung quäle ich mich aus den Flossen und dem Anzug. Der Plastikbeutel, in dem ich meine Habseligkeiten wasserdicht verpackt hatte, fällt von meinem Rücken oberhalb der Hüfte aus meinem Anzug heraus. Der Unterdruck, den ich mit meinem Mund ersaugt hatte, ist noch da, der dünne Beutel tatsächlich noch dicht. Ich reiße ihn auf und fingere zwischen der Jeans, dem Polohemd und einem Slip meinen DDR-Pass hervor, deute damit in Richtung Ungarn. Der skeptische Blick der beiden Angler verwandelt sich in ein verständnisvolles Lächeln, und mit der Hand weisen sie einladend auf ihr Zelt.

16. August 1989 – 07:30 Uhr, BRD – Pension in Hessen

Eiliges Getrappel auf der Treppe weckt mich am nächsten Morgen. »Können es alle kaum abwarten, Wessis zu sein«, stöhne ich in mich hinein und ziehe mir die Decke über den Kopf. Es klopft zaghaft an der Tür. »Niemand zu Hause«, brumme ich.

Es klopft nochmals, dann ein: »Katrin?« von Martin.

Ich ziehe meinen Schutzwall vom Kopf, setze die Brille auf und blicke dem Tag mit einem »Ja« ins Angesicht.

»Treffen wir uns beim Frühstück?«, fragt Martin von draußen.

»Ja.« In dem Versuch, etwas Schwung in den Tag zu bringen, lasse ich mich auf die Matratze fallen und nutze den Rückschwung, um mich aufzurichten und vom Bettenrand abzudrücken. »Schwing deine Beine aus der Koje!«, versuche ich mich selbst zu ermuntern und die Dämonen der Nacht endgültig zu vertreiben, dann lande ich mit den Füßen auf dem Teppich vor meinem Bett.

Der Frühstücksraum ist fast leer. Martin hat auf mich gewartet, empfängt mich mit schokoladeverschmiertem Mund und einem »Echt Lecker!« Er deutet auf die dunkelblaue Thermoskanne auf dem Tisch: »Kaffee.« Dann beißt er ins Brötchen in seiner Hand und entschwindet mit glückseligem Blick ins Nutella-Paradies. Ich öffne die Kanne, fülle die Tasse vor mir und suche auf dem Tisch nach Milch, um die dunkle Flüssigkeit zu krönen. Das Buffet lockt mit Eiern, sahnigem Käse und Bananen, doch mein Magen weigert sich gegen das, was meine Augen am liebsten alles auf einmal verschlingen würden. Zeit, ihn umzustimmen, bleibt mir keine, denn der Bus wartet bereits vor der Pension. Ich lehne mich in seine weichen Polster zurück und lasse mit halb geschlossen Augen das Umland von Gießen an mir vorüberziehen.

Unsre Heimat, das sind nicht nur die Städte und Dörfer, unsre Heimat sind auch all die Tiere im Wald und die Vögel in der Luft und die Tiere der Erde und die Fische im Fluss, sind die Heimat. Und wir lieben die Heimat, die schöne!, singt das Schulkind in mir, fühlt sich angesichts der grünen Hügel, kleinen Dörfer und schmalen Flüsschen fast wie zu Hause. *Und wir schützen sie, weil sie dem Volke gehört, weil sie unserem Volke gehört!*, vollendet der Jungpionier mit blauem Halstuch kraftvoll das Lied, stellt die ausgestreckte rechte Hand ans Käppi auf dem Kopf und schlägt die Hacken zusammen: Immer bereit!

Ich erschrecke, frage mich, ob diese Vergangenheit jemals aus meinem Leben verschwinden wird. Doch so gern ich den Jungpionier samt seiner Crew aus Thälmann-Pionieren mit roten Halstüchern und die Blauhemden der Freien Deutschen Jugend auf den Mond schießen würde – sie schwingen ihre Fahnen, als wollten sie sagen: »Wir sind bei dir. Für immer.« Dann grinsen sie breit: »Wir sind ein Teil von dir, du wirst uns nicht mehr los!«

Der Tag kriecht zwischen Warteschlangen vor Tischen mit Formularen dahin, der Blitz für ein Ausweisfoto erhellt ihn kurz, die Kleiderstelle lang: »Ich würde sagen sechsunddreißig«, schätzt eine Frau meine Konfektionsgröße ab. »Dort drüben«, weist sie mir die Richtung. Eine andere Frau winkt mich heran, zeigt auf durchsichtige Plastiktüten: »Jogginganzüge.« Neben welchen in Blau und Grün leuchten mich welche in Pink und Weiß an. Die Prinzessin in mir begeistert sich für Pink, lässt ihre Hand nach vorne schnellen. Ich will schon zugreifen, weiche dann ratlos zurück: »S, M, L oder XL- was brauche ich?«

»S«, sagt die Frau neben den Pappkartons lächelnd. Für einen Moment versinke ich in den Kartons zwischen den Tüten, erwühle eine mit pink-weißem Inhalt in S. Vorsichtig öffne ich das Päckchen, ziehe an dem Stoff darin. Er ist flauschig weich – das Kleid von Dornröschen war ein Kartoffelsack dagegen, bin ich sicher. Mit der Beute unterm Arm ziehe ich weiter Richtung Schuhstation. »Achtunddreißig?«, frage ich und erhalte eine Art Turnbeutel aus Plastik, der oben mit einer zusammengezogenen Kordel verschlossen ist. Der Beutel ist durchsichtig, trägt eine schwarze Aufschrift. Zwischen ihr leuchten ein paar schneeweiße Turnschuhe hervor. Es dauert ein paar Sekunden, dann habe ich den Kordelverschluss geöffnet, ziehe einen Schuh aus dem Beutel, um ihn anzuprobieren. Sie passen wie angegossen, wie der verlorene Schuh bei

Aschenbrödel. Freudig öffne ich die beiden Klettverschlüsse auf der Oberseite mehrfach und »klebe« sie dann wieder zu. Sie machen das typische Reißgeräusch, weshalb sie von uns Zonis gern als »Reißer« betitelt wurden. Den Fuß hin und her drehend, als hätte ich vor, in den Turnschuhen vor den Altar zu treten, um das »Bis das der Tod uns scheidet« zu geloben, stolziere ich anschließend vor den Kartons auf und ab.

16. August 1989 – 13:30 Uhr, Bahnhof in Belgrad

Nach dreieinhalb Stunden Busfahrt bin ich in Belgrad und warte in der Schlange vor einem Informationsschalter.

Die beiden Angler hatten mir nach einem kräftigen Frühstück mit Rührei zwei Stunden Schlaf in ihrem Zelt gegönnt. Dann machten sie mir mit Gesten und ein bisschen Englisch klar, dass ich keinesfalls von den jugoslawischen Grenzern aufgegriffen werden darf. Sie boten mir an, mich mit ihrem kleinen Boot nach Batina zu bringen. Dort könne ich mir ein Busticket nach Belgrad kaufen. Ich hatte immer noch fast die ganzen zweihundert D-Mark von meinem Patenonkel, und so war das Ticket kein Problem.

Die Frau am Schalter sieht mich fragend an. Übermüdet und im Tagtraum versunken habe ich wohl verpasst, dass ich dran bin: »Embassy Germany Alemania!« Ohne ein Wort zu sagen, zieht sie einen Stadtplan hervor und macht ein großes Kreuz in die Mitte: »Train Station!« Dann malt sie eine Linie durch eine große Straße, biegt mit dem Stift einmal nach rechts ab und macht ein zweites Kreuz: »Embassy Germany.«

»Thank you very much!«, betone ich jede Silbe und bin schon in die angegebene Richtung unterwegs. Ich versuche die letzten Meter meines DDR-Bürger-Daseins zu genießen, doch so recht gelingt es mir nicht. Ich bin einfach zu aufgeregt. Nach noch nicht einmal fünfzehn Minuten stehe ich vor dem Gebäude und bereite mich innerlich auf den größten Schritt meines Lebens vor. Mein Blick wandert nach oben – über dem Eingang hängt an einem Mast die schwarz-rot-goldene Fahne. »Etwas lasch«, denke ich, nehme zwei Stufen auf einmal in Richtung Eingang. Ich kann es noch immer nicht fassen: Ich bin hier, nur ein paar Schritte, und ich bekomme Papiere in mein neues Leben. Ich schaue noch einmal nach oben zur Fahne, der Flagge meiner Freiheit. Ein Windstoß bläht sie auf, und ich werde kreidebleich: In der Mitte prangt der Ährenkranz mit Hammer und Zirkel. Irgendwie schaffe ich es die zwei Stufen rückwärts wieder runter. Bloß nichts anmerken lassen!

»Das glaubt mir später keiner!«, bin ich mir ziemlich sicher. Nur ein paar Blocks entfernt finde ich unter der »schmucklosen« Schwarz-Rot-Gold-Fahne das richtige Gebäude.

Ein Botschaftsmitarbeiter heißt mich herzlich willkommen und geleitet mich in einen kleinen Warteraum. Eine Gruppe übel zugerichteter junger Leute sitzt darin. Sie starren mit leerem Blick auf den Boden. Der Konsularbeamte mustert mich von oben bis unten: »Sie haben offensichtlich mehr Glück gehabt als die fünf«, er deutet auf die Gruppe. »Die waren dreißig Tage lang in einem jugoslawischen Gefängnis wegen Grenzverletzung, zwanzig Menschen in einer Zelle und nur ein Klo in der Ecke.« Ich stoße in Gedanken ein Dankesgebet an meine Angler aus.

»Wie wäre es mit Cola und einem Raider?« Ich nicke nur und kann nicht fassen, wo ich bin.

16. August 1989, Gießen, BRD – Aufnahmelager

Mit Turnschuhen und Jogginganzug auf den Knien sitze ich im Bus zurück in die Pension. Die Glückshormone, die bei meiner »Shoppingtour« auf Spitzenwerte hochkatapultiert waren, sacken mit jedem Meter, den wir uns unserem Ziel nähern, ab. Als wir ankommen, sind sie weit unter Normalnull angelangt – Himmel, Bus, Pension, alles wabert in einer Mischung aus Braungrau. Martin sitzt neben mir und versucht ein Gespräch in Gang zu bringen. »Gibt's was Neues von Karsten?«

»Nein«, reagiere ich einsilbig.

»Ich glaub nicht, dass sie ihn geschnappt haben. Und wenn, dann haben sie ihn bestimmt laufenlassen«, versucht Martin es mit einer Portion Optimismus.

In der Pension angekommen, schleiche ich in gedrückter Stimmung ins Restaurant, wo ein Abendbuffet wartet. Blind für die Leckerbissen darauf und ohne etwas zu schmecken, zwinge ich mir ein paar Bissen hinein. Dann verziehe ich mich in mein Zimmer unter die Decke.

In der Dunkelheit versuche ich, mir mein neues Leben auszumalen, doch meine Zukunft bleibt schwarz, will einfach keine Farbe annehmen. »Stell dir Sonne, Strand und Meer vor!«, versuche ich es mit dem Wohlfühlklassiker. Es gelingt kurz, dann springt der Typ aus der Wrigley's-Spearmint-Werbung, die ich aus dem Westfernsehen kenne, mit seinem überdimensional großen Paket Kaugummi, locker in der Hüfte, in mein Bild und singt: »Alles geht frischer mit Wrigley's Spearmint!«[51] Sein »Heidschi Bumbeidschi« geht mir sofort auf den Keks, und ich verbanne ihn zurück in die Dunkelheit.

Dann raunt von irgendwoher »*Don't give up!*«[52] an mein Ohr. Ich lausche ins Schwarze, erkenne die sanfte Stimme von Kate Bush. Sie hüllt mich ein, schwebt mit mir ins Espachbad in Erfurt.

Wir landen im Strandkorb vorm Schwimmmeisterhaus. Karsten sitzt bereits auf dem blau-weiß gestreiften Polster, das von der Sonne ausgeblichen ist. Es regnet.

Es hatte den ganzen Tag geregnet, und das Freibad hatte am frühen Nachmittag seine Tore geschlossen, Siegrun und Karl – Chefin und Kassenwart – hatten beschlossen heimzugehen und Karsten und mich dazu verdonnert, die Stellung zu halten. »Werdet die Stunden bis zum Feierabend schon irgendwie totschlagen«, hatte Karl verschmitzt gesagt, seine Kasse abgeschlossen und war dann über die kleine Brücke in den Regen eingetaucht. Mein Herz hatte abgefeiert: Ganz allein mit Karsten! Ich hoffte inständig, dass der Regen anhielt und etwaige Schwimmbadbesucher fernhielt. Karsten hatte, wie meistens, in dem Büdchen gesessen und seine Nase in ein Buch gesteckt. »Etwas Musik wäre schön«, hatte ich nach einer Weile fal-

[51] https://www.youtube.com/watch?v=_Js4eTF2pWk
[52] https://www.youtube.com/watch?v=uiCRZLr9oRw

lenlassen. Er schaute auf, und seine Augen blitzten: »Das müsste hinzukriegen sein!« Er kramte in seinem schwarzen Rucksack, zog schließlich seinen Walkman heraus. Ich schaute auf die Ohrstöpsel, die daran baumelten, sah uns, jeder einen davon im Ohr, dicht beieinandersitzen. Mein Kopf würde irgendwann wie aus Versehen an seine Schulter sinken … »Mal schauen, ob ich das Ding an den Verstärker anschließen kann«, holte mich Karsten von der Märchenwiese, rauschte an mir vorbei zur Tür hinaus und verschwand im Schwimmmeisterhaus gegenüber. Ich trat vergrätzt in den Türrahmen des Büdchens, suchte im Regen unterm Dach nach dem dunkelgrünen Lautsprecher, aus dem normalerweise die Mahnungen von Siegrun an meist männliche Jugendliche Badegäste gingen, das Springen vom Beckenrand oder das Unterwassertitschen von Mädchen zu unterlassen. Als meine Augen den dunkelgrünen Trichter gefunden haben, knarrte er kurz, gab dann die ersten Töne von »*Don't give up*« frei, als ob er sie lieber für sich behalten hätte. Kurz darauf erschien Karsten selbstzufrieden grinsend in der Tür des Hauses und fragte: »Strandkorb?«

Karsten streckte sich nach oben, um die Markise, die normalerweise als Sonnenschutz diente, nach vorn zu ziehen, damit sie uns vorm Regen schützte. Sein schwarzweiß gemusterter Pullover mit dem vorn geteilten Kragen Marke Sommerurlaub Ungarn rutschte etwas nach oben und gab den Blick auf das Seil um seiner Taille und die goldgelbe Bräune daneben frei. Sofort sah ich das Bild wieder vor mir: Karsten in ausgeblichener blauer Arbeitshose, selbiges Seil vorn verknotet als Gürtelersatz, der Oberkörper nackt und braungebrannt, die Haare auf der sportlich leicht gewölbten Brust goldgelb in der Sonne glänzend. Ich war so fasziniert gewesen, dass ich die feuchte Hundeschnauze, die mich am Bein stupste, anfangs gar nicht bemerkt hatte. »Isi« schwappte mir eine weiche Welle entgegen und Karstens Augen – grün wie zwei Smaragde – blitzten dazu unter einem struppig blonden Pony hervor. »Meine Hündin«, klärte »Mr. Blond« mich auf und mein Blick folgte einem perfekt geformten Arm hinunter zu seiner Hand. Sie kraulte zärtlich das glänzende braun-weiße Fell des Collies, der sich genüsslich an sein Bein schmiegte.

Peter Gabriel und Kate Bush sind mit ihrer Gemeinsamkeit am Ende, die Kassette ebenfalls.

Karsten spulte sie zurück und als die Kassette in die zweite Runde ging, küssten wir uns. »Mach weiter!«, flehte ich Gott inständig um mehr Regen an. Er tat mir den Gefallen und wir knutschten bis weit nach Feierabend.

»*Don't give up! Don't give up! Don't give up!*«, summe ich unter meiner Bettdecke in der Pension, werde langsam zuversichtlicher, schlage die Decke schließlich zurück: Vielleicht hatte Agga ja etwas falsch verstanden, und sie haben Karsten doch noch laufen lassen…

Von Hoffnung beflügelt krame ich in meinem Rucksack ein paar Münzen zusammen, schnappe mir den Zettel mit Falks Telefonnummer vom Nachttisch und verlasse damit das Zimmer.

Dann wähle ich auf dem Münzfernsprecher im Erdgeschoss Falks Nummer. »Hat er sich gemeldet?«, frage ich hoffnungsvoll, als Agga abnimmt.

»Wer?«, kommt es kurz angebunden zurück.

»Karsten«, mache ich es ebenfalls kurz.

»Nein.«

Ich hänge den Hörer ein, bin nicht bereit, meine neugewonnene Hoffnung gleich wieder aufzugeben. Der Patenonkel fällt mir plötzlich ein; seine Nummer steht auf der

Rückseite des Zettels. Ich hatte mich gewundert, als Karsten sie mir aufgeschrieben hatte. »Na klar!«, geht mir plötzlich ein Licht auf. Warum bin ich da nicht gleich drauf gekommen? Karsten würde natürlich seine Familie anrufen, wenn er es geschafft hatte und nicht meine! Und er war davon ausgegangen, dass mir das klar war. »Vielleicht hat er es doch irgendwie geschafft und sich bei seinem Patenonkel gemeldet und ich hatte mich die ganze Zeit völlig umsonst verrückt gemacht«, bin ich fast schon sicher.

Mit zittrigen Fingern gebe ich nacheinander die Zahlen auf dem Zettel in das Telefon, danke Karsten im Nachhinein für seine Weitsicht. Dann klingelt es am anderen Ende der Leitung.

»Ja bitte?«, fragt eine Frauenstimme. Ich bitte den Onkel an den Hörer, frage, ob er etwas von Karsten gehört hat. »Nein.«, schmetter seine Antwort mich nieder.

Ich krieche zurück unter die Decke, gebe auf und weine, bis der Schlaf mich von meinem Kummer erlöst. Wirklich Erlösung finde ich nicht, die ganze Nacht plagen mich Alpträume: Karsten treibt im Wasser, die Flut spült seinen leblosen Körper an Land. Dann wieder sitzt er mit Handschellen in einem Polizeiauto, Gefängnistore öffnen sich, und er verschwindet hinter hohen Mauern mit Stacheldraht. Ein anderes Mal trifft ihn eine Kugel, und er bricht aus der Brust blutend[53] zusammen.

---

[53] Fünf Tage später am 21. August 1989 wird der DDR-Flüchtling Kurt-Werner Schulz von einem ungarischen Soldaten auf österreichischem Territorium erschossen. Er ist das letzte Todesopfer der Mauer.

17. August 1989, Gießen, BRD – Aufnahmelager

Als ich am Morgen meinen pink-weißen Jogginganzug anziehen will, fällt mein Blick in den Spiegel, und ich erschrecke: Die Hüftknochen stehen weit hervor, mein Bauch ist eingefallen, die Beine wie Gehstelzen. Unter den Augen habe ich schwarze Ringe, die Wangen sind bleich – ich bin ein Schatten meines Selbst.

Vor unserem Abflug hatte sich der Zeiger meiner Waage bei achtundvierzig Kilogramm eingependelt. Ich habe das Bild meines Körpers vor sechs Wochen noch gut im Kopf, die Frau, die mir nun entgegenblickt, ist eindeutig magerer. »So kann es nicht weitergehen!«, ermahne ich mich, verbiete mir weitere Nachforschungen um Karsten, versuche beim Frühstück zuzuschlagen wie die anderen Pensionsgäste. Aber ich schaffe lediglich ein Schokobrötchen.

Im Bus versuche ich, den anderen zuzuhören, im Lager gebe ich dem Geschehen um mich herum Raum, um meine innere Stimme zum Schweigen zu bringen. Nur einmal werde ich schwach, schreite die Schlange der Neuankömmlinge, auf der Suche nach Karsten, ab. Er ist nicht darunter.

Nach dem Abendessen in der Pension juckt mein Finger, als ich den Münzfernsprecher sehe. »Du holst dir das Elend nicht wieder ab!«, gebiete ich mir und widerstehe dem Bedürfnis, den Hörer abzunehmen.

17. August 1989 – 15:30 Uhr, München, BRD – Hauptbahnhof

»Stau auf der A9 von München Richtung Ingolstadt«, schießt es mir durch den Kopf. Der Radiosender »Bayern 3« hatte mich über Jahre mit der neuesten Musik und den aktuellen Verkehrsmeldungen versorgt, und nun werde ich mit ähnlichem Akzent auf dem Bahnhof von München begrüßt. »Der Zug endet hier. Bitte alle aussteigen!« Ich öffne die schwere Tür des Schlafwagens, der mich in mein neues Leben gerollt hat, und mache meinen ersten Schritt auf westdeutschem Boden.

Knapp vierzig Minuten habe ich zum Umsteigen. Die Zeit reicht, um zu Hause und bei meinem Patenonkel in Göttingen anzurufen, beschließe ich.

Meine Gedanken springen einen Tag zurück: Es hatte nicht lange gedauert, und der Konsularbeamte in Belgrad händigte mir Geld für die Zugfahrt und ein Ersatzdokument aus, welches mich zu einem Westdeutschen machte, der seinen Pass verloren hatte. Ohne Probleme ließen die jugoslawischen Grenzer mich damit passieren. Nun wird mir auch klar, warum wir als DDR-Bürger nicht in das kommunistische Jugoslawien oder genauer gesagt die Sozialistische Föderative Republik Jugoslawien reisen durften. Staatsoberhäuptling Tito hatte mit seinen eigenen Vorstellungen von Kommunismus das Meisterstück vollbracht, sich nicht ganz in den Ostblock einbinden zu lassen. Jedenfalls legten die Jugoslawen keinen großen Eifer an den Tag, flüchtige DDR-Bürger festzusetzen.

Nach dem dritten Klingeln geht mein Vater ans Telefon, und ich komme kaum hinterher, meine westdeutschen Münzen in den Apparat zu werfen.

»Warum meldest du dich jetzt erst?« wird mir vorgeworfen.

»Äh, ich bin seit fünf Minuten in München«, verteidige ich mich kraftlos und erfahre, dass meine Eltern glaubten, ich sei gemeinsam mit Katrin bereits seit zwei Tagen im Westen. Sie waren schockiert und auch enttäuscht, dass ich mich nicht sofort bei ihnen gemeldet hatte. Ich konnte sie verstehen, denn mit keiner Andeutung hatte ich sie von meinen Plänen wissen lassen. Viel zu groß war das Risiko, dass sie als Mitwisser dafür hätten belangt werden können. Mit Tränen in der Stimme sagt meine Mutter, die nun das Telefon übernommen hat: »Wir mussten dich gestern als Republikflüchtling bei den Behörden anzeigen. Das verstehst du doch?« Natürlich verstehe ich das, genau das wollte ich ihr gerade raten, doch so hatte ich mir den ersten Wortwechsel nicht vorgestellt. Ich entschuldige mich, dass ich kein Kleingeld mehr habe, und beende das Gespräch mit dem letzten von zehn Zwei-Mark-Stücken in meiner Hand.

»Karsten, wirklich, du bist in München, um Gottes willen haben wir uns Sorgen gemacht!« begrüßt mich die warme Stimme meines Patenonkels aus Göttingen.

»Ja, ich bin auf den Weg nach Gießen, um die nötige Bürokratie zu erledigen.«

»Das sind ja großartige Neuigkeiten, kommst du danach zu uns? Dann räumen wir gleich mein Arbeitszimmer um!«

Erleichtert antworte ich ihm: »Ja natürlich, wenn ich darf.« Kurz bevor auch der letzte Groschen verbraucht ist, traue ich mich noch zu fragen: »Dürfte ich auch Katrin mitbringen?«

»Ja, natür…« Aber da klickt es, und das Gespräch ist weg.

»Wahnsinn, ich bin im Westen und willkommen! Endlich kann mein Leben beginnen!«, freue ich mich, als ich nach dem Bahnsteig für meinen Anschlusszug suche. Doch wie immer findet der Quälgeist in mir ein Haar in der Suppe: Und was ist mit Katrin? Sie hat schließlich ihre zwei Brüder in Göttingen, wird wohl kaum Zeit für mich haben. Plötzlich zieht es mir mein Herz zusammen, ich kann mir nicht vorstellen, dieses neue Leben ohne sie zu beginnen. Stationen der letzten Wochen und Monate blitzen in der Erinnerung vor mir auf, und ich sehe ihre winkende Hand am Balaton, als sie in ihr neues Leben fuhr. Wollte sie es überhaupt mit mir teilen? Oder wollte sie den Ballast des »Damals« einfach hinter sich lassen und nach vorne schauen? Wir hatten immer nur vom Wegkommen geredet, nie über das Danach. Angst, Katrin zu verlieren, befällt mich. Ich spüre in mich hinein, und mir wird klar: Ich will mit dieser Frau zusammenleben, für immer! Meine Lippen sind schneller als mein Verstand und formen: »Ich liebe dich!«

18. August 1989, Gießen, BRD – morgens im Aufnahmelager

Es ist weit nach Mitternacht, als ich endlich in Schlaf falle. Es ist ein unruhiger Schlaf, der mich mit Alpträumen quält. Karsten stirbt zwar keine Heldentode mehr, doch meine Brüder winken aus Zugabteilen oder durch Gitterfenster. Dann tanze ich auf einer grünen Wiese, um mich herum bunte Blumen. Meine Mutter ist auch da, steht vor mir, streckt ihre Arme aus, um mich bei den Händen zu fassen. Sie verpasst mich knapp, versucht es noch einmal, doch der Abstand zwischen uns vergrößert sich, und irgendwann vermischt sie sich am Horizont mit dem Blumenmeer, ist nicht mehr zu unterscheiden. Mein eigenes Schluchzen weckt mich im Morgengrauen, mein Kissen ist klitschnass. Ich trete ans Fenster, ziehe den braunen blickdichten Vorhang auf, lasse etwas Licht in den Raum. Dann drehe ich am Griff und öffne es, lasse die kühle Luft über meine Wangen streichen, schaue auf die Landschaft vor mir.

Als ich nach dem Frühstück in den Bus steige, frage ich mich: Wie weitermachen? Und vor allem wo? Ich fahre meinem letzten Tag im Aufnahmelager entgegen, werde noch heute meinen Personalausweis ausgehändigt bekommen, bin mit dem Papierkram durch, der mich zum ordentlichen Bundesbürger erhebt. Wohin die Reise dann geht, ist unklar, liegt nicht in meiner Hand, denn die Tatsache, dass ich Familie in Göttingen habe, bedeutet nicht automatisch, dass ich dorthin darf.

»Sie werden Bundesländern zugeteilt«, hatte uns eine Frau bei der Anmeldung in Kenntnis gesetzt. »Was ist, wenn sie mich irgendwohin schicken, wo ich gar keinen kenne zum Beispiel nach Bayern oder an die Nordsee?«, frage ich mich ängstlich. »Ein Alptraum!«, meldet sich die Drama-Queen in mir zu Wort. Ich ermahne mich nicht immer so maßlos zu übertreiben.

Geistesabwesend streife ich an der Schlange der Neuankömmlinge vorbei, mein Blick bleibt an einem Rücken in dunkelblauem Poloshirt hängen.

»Katrin!«, ruft plötzlich jemand hinter mir. Ich drehe mich um, glaube erst nicht, was ich da sehe, erkenne nur langsam das bekannte Gesicht, weiß nicht, wo ich es hinstecken soll. »Iris!«, sagt die junge Frau und als ich immer noch nicht erkenne, wer sie ist, hilft sie meinem Gedächtnis mit der Information »Klassenkameradin« auf die Sprünge.

Ich bin versucht, zu Iris hinüberzugehen, habe aber Angst, das blaue Poloshirt aus den Augen zu verlieren, bevor ich ganz sicher bin. Eine Sekunde lang stehe ich unschlüssig da, wende mich dann aber wieder dem Rücken zu, fahre ihn mit den Augen weiter ab: Die Jeans, in der das Shirt steckt, kommt mir vertraut vor. Mein Herz macht einen vagen Sprung, doch ich mahne mich zur Vernunft. Ich schaue von den Beinen herunter zu den Schuhen: braunes Wildleder, flache Mokassins. Ich trete einen Schritt zurück, um einen Gesamteindruck von der Person in der Schlange zu bekommen: blonde Haare. Er schaut etwas zur Seite. Wuschelpony! Ich drücke mir schnell die flache Hand auf den Mund, um einen Aufschrei zu unterdrücken. Dann pirsche ich mich vorsichtig näher. Für einen Moment verharre ich hinter ihm, atme den vertrauten Duft, wohlwissend, dass sich dieser Augenblick in mein Gehirn meißeln wird, ich ihn nie vergessen werde. Dann hebe ich meine Arme, lege sie sanft um seine Taille, schmiege meinen Kopf an Karstens Rücken, spüre die Wärme, die er verströmt.

Epilog

Nach über zwanzig Jahren in den unterschiedlichsten Städten, ausgiebigen Reisen und einem Jahr in Florida, um Delfine zu erforschen, haben wir mit unseren Zwillingen Heimat in der Heimat gefunden und leben seit 2008 wieder in Erfurt.

Ich bin bis heute dankbar, dass sich die Oberhäupter von Ost und West schließlich die Hände reichten, wie ich es mir auf dem Gellertberg in Budapest wünschte. Den Boden für den Handschlag der Politiker haben, neben uns Flüchtlingen, all jene bereitet, die uns unterstützt haben. WIR haben ein Loch im Zaun gesucht, IHR habt gemeinsam mit uns eine Mauer eingerissen, die für Kälte und Krieg stand, habt Menschlichkeit siegen lassen! Und das sollten wir feiern – bei einem Picknick ohne Grenzen! Deshalb: Martin, Heiko, Antje, Anke und alle anderen – bitte meldet euch! Meldet euch, damit wir eure, unsere Geschichte vollenden können.

Doch nicht nur ihr: Alle, die diese Geschichte berührt, sei es weil sie irgendwann aus der DDR geflohen sind, dabei Menschen aus den Augen verloren haben, die sie gerne wiedersehen möchten, sei es, weil sie im Gefängnis saßen, sich fragen, was aus ihren Mitinsassen geworden ist oder sei es, weil sie Flüchtlingen geholfen haben, in die Freiheit zu gelangen, und erfahren möchten, ob sie ihr Glück gefunden haben. Oder alle, die den unglaublichen Sommer '89 und die friedliche Revolution feiern möchten. Bitte meldet Euch:

www.picknick-ohne-grenzen.de

Politischer Hintergrund

Offizielle Chronik der Geschehnisse in Ungarn 1989 (gekürzt):

03. März	Offizieller Besuch von Ministerpräsident Miklós Németh in Moskau, bei dem er – in einem Gespräch mit Generalsekretär Michail Gorbatschow – erstmals vom Abzug der sowjetischen Truppen aus Ungarn, den Abzug sowjetischer Nuklearsprengköpfe, der Einführung eines Mehrparteiensystems, Ungarns Absicht, der Genfer Flüchtlingskonvention beizutreten sowie vom Abbau des Eisernen Vorhangs spricht. (Aus der geplanten halben Stunde Gesprächsdauer werden 2 ½.)
17. März	Ungarn tritt als 106. Land der Genfer Flüchtlingskonvention bei.
21. April	Die »dpa« meldet, 35 Rumänen haben sich bei der Einreise nach Ungarn in einem Zugabteil verbarrikadiert, um ihre Ausreise nach Österreich zu erzwingen. Schließlich mussten sie den Zug verlassen.
26. April	Erich Honecker beklagt vor SED-Bezirksleitern den mangelnden Willen der ungarischen KP, »die politische Macht zu verteidigen«.
29. Mai	Um ihre Ausreise zu erzwingen, flüchtet eine 3-köpfige DDR-Familie in die bundesdeutsche Botschaft Budapest, in der sich bereits

weitere DDR-Bürger (mindestens 12) aufhielten.

12. Juni Ungarns offizieller Beitritt zur Genfer Flüchtlingskonvention. – Stasi-Delegation führt Gespräche mit dem ungarischen Geheimdienst.

21. Juni Rumänien errichtet an der Grenze zu Ungarn einen 2,5 Meter hohen Stacheldrahtzaun, der laut ungarischen Grenzbehörden schon zu 90 Prozent fertig gestellt ist.

27. Juni Der ungarische und der österreichische Außenminister, Gyula Horn und Alois Mock, schneiden demonstrativ – vor laufenden Kameras – ein Loch in den Grenzzaun.

08. Juli Auf der Warschauer-Pakt-Jahrestagung kommt es zu heftigen Kontroversen zwischen Reformbefürwortern (Sowjetunion, Ungarn, Polen) und -gegnern (DDR, CSSR, Rumänien).

16. Juli Es erscheinen Zeitungsberichte über 30 DDR-Bürger in der Botschaft der Bundesrepublik Deutschland in Budapest, die ihre Ausreise erzwingen wollen.

17. Juli Der Abbau der ungarischen Grenzbefestigungen nach Österreich eröffnet neue Fluchtmöglichkeiten für DDR-Bürger.

26. Juli Innerhalb von 24 Stunden überwinden 14 DDR-Bürger die ungarische Grenze nach Österreich.

28. Juli Am einstigen »Eisernen Vorhang« zwischen Ungarn und Österreich sind 117 der vormals 260 Kilometer elektrischer Signalanlagen abgebaut.

04. August	Wieder fliehen dutzende DDR-Bürger über die ungarische Grenze nach Österreich und beantragen in der Bonner Botschaft in Wien einen Pass.
07. August	Immer mehr DDR-Bürger kampieren in der bundesdeutschen Botschaft und im Konsulat im Budapester 12. Bezirk.
13. August	Die bundesdeutsche Botschaft in Budapest muss auf Geheiß des Auswärtigen Amtes wegen Überfüllung geschlossen werden – es halten sich dort inzwischen ca. 180 DDR-Bürger auf.
14. August	Staatssekretär Sudhoff führt Gespräche mit Außenminister Horn und Staatssekretär Kovács. Da die ungarische Seite auf den Vorschlag, eine Lösung über den Hochkommissar für Flüchtlinge (UNHCR) zu erwirken, nicht eingehen konnte (die DDR-Bürger waren im Sinne des UNHCR keine registrierten Flüchtlingen, sie hatten Asylrecht weder bekommen noch beantragt; Ungarn betrachtete sie deshalb als Feriengäste), einigte man sich, das Internationale Komitee vom Roten Kreuz (IKRK) als Vermittler einzuschalten.
19. August	Paneuropäisches Picknick in Sopronpuszta. Die Schirmherren Imre Pozsgay und Otto von Habsburg sagen ihre persönliche Teilnahme ab. Die Dienstanweisung der ungarischen Grenzwache wird auf Anweisung des Ministerpräsidenten Miklós Németh für diesen Tag aufgehoben. Das Picknick wird von mehr als 600 DDR-Bürgern zur Flucht genutzt.

20. August In der Nähe von Szentgotthárd hinterlassen etwa 40–50 DDR-Bürger ihre Wagen. Sie öffnen für sich den Weg zwischen den Grenzwächtern und laufen aufs österreichische Gebiet hinüber. Die Kontrollen an der Westgrenze werden verstärkt.

21. August Der DDR-Bürger Kurt-Werner Schulz erleidet während der Flucht bei Köszeg einen tödlichen Unfall – Ministerpräsident Miklós Németh ruft Bundeskanzler Helmut Kohl während dessen Urlaubs in Österreich an und teilt ihm mit, dass kein einziger Deutscher mehr in die DDR zurückgeschickt wird[54].

22. August Prinzipielle Entscheidung über die Grenzöffnung.

---

[54] Quelle: Auszug aus der Korrespondenz mit der Deutschen Botschaft in Budapest, Ungarn

Danksagung

Endlich DANKE sagen, das war mein tiefstes Bedürfnis als ich im Herbst 2017 auf dem Sofa aus meinem Tagtraum auftauchte.

Nachdem meine, unsere Geschichte auf den Seiten dieses Buches Raum gefunden hat, habe ich das Gefühl, dass ein einfaches DANKE gar nicht ausreicht, um auszudrücken, was ich empfinde, wenn ich an all die Menschen denke, die uns geholfen haben. Einfach DANKE sagen, erscheint mir zu wenig für all die Unterstützung, die wir empfangen haben. Ich habe das Wort hin und her gedreht, bin schließlich bei HERZLICHEN DANK gelandet. Die Wortkombination widerstrebte mir auf den ersten Blick, kam mir wie eine Floskel vor. Dann nahm das Herz darin Gestalt an, füllte sich mit Leben, Wärme und Liebe. Und genau das ist es, was wir erfahren haben, was dafür gesorgt hat, dass wir heute unser Leben selbstbestimmt leben können. Jeder einzelne von euch hat seinen Anteil daran und ich danke euch aus tiefstem Herzen!

Ich möchte meinen Eltern, Gudrun und Hans Linke, ♥lich danke sagen! Liebe Mama, lieber Papa: Trotz hoher Mauer und gegen viele Widerstände, habt ihr mich zu einem freiheitsliebenden Menschen heranwachsen lassen. Ich habe euch von ♥en lieb! Und ich danke dem Himmel ♥lich, dass es euch noch auf Erden gibt!

Lieber Karsten: Mein ♥ schlägt nach 30 Jahren nicht mehr nur allein für dich, sondern du musst es dir mit deinen beiden Jungs teilen. Die Zahl 30 ist ein echter Schock – wo ist nur die Zeit geblieben? ♥lichen DANK, dass du mich immer wieder ermutigt hast, unsere Geschichte zu Papier zu bringen, mich dabei unterstützt und mir den Rücken gestärkt hast.

Ich möchte meinem Bruder Peter ganz ♥lich danke sagen! Du warst mein Vorbild. Und du hast mich beim Schreiben mit Erinnerungen inspiriert – bei einigen haben wir uns kaputtgelacht, bei anderen geschnäuzt. Honeyschatz – ich liebe dich!

Ein ♥liches Dankeschön geht an alle Freunde, die sich im Laufe der Jahre für unsere Geschichte interessierten, sie auf Küchenstühlen, am Lagerfeuer, im Cafe oder beim Bier, sogar auf Hochzeiten, geduldig bis zum Schluss angehört und danach dazu geweint haben. Eure Tränen haben uns berührt, die Geschichte damit am Leben erhalten. Auch wenn ich euch namentlich nicht alle hier aufführen kann: Fühlt euch umarmt und: ♥lichen Dank!

Lieber Patenonkel Karsten und Frau Ellis (gest. 1997): Ich DANKE euch ganz ♥lich, dass ihr unsere Flucht finanziell unterstützt und uns in den ersten Wochen unseres neuen Lebens liebevoll Unterschlupf gewährt und durchgefüttert habt.

Liebe Cousine Christiane: Du musst ein großes ♥ haben, sonst hättest du weder deine Freiheit für uns riskiert, noch dir solchen Stress mit Lampen und Co gemacht. Ich bewundere dich für deinen Mut, danke dir ♥lich für deine Zeit, die du für uns aufgebracht hast!

GANZ ♥LICHEN DANK liebe Stuttgarterinnen!! Für euren Mut, eure Courage, eure Selbstlosigkeit fehlen mir bis heute die Worte! Ich hoffe ihr hattet in eurem bisherigen Leben viel Glück und ich wünsche euch von ganzem ♥en, dass es so bleibt.

♥lichen Dank jugoslawische Angler, dass ihr »Robinson Crusoe« vor 21 Tagen Haft bewahrt und damit auch mein Elend verkürzt habt!

Ungarischer Doktor, »Wenn dü wülscht kannst geh'n Nachbar«, österreichischer Lokomotivführer, Westdeutsches VW-Bus-Paar, sowjetischer Reiseleiter – ihr habt uns kostenlos zelten lassen, uns bei Rotwein zum Lachen gebracht und motiviert, aktiv mutige Fluchthilfe geleistet, Essen und ♥enswärme gespendet, dafür gesorgt, dass wir einreisen durften. Jeder von euch ist ein Teil des Puzzels, das uns geholfen hat, unsere Träume zu leben. Ich danke euch aus tiefstem ♥en!

Ich danke unserem Agenten, Uwe Neumahr, von Agence Hoffman, sehr ♥lich, dass er sich der Geschichte angenommen und sie vorangetrieben hat.

Ich danke meiner Lektorin, Cindy Witt, vom Bastei-LÜBBE-Verlag, dass sie ihr Herz an unsere Geschichte gehängt, ihr in dieses Buch verholfen hat.

Sinchen und Basi – aller♥lichsten Dank für euer spontanes »No-budget« Lektorat! Ich bin mir bewusst, was ihr da geleistet habt. Ich wollte es gäbe Baumkuchen in ♥form…

Ich danke allen Behörden, Ämtern und Gedenkstätten recht ♥lich dafür, dass sie meine Anfragen entweder selbst beantwortet oder sie weitergeleitet haben.

Ein ♥licher Dank gilt den Mitarbeitern der Deutschen Botschaft in Budapest für das, was sie im Sommer 1989 geleistet haben! ♥lichen Dank auch für den zeitlichen Abriss der politischen Ereignisse in Ungarn.

Lieber Herr Gorbatschov, wir danken Ihnen sehr ♥lich für Ihre politische Gewandtheit. Sie sind unser Held des letzten Jahrhunderts!

Wir sagen außerdem den Politikern Ungarns für ihre mutigen Schritte im Jahre 1989 ganz ♥lich danke!

In Gedenken…

Ich gedenke all jener, die nicht solch ein Glück hatten wie wir, die an der Grenze ihr Leben verloren. Ihr wart unsere Wegbereiter, habt gezeigt, dass ein Leben hinter der Mauer unakzeptabel ist, das sich Menschen nicht auf Dauer einsperren lassen.

Mein besonderes Beileid gilt Sohn und Ehefrau des letzten Opfers des Kalten Krieges: Kurt-Werner Schulz aus Weimar. Am 21. August 1989 traf ihn die Kugel eines ungarischen Soldaten. Der Schuss ereignete sich auf österreichischem Boden, nur circa zehn Meter von der Grenze entfernt. Sein Sohn, damals fünf Jahre alt, – so alt wie meine Zwillinge heute –, musste mit ansehen, wie sein Vater starb.

Ich hoffe für diejenigen, die noch unterwegs sind, die nach einem Loch im Zaun für ihr Leben suchen – ob Gott, Allah, Buddha oder Schicksal, egal woran ihr glaubt: Ich drücke euch die Daumen und bete, dass ihr es schafft, wünsche euch von ganzem ♥en, dass ihr euer Loch im Zaun findet. Denn jeder Mensch sollte sein Leben so leben können, wie er es sich wünscht, sollte vor allem eins sein: FREI.